新文科·财经学术文库

Digital Finance Drives Industrial Transformation:
Innovation Practice and Policy Enlightenment

数字金融驱动产业变革
创新实践与政策启示

石 薇 ◎ 著

上海财经大学出版社
SHANGHAI UNIVERSITY OF FINANCE & ECONOMICS PRESS

上海学术·经济学出版中心

图书在版编目(CIP)数据

数字金融驱动产业变革:创新实践与政策启示 / 石薇著. -- 上海:上海财经大学出版社, 2025.8.
(新文科·财经学术文库). -- ISBN 978-7-5642-4747-8

Ⅰ. F83-39

中国国家版本馆 CIP 数据核字第 2025UY7185 号

□ 责任编辑　李嘉毅
□ 封面设计　贺加贝

数字金融驱动产业变革
创新实践与政策启示

石 薇 著

上海财经大学出版社出版发行
(上海市中山北一路 369 号　邮编 200083)
网　　址:http://www.sufep.com
电子邮箱:webmaster@sufep.com
全国新华书店经销
上海华业装璜印刷厂有限公司印刷装订
2025 年 8 月第 1 版　2025 年 8 月第 1 次印刷

710mm×1000mm　1/16　16 印张(插页:2)　270 千字
定价:69.00 元

序

2024年中央经济工作会议明确提出,"以科技创新引领新质生产力发展,建设现代化产业体系"。发展新质生产力关键在创新,创新能力的强弱直接决定产业兴衰。技术创新活动作为长周期高风险活动,具有投入沉没性、过程不可逆及产出不确定特征,并且长期受到高调整成本和高融资成本的"双高"问题困扰,其持续性需要稳定、充足的金融资源作为保障,而传统金融服务往往广泛暴露出属性错配、领域错配、阶段错配等结构性错配问题,在很大程度上制约了企业创新和产业转型发展的潜在驱动力,因而亟须创新性的金融模式加以解决,高效低价的金融支持方式则是企业创新和产业转型发展得以提质增效的核心要素。

2023年10月召开的中央金融工作会议提出,"做好科技金融、绿色金融、普惠金融、养老金融、数字金融五篇大文章"。2024年11月27日,人民银行、国家发展改革委等七部门联合印发的《推动数字金融高质量发展行动方案》明确指出,发展数字金融的目标是使金融更好地服务经济发展,同时提出"到2027年年底,基本建成与数字经济发展高度适应的金融体系"的总体目标。与科技金融、绿色金融、普惠金融、养老金融不同,数字金融要求金融机构从数据资源运用层面到数字化技术的运用,再到数字化展业模式进行全面创新,从而为金融机构在各个业务领域数字化展业、推动产业高质量发展提供基础。

数字金融作为传统金融通过科技赋能方式形成的新产物,对企业技术创新与产业转型发展有着深远影响。大量研究认为,数字金融凭借资金获取便捷性、成本低廉性以及风险评估精确性等优势,不仅能有效发挥信息中介、资金聚集、风险分散的功能,而且能有效纠正资源错配。在"金融支持创新体系、服务实体经济"的政策背景下,数字金融如何有效驱动企业创新和产业转型升级?如何通过策略优化来提升数字金融的产业赋能效率?本书将围绕这两个问题展开具体探讨。

本书的研究分为三个部分：第一部分为理论篇，沿着"数字金融→企业技术创新→产业链技术扩散→产业生态融合→产业结构升级"的主线，构建一个数字金融影响企业创新与产业转型升级的综合理论分析框架，并从改善金融资源配置效率、创新资源配置效率及产业生态组织优化三个视角探讨数字金融赋能产业创新的理论机制。第二部分为实证篇，在对中国数字金融发展与产业变革的特征事实梳理的基础上，分别对数字金融对产业结构升级的影响机制、数字金融对战略性新兴产业创新的影响机制、数字金融对制造业高质量发展的影响机制进行验证，并对其异质性特征、结构性特征及门限效应进行定量分析，相关结论显示了数字金融对产业结构升级、战略性新兴产业创新及制造业企业创新的积极作用。第三部分为实践篇，在梳理数字金融相关政策框架的基础上，分别对数字金融支持产业发展的创新实践案例、数字金融支持产业发展的政府性平台案例以及数字金融支持产业发展的瓶颈问题进行调研分析，总结相关案例的经验启示与现存挑战，并提出有针对性的政策建议。

本书的特点在于，既有理论化的分析，又有聚焦不同产业特征的多维度实证分析和聚焦数字金融创新实践的深入调研案例分析。在理论研究层面，本书通过探究"金融-技术-网络"链条产生的聚合效应、扩散效应、关联效应作用于企业创新和产业转型升级的实现路径，有助于丰富相关理论框架。在实证研究层面，本书通过探究数字金融通过何种机制推动企业创新水平提升和产业转型升级，为制定差异化数字金融支持政策提供经验证据。在案例研究层面，本书从产业链生态融合视角出发，深入调研金融结构、产业链链主企业、政府性服务平台等主体的数字金融创新实践案例，对数字金融创新实践中如何通过技术赋能重构金融服务的效率与边界、如何通过模式创新实现从单一服务到生态化竞争具有较大的实践价值。

目 录

第一部分 理论篇

第一章 绪论 ··· 3
 第一节 研究背景、目标与价值 ··· 3
 第二节 拟解决的主要问题与研究框架 ·· 8
 第三节 本书的创新与展望 ·· 9

第二章 国内外研究综述 ·· 12
 第一节 数字金融的机理特征 ·· 12
 第二节 数字金融与企业创新 ·· 19
 第三节 数字金融与产业升级 ·· 23
 第四节 数字金融与制造业转型升级 ··· 26
 第五节 数字金融与战略性新兴产业发展 ··································· 29
 第六节 研究评述 ·· 30

第三章 数字金融驱动产业变革的理论基础 ································· 31
 第一节 融资约束视角的理论基础 ·· 31
 第二节 创新资源配置视角的理论基础 ······································ 35
 第三节 产业生态组织视角的理论基础 ······································ 39

第二部分 实证篇

第四章 中国数字金融发展与产业变革的特征事实 …… 47
 第一节 中国数字金融发展的特征事实 …… 47
 第二节 中国产业变革的特征事实 …… 60
 第三节 中国数字金融与产业变革的相关性分析 …… 71

第五章 数字金融对产业结构升级的影响机制验证 …… 73
 第一节 研究设计 …… 74
 第二节 实证结果与分析 …… 79
 第三节 机制效应检验 …… 90
 第四节 门限效应检验 …… 93
 第五节 研究结论及启示 …… 96

第六章 数字金融对战略性新兴产业创新的影响机制验证 …… 97
 第一节 研究设计 …… 98
 第二节 实证结果与分析 …… 102
 第三节 机制效应检验 …… 110
 第四节 门限效应检验 …… 114
 第五节 研究结论与启示 …… 116

第七章 数字金融对制造业高质量发展的影响机制验证 …… 118
 第一节 研究设计 …… 119
 第二节 实证结果及分析 …… 123
 第三节 机制检验与异质性分析 …… 128

第四节　业务模式与门槛效应讨论 …………………………… 135
　　第五节　研究结论及启示 ……………………………………… 138

第三部分　实践篇

第八章　数字金融支持产业发展的政策框架分析 ………………… 143
　　第一节　我国数字金融支持政策的演进特征 ………………… 143
　　第二节　数字金融支持产业发展的重点领域与路径分析 …… 152

第九章　数字金融支持产业发展的创新实践案例分析 …………… 159
　　第一节　数字金融赋能制造业升级的创新实践 ……………… 159
　　第二节　数字金融支持战略性新兴产业生态的创新实践 …… 166
　　第三节　区块链与人工智能技术面向数字金融场景应用的创新实践 … 173
　　第四节　数字金融支持产业发展的瓶颈问题调研分析 ……… 182

第十章　数字金融支持产业发展的政府性平台案例分析 ………… 186
　　第一节　政府性平台的定位与功能：基于公共信用数据赋能的逻辑 … 186
　　第二节　数据整合与共享的实践探索：以全国融资信用服务平台为例 … 194
　　第三节　数字金融的区域协同生态构建：政府性平台的联动经验 …… 208

第十一章　数字金融支持产业发展的瓶颈问题调研分析 ………… 216
　　第一节　数字金融基础设施建设的主要瓶颈 ………………… 216
　　第二节　数字化金融生态建设的主要瓶颈 …………………… 219
　　第三节　数字金融科技创新的主要瓶颈 ……………………… 220
　　第四节　金融科技监管的主要瓶颈 …………………………… 222

第十二章	政府性数字金融服务平台发展建议	224
第一节	强化数据融合应用	224
第二节	培育以产业赋能为核心的数字金融生态	228

参考文献 ·· 233

第一部分 理论篇

本书的第一部分为理论篇,包括第一章、第二章和第三章,构建了本书的整体研究框架,并基于国内外前沿研究综述,构建了数字金融驱动产业变革的理论研究体系。

第一章为绪论,主要阐述本书的研究背景、研究目标、研究方案和主要创新点。第二章为国内外研究综述,分别从数字金融的机理特征、数字金融与技术创新、数字金融与产业升级、数字金融与制造业转型等维度梳理并总结了相关研究文献。第三章为理论基础搭建,分别从融资约束视角、创新资源配置视角和产业生态组织视角论证了数字金融驱动产业变革的理论逻辑及理论传导机制。

第一章
绪 论

第一节 研究背景、目标与价值

一、研究背景

(一)数字金融是金融"五篇大文章"的基石

近年来,通过互联网科技与传统金融的结合,以区块链、大数据等信息技术为支撑的数字金融应运而生。数字金融是指通过互联网及信息技术手段与传统金融服务业态相结合的新一代金融服务,它包括互联网支付、移动支付、网上银行、金融服务外包、网上贷款、网上保险和网上基金等服务。随着数字金融的发展,金融科技的应用越来越广泛,这进一步强化了金融服务与实体经济的深度融合,对国家的经济前景产生了积极的影响。

数字金融对企业经营活动,乃至整体产业发展的影响是全面且深远的。从企业融资层面来看,数字金融催生了"众筹""供应链金融"等新的融资渠道,可以减少企业内外部信息不对称风险,降低交易成本和融资门限(郭峰等,2020),也为企业充分利用金融市场、配置金融资产提供了便利。从企业创新和产业升级层面来看,数字金融大幅改善了传统金融资源配置失衡的弊端,将更多金融资源延伸至科技型企业、中小企业、供应链上下游企业等企业群体,直接促进了创新能力强的企业高速成长,并促进了传统产业加大高技术投入,提升了高技术产业的创新能力(张尧等,2024)。

在"金融支持创新体系、服务实体经济"的大背景下,数字金融不仅仅是技术的革新,更是金融行业数字化的过程,推动着各个领域的数字化转型发展。

2023年10月召开的中央金融工作会议提出,"坚定不移走中国特色金融发展之路,推动我国金融高质量发展""做好科技金融、绿色金融、普惠金融、养老金融、数字金融五篇大文章"。2024年11月27日,人民银行、国家发展改革委等七部门联合印发的《推动数字金融高质量发展行动方案》明确指出,发展数字金融的目标是使金融更好地服务经济发展,同时提出"到2027年年底,基本建成与数字经济发展高度适应的金融体系"的总体目标。该方案明晰了数字金融在支持其他四篇大文章发展中的基石定位,数字金融能力的提升将直接助力金融机构更好地谱写科技金融、绿色金融、普惠金融、养老金融四篇大文章。与科技金融、绿色金融、普惠金融、养老金融不同,数字金融既不像科技金融和普惠金融一样侧重于服务对象,也不像绿色金融和养老金融一样指明对应的服务领域。数字金融要求金融机构从数据资源运用层面到数字化技术的运用,再到数字化展业模式进行全面创新,从而为金融机构在各个业务领域数字化展业、推动经济高质量发展提供基础。

(二)战略性新兴产业发展亟须数字金融创新

战略性新兴产业是以重大技术突破和重大发展需求为基础,对经济社会全局和长远发展具有重大引领带动作用,知识技术密集、物质资源消耗少、成长潜力大、综合效益好的产业。战略性新兴产业是引导未来经济社会发展的重要力量。战略性新兴产业不仅是培育经济发展的新动能、推动产业结构转型升级的关键,而且是构建现代化产业体系的核心节点。2024年政府工作报告明确指出,"充分发挥创新主导作用,以科技创新推动产业创新,加快发展新质生产力"。战略性新兴产业作为国民经济战略性先导产业,始终处于科技创新的前沿阵地,是培育新质生产力的关键领域,因此,战略性新兴产业的创新活动一直是学术界关注的热点问题。

在现实情境中,以战略性新兴产业为代表的高技术产业创新是一项周期性较长、沉没性较大、即期收益不确定的高风险活动,面临着筹资成本和调度成本的"双高"约束以及资源配置的非效率影响,持续充足的金融资源是其稳定发展的必要保障(唐松等,2020)。这一观点在《"十四五"国家高新技术产业开发区发展规划》中被多次提及,强调"推动国家高新区实施科技与金融深度融合行动,鼓励金融机构支持企业研发创新"。然而,当前金融体系以银行机构为主导,为了确保资金安全,从严降低不良贷款率,银行机构在产业布局、行业选择、项目定位、客户授信等诸多方面存在"信贷歧视"现象,导致高技术产业的创新活动频频出现信息不对称和融资约束困境。

在现有数字金融研究中,学者更多集中于探讨数字金融通过改善当地金融供给来影响宏观层面地区的全要素生产率(唐松等,2019)、城市经济高质量增长(钱海章等,2020)、区域创业(谢绚丽等,2018),以及影响个体层面的私人借贷行为(吴雨等,2020)、居民收入差距和家庭创业行为(张勋等,2019)。仅有少量文献研究了数字金融与企业技术创新的关系。例如,唐松等(2020)发现数字金融能够通过纠正金融错配来促进企业的技术创新产出;Wang(2015)发现数字金融能够为高技术产业提供多样化的融资渠道和更灵活的融资方式,帮助高技术产业链优化现金流管理、降低运营成本,从而提升高技术产业创新竞争力。在数字金融蓬勃发展的背景下,研讨数字金融赋能战略性新兴产业创新的机制具有重要的现实意义,这不仅有助于推动高技术产业创新的高质量发展,而且能够为政府制定相关政策提供有益的参考。

(三)传统制造业转型亟须数字金融创新

制造业是立国之本、强国之基,是加快发展新质生产力的关键支撑。2023年12月,工业和信息化部等八部门联合印发的《关于加快传统制造业转型升级的指导意见》明确提出,到2027年,传统制造业高端化、智能化、绿色化、融合化发展水平明显提升,并明确了一系列具体目标。这再次强调了传统制造业的重要性,旨在进一步巩固并增强中国制造业在全球产业分工中的地位和竞争力,推动中国由制造大国走向制造强国。

当前,我国正处于制造业加速转型升级的关键期,制造业向高端化、智能化、绿色化、集群化方向加速突破,亟待全面提升产业科技创新能力,持续优化升级产业结构,推动传统制造业加速迈向价值链中高端。然而,当前金融资本要素投入组合沿着制造业、产业链、供应链的优化整合严重不足,资源配置效率普遍不高(钱雪松等,2018),这在很大程度上制约了对制造业新质生产力的培育,亟须创新性的金融模式加以解决。高效低价的金融支持方式是制造业转型升级的核心要素。

以数字供应链金融为代表的数字金融创新模式,作为"金融"属性和"供应链"属性的统一体,其对制造业新质生产力的培育有深远影响。大量研究认为,数字供应链金融作为一种自偿性贸易融资,依托供应链交易背景带动了产业链整体融资效率提升,其对制造业的积极作用不仅体现在促进金融要素的供给效率提升上,而且体现在促进新质生产要素在供应链上下游的创新性配置效率提升上。在"金融支持创新体系、服务实体经济"的政策背景下,如何进一步发挥数字金融的要素引导和资源配置功能,更有效地为制造业培育新技术、新动能、新模式提供资金,以及如何通过相关政策支持,进一步提升数字金融对制造业新质生产力的赋能效率,进而加速带动制造业转型升级,成为当下重要的现实问题。

二、研究目标

党的二十届三中全会强调,要"健全因地制宜发展新质生产力体制机制",并"加强对重大战略、重点领域、薄弱环节的优质金融服务"。2023年中央经济工作会议明确提出,要以科技创新引领现代化产业体系建设,发展新质生产力。发展新质生产力关键在创新,创新能力的强弱直接决定战略性新兴产业的兴衰。发展以"高科技、高效能、高质量"为特征的新质生产力,亟须发挥金融的要素引导和资源配置功能,促进各类先进优质生产要素向发展新质生产力顺畅流动(张颖等,2024)。技术创新活动作为长周期、高风险的活动,具有投入沉没性、过程不可逆及产出不确定的特征,长期受到高调整成本和高融资成本的"双高"问题困扰,其持续性需要稳定、充足的金融资源作为保障(王玉泽等,2019),而传统金融服务往往广泛暴露出属性错配、领域错配、阶段错配等结构性错配问题,这在很大程度上制约了企业创新的潜在驱动力,亟须创新性的金融模式加以解决。高效低价的金融支持方式是企业创新乃至产业变革得以提质增效的核心要素。

以数字金融为代表的金融创新,是在传统金融基础上通过数据要素和数字科技赋能方式形成的新产物,对企业创新活动乃至整体产业变革都有深远影响。大量研究认为,数字金融凭借资金获取便捷性、成本低廉性以及风险评估精确性等优势,不仅能有效发挥信息中介、资金聚集、风险分散的功能,而且能有效纠正资源错配。在"金融支持创新体系、服务实体经济"的政策背景下,数字金融能否驱动产业变革与发展?相关支持政策及政策性平台能否有效引导数字金融服务战略性新兴产业发展与制造业转型升级?如何通过策略优化来提升数字金融服务企业创新与产业升级的赋能效率?本书将对此进行系统研究和回答。

本书聚焦以数字金融为代表的金融创新驱动产业变革与发展的支持机制,研究目标如下:一是从数字金融产品开发的视角,探究数字金融通过何种机制渗透和驱动企业技术创新与产业变革，探析数字金融驱动企业创新与产业升级的内在机制和异质性因素，尤其探究数字金融驱动战略性新兴产业创新与制造业升级的机制链条可能面临的问题及其解决方案，并提供判断依据。二是从数字金融相关支持政策视角探究如何有效促进数字金融对企业创新与产业变革的驱动效应，尤其是对企业技术创新等活动的带动效应、对战略性新兴产业创新的驱动效应，以及对制造业转型升级的驱动效应，为实施相适配的政策组合提供证据支撑。

三、研究价值

关于数字金融的国内外文献为本研究提供了很好的理论参考和逻辑起点，并提供了方法论借鉴，但仍有几方面值得进一步拓展研究：首先，既有文献侧重于研究数字金融对企业创新和产业升级的影响，但聚焦于数字金融针对不同类型产业影响的研究则明显不足，对其传导机制和绩效评估尚不全面；其次，既有文献对数字金融驱动企业创新和产业升级的影响大多以上市公司公开财务数据为样本展开，聚焦于特定产业，如战略性新兴产业、制造业等的研究尚不全面，对于不同产业类别及不同规模的企业而言，其数字金融资源可获得性存在差异，导致研究结论易产生偏差；最后，国内外普遍对制造业转型升级、战略性新兴产业创新给予财政补贴等政策支持，既有文献对如何有效实施政策搭配以助推产业升级与发展尚未给出完整的分析结论。

在既有研究的基础上，本书聚焦数字金融驱动企业创新、产业转型、产业升级的内在作用机制，研究数字金融赋能产业发展的影响效应、实现路径与优化策略。本书的研究价值在于：

第一，在学术价值层面，一方面，从企业创新的视角出发，基于金融"有效市场"等相关理论，探索"金融-技术-网络"链条产生的聚合效应、扩散效应、关联效应作用于企业创新和产业转型发展的实现路径，有助于丰富企业技术创新理论研究框架；另一方面，从产业转型升级的视角出发，结合制造业、战略性新兴产业等的产业特征与政策环境，探究数字金融通过增量规模补充和存量结构优化两方面赋能产业发展的效应与路径，有助于拓展数字金融驱动产业变革的理论机制研究。

第二，在应用价值层面，从数字金融产品开发的视角出发，探究数字金融通过何种机制推动企业创新水平提升和产业转型升级，为探析数字金融驱动企业创新和产业转型升级的机制链条可能面临的问题及其解决方案提供事实依据；从异质性特征和差异化政策视角，探究数字金融促进企业创新和产业转型发展的异质性特征，为制定差异化数字金融支持政策提供经验证据。

第二节　拟解决的主要问题与研究框架

一、拟解决的主要问题

本书基于金融"有效市场"理论、产业经济学理论和新质生产力理论，以深化企业创新与产业转型升级为指引，研究数字金融赋能企业创新与产业转型升级的影响效应、实现路径与优化策略。本书将回答以下两个问题：第一，数字金融能否驱动以及通过何种机制驱动企业创新与产业转型升级？第二，如何实施差异化政策组合以有效提升数字金融对企业创新和产业升级的驱动效应？

围绕以上两个问题，本书的研究重点在于：第一，构建以"数字金融→企业技术创新→产业链技术扩散→产业生态融合→产业结构升级"为主线的综合理论分析框架，梳理理论逻辑，解释"是什么"；第二，测度数字金融对企业创新与产业转型升级的影响效应，考察"怎么样"；第三，基于计量模型分析，探究数字金融对企业创新与产业转型升级驱动效应的内在机制，揭示"为什么"；第四，基于案例调研和政策评估，探讨提升数字金融对企业创新与产业转型升级驱动效应的实现路径，探索"怎么办"。

二、研究框架

本书遵循"理论分析→效应验证→案例调研与对策"的总体研究框架，分为三个篇章开展研究。

第一部分为理论篇，构建理论分析框架。(1)基本内涵：梳理数字金融与产业转型升级相关的理论，厘定数字金融影响企业创新与产业转型升级的基本内涵和主要特征。(2)理论框架：基于金融"有效市场"理论、产业经济学理论和新质生产力理论，沿着"数字金融→企业技术创新→产业链技术扩散→产业生态融合→产业结构升级"的主线，构建数字金融影响企业创新与产业转型升级的综合理论分析框架。

第二部分为实证篇,实证分析数字金融对企业创新与产业转型升级的影响效应。(1)产业升级效应验证:构建面板回归模型,验证数字金融对企业创新和产业转型升级是否存在促进效应,以及是否存在纠正金融资源在产业链上下游"属性错配""领域错配"和"阶段错配"的"结构性"驱动效应。(2)战略性新兴产业创新效应验证:构建面板回归模型,验证数字金融在推动战略性新兴产业创新方面的作用机制,及门限效应的存在性。(3)制造业创新效应验证:构建面板回归模型,实证检验数字金融促进制造业创新的赋能作用及其异质性特征,为制定差异化的数字金融支持政策提供经验证据。

第三部分为实践篇,调研分析数字金融支持企业创新与产业转型升级的创新实践案例,并形成相关对策建议。(1)政策路径分析:识别数字金融支持企业创新与产业转型升级的外部条件,重点梳理相关金融监管政策和补贴政策特征事实。(2)创新实践案例调研:调研重点金融机构、产业链龙头企业等的创新实践做法,总结可推广可复制的相关经验,并挖掘相关瓶颈问题。(3)政府性数字金融服务平台调研:调研全国及重点省市数字金融支持产业发展的政府性平台实践做法,总结可推广可复制的相关经验,挖掘相关瓶颈问题并提出相关对策建议。

第三节 本书的创新与展望

一、研究创新点

(一)理论创新

本书系统性地构建数字金融影响产业创新与产业转型升级的综合理论分析框架。金融是现代经济的核心要素之一,建设现代化产业体系是一项庞大的系统工程,需要效率更高、功能更强、更有支撑力、更加安全的现代化金融体系,尤其需要在提高金融赋能实体经济的能力上进行深入研究。本书在厘定数字金融驱动产业技术创新与产业转型升级的内涵与演变特征的基础上,沿着"数字金融→企业技术创新→产业链技术扩散→产业生态融合→产业结构升级"的主线,构建一个数字金融影响产业创新能力与产业竞争力水平的综合理论分析框架。

此外，本书还深入剖析数字金融对产业技术创新和产业结构升级驱动效应的内在机制，有效连接微观经济主体与宏观经济，是对现有理论体系的有益补充。

(二)实践创新

本书的研究对于政府主导下的数字金融生态建设具有积极的实践意义。本书的研究结论对如何运用数字金融突破地域限制，促进区域间的协调发展提供了相关思路：数字金融有利于将金融资源向经济欠发达地区倾斜，缩小区域发展差距；数字金融还可以根据不同地区的产业特色，提供定制化的金融服务，支持地方特色产业的发展，推动区域经济的多元化发展。本书通过对数字金融与产业变革关系的研究，可以为政府制定相关政策提供科学依据，引导数字金融健康有序发展。相关研究结果有助于政府完善相关基础设施建设，加强人才培养，推动数字金融与产业变革的深度融合。

此外，本书还从促进产业链生态融合的视角出发，深入调研分析了重点金融结构、产业链链主企业等主体的数字金融创新实践，这些代表性案例经验为促进数字金融在更多元化场景的应用，并促进产业链生态融合提供了普适性的解决方案，无论是对于金融机构，还是产业链链主企业，乃至产业链上下游中小企业，在数字金融创新实践中如何在技术赋能层面重构金融服务的效率与边界、在模式创新层面从单一服务到生态化竞争、在长期战略层面构建开放共赢生态，均具有较大的实践价值。

二、研究展望

本书对数字金融驱动产业技术创新与产业转型升级的效应研究仍存在以下几方面的不足，在后续研究中值得进一步完善。

第一，进一步细化针对数字金融在不同产业场景的异质性分析与场景适配性研究。数字金融驱动产业变革的影响机制显示出明显的行业异质性、区域异质性和企业规模异质性特征，但既有研究对数字金融的异质性分析与场景适配性分析仍不足：一是行业差异被低估，数字金融对高新技术产业和传统制造业的影响机制可能不同，但既有研究多采用整体样本，缺乏进一步的行业细分研究；二是区域分化研究不足，对欠发达地区数字金融"技术溢出效应"与"虹吸效应"的权衡缺乏量化分析；三是企业规模异质性易被忽略，小微企业与大型企业在数字金融资源获取能力上的差异未被充分纳入模型，比如，在供应链金融体系中,核心企业与上下游中小企业吸纳金融资源的能力及其定位完全不同。本书在实证研究部分充分考虑了影响机制的行业异质性,专门针对制造业、战略性新兴产业等重点产业进行了分析。在本书的实证研究中,对微观企业行为数据,如研发投入、专利质量等特征的深度挖掘是一个难点,本书中虽然运用上市公司数据定义了相关技术创新指标,但是难以全面刻画数字金融驱动技术创新的动态效应和企业规模异质性特征。在后续研究中,将对数字金融效应的动态演化和长期滞后性进一步细化考察,细分场景进行区分企业规模和行业类别的异质性深化研究,并继续对数字金融效应进行区域分化研究,针对数字金融在空间区域层面的"技术溢出效应"和"虹吸效应"进行进一步量化分析,以验证数字金融驱动产业创新的空间溢出效应及其传导机制。

第二,进一步补充对于数字金融的潜在风险及其可能存在的负面效应的研究。现有关于数字金融驱动产业技术创新与产业转型升级的效应的研究已取得显著进展,本书在既有文献的基础上,构建了以"数字金融→企业技术创新→产业链技术扩散→产业生态融合→产业结构升级"为主线的理论框架,并对其具体作用路径,如技术扩散、资本配置效率提升、产业链效率提升等内在机制进行动态建模和理论提炼。然而,在本书中,对数字金融可能存在的潜在风险及如何规避其负面效应的研究不足。相关文献表明,数字金融的潜在风险表现为两个方面:一是技术风险易被忽视,数字金融可能存在加剧技术垄断的风险,但相关研究较少;二是社会成本尚未被量化评估,数字金融推动产业升级的同时可能对就业结构造成冲击,如金融数字化导致对低技能劳动力的替代,对数字金融带来的社会总成本与总收益的综合评估不足。在未来的研究中,应进一步建立数字金融驱动产业升级的"成本-收益"分析框架,纳入就业替代率、碳排放强度等社会指标,对数字金融风险进行量化评估,并对数字金融支持政策的社会成本及政策效益进行综合评估。

第二章
国内外研究综述

第一节　数字金融的机理特征

在"数字中国"战略和金融供给侧改革等国家政策推动下,数字金融在中国迅速发展,尤其是移动支付、P2P网贷、大数据风控等领域风起云涌,极大地推动了数字金融的研究发展。近十年来,国内外学者对数字金融的机理特征开展了广泛研究,包括技术驱动特征、普惠特征、风险与监管、对实体经济的影响等方面。

从数字金融机理特征研究的发展脉络来看,早期研究聚焦数字金融的定义与内涵,强调依托大数据、云计算、区块链等技术的金融创新(如黄益平,2017;谢平和邹传伟,2012),并强调其普惠性特征,数字金融通过降低交易成本、突破地理限制,实现了金融服务的普惠化(郭峰,2017);近年来的研究热点主要围绕数字金融的技术驱动机制、经济效应分析及监管框架构建等复杂机理,如区块链技术的去中心化特征(姚前和汤莹玮,2015)、人工智能在风控中的应用(李扬等,2018)、数字金融对小微企业融资的影响(张勋等,2019)、数字金融与传统金融的竞合关系(黄卓等,2020)、数字平台垄断与反垄断(江小涓和靳景,2022)等问题成为关注焦点。

一、数字金融的技术嵌入性特征

Karl Polanyi(2001)提出的"嵌入性"概念被引入数字金融领域,金融的技术嵌入性特征强调数字技术与金融系统的深度融合重构了传统金融活动的组织形态、价值创造方式和治理架构。国内外学者对数字金融的技术嵌入性特征的研究较为丰富。相关研究表明,技术不仅是工具,更是重构金融业态的核心变量,如区块链重构信用机制、AI改变风控逻辑等。

首先,一些研究关注数字技术在金融创新中的应用,探讨了数字技术如何促进金融产品和服务的创新,以及这些创新如何影响传统金融机构的业务模式和市场结构。例如,Li Gang 等(2022)研究了金融科技(Fintech)对商业银行风险承担的影响,并通过对 37 家中国上市商业银行的数据分析,发现金融科技能有效降低银行风险。Bassens David 等(2024)的研究则关注了大科技公司如何通过其对云计算的采用来影响传统银行业务的地理分布和全球金融网络。Al-Dmour Hani 等(2023)的研究表明,数字支付在提高交易效率的同时带来了安全风险。在区块链技术方面,Bongomin George Okello Candiya 等(2023)的研究指出,区块链技术在提高金融交易的透明度和安全性方面发挥了重要作用。这些研究表明,数字技术正在改变金融服务的提供方式,促进金融产品的创新,并对传统金融机构产生深远影响。数字技术的进步为金融服务提供了新的设计、交付和管理方法,从而创造出新的市场机会和竞争优势。

其次,一些研究关注了数字金融创新的影响因素,及如何在数据驱动下实现金融决策范式转型。数字金融创新是推动当前金融领域变革的重要力量,涉及支付、借贷、投资等多个方面。Ahmed Al Dmour 等(2020)通过研究发现,知识管理实践对数字化金融创新有显著的正面影响,尤其是管理者的经验和职位在其中起到了调节作用。类似的研究也表明,员工的受教育水平和职位对数字化金融创新也有显著影响。这些研究揭示了组织内部因素如知识管理和管理者及员工的特征对数字金融创新的促进作用。此外,组织的数字化转型需要考虑包括技术基础设施、企业文化、战略规划等在内的多个因素。Hussain Matloub 和 Papastathopoulos Avraam(2022)的研究聚焦于企业的组织准备对于数字化金融创新的影响,发现组织变革的准备程度和战略一致性对数字化金融创新的实施至关重要。这些研究强调了组织层面的因素在数字化金融创新中的重要性。这些研究表明,数字金融创新的影响因素是多方面的,包括组织内部的知识管理实践、管理者及员工的特征,以及组织的整体准备程度和战略一致性。这些因素相互作用,共同推动了金融数字化转型。

最后,一些研究重点关注了数字金融创新的国际比较及差异。在国际视角下的数字金融创新比较研究可以为本国的金融创新提供宝贵的经验和启示。Dimitris Assimakopoulos 等(2025)通过对中国农村地区的案例研究,分析了移动金融在促进数字金融包容性方面的作用,发现文化、环境和政策因素对移动金融创新的传播和采纳有显著影响。类似的比较研究也被用于评估不同国家的数字金融发展水平。例如，Misati Roseline 等（2024）使用 ARDL 模型分析了数字金融创新与金融深化和经济增长的关系，发现在肯尼亚，数字金融与金融深化和经济增长之间存在正向的长期关系。针对数字金融创新的国际比较不仅为理解数字金融创新在全球范围内的影响提供了视角，而且为本国的金融政策和实践提供了可借鉴的经验。

二、数字金融的普惠性与包容性特征

数字金融的普惠性特征强调通过数字化手段来降低金融服务门限，使传统金融排斥群体（如低收入者、农村居民、小微企业）获得买得起的金融服务；数字金融的包容性特征则强调消除服务过程中的歧视性障碍，实现金融资源的公平配置。既有文献研究表明，数字金融在提升金融包容性和普惠性方面发挥了显著作用。数字金融服务通过提供更便捷、更低成本的金融服务，有效地解决了传统金融服务的覆盖不足和服务门限高的问题，尤其是在偏远和贫困地区。此外，数字金融的发展也促进了金融素养的提升，增强了消费者对于数字服务的认知和使用能力，特别是在女性和其他社会群体中的普及，有助于推动性别平等和社会包容性的进步。

在数字金融的普惠性特征及其对特定人群的影响方面，数字金融服务为这些通常被传统金融体系边缘化的群体提供了进入市场的机会。例如，傅秋子和黄益平（2018）聚焦于数字金融对农村金融需求的异质性影响，发现数字金融的普及不仅改变了农村地区的生产性和消费性信贷需求，而且影响了不同社会经济特征群体的金融服务获取。郭峰等（2020）的研究进一步指出，数字普惠金融的发展对农村金融的影响尤为重要，特别是在传统金融服务覆盖不足的地区，通过分析农户的金融服务使用情况，发现传统金融的使用频率越高，使用数字金融服务的可能性就越大，这表明数字普惠金融在推广时需要重视基础的金融知识教育。Duvendack Maren 等（2023）在分析印度的情况时，指出了印度的数字化金融革命如何为农村妇女提供更好的金融服务，尽管在实现性别平等方面仍面临挑战。Hasan Rashedul 等（2023）的研究集中在妇女企业家的金融包容性上，并指出数字金融素养对妇女利用银行服务的重要性。针对中国背景的研究，如 Zhonggang Yue 等（2024）通过对中国家庭金融调查（CHFS）数据的分析，探讨了数字金融包容性对家庭创业和贫困减少的影响。总的来说，数字金融的普惠性质及其对特定人群的影响是实现包容性增长和社会包容性发展的重要组成部分。这些研究表明,尽管数字金融为特定人群提供了前所未有的机会,但仍需要进一步的努力来确保所有人都能平等地访问和利用这些服务。

在数字金融包容性特征及其地区性差异方面,既有研究表明,数字技术的普及有助于提高金融服务的可及性和便利性,从而推动金融包容性的提高。例如,黄益平和黄单(2018)研究显示,数字技术降低了金融服务的门限,使得小微企业和农村地区的居民能够更容易获得贷款和其他金融服务,从而推动了金融包容性的提高,这不仅改善了他们的金融服务体验,而且促进了整体经济的发展。Daud Siti Nurazira Mohd 和 Ahmad Abd Halim(2023)通过动态面板数据模型研究了金融包容性、数字技术与经济增长之间的关系,并发现两者都对经济增长有积极显著的影响。Kouladoum Jean-Claude 等(2022)的研究也表明,数字技术通过提高 ICT 指标,显著提高了金融包容性。Yakubi Yusef Ali Yusef 等(2022)通过对 77 个低收入国家的研究,探索了数字技术和商业规制对金融包容性和社会经济发展的影响,发现这两者都与金融包容性和社会经济发展有显著的正相关关系。Zhiyang Shen 等(2024)研究了数字金融包容性对中国农业可持续生产率的影响,发现数字金融包容性的提高显著提升了农业的可持续生产率,有助于减少部门内的不平等。这些研究强调了数字技术在推动金融包容性方面的重要作用。更进一步,在这种正向影响的地区性差异方面,不同地区的基础设施、经济发展水平以及人们的数字金融素养的差异会影响数字金融服务的普及程度和可接受程度。例如,Mugume Regean 等(2022)从肯尼亚和乌干达的经验中指出了数字金融包容性的驱动因素,并建议政府和金融机构采取措施来提高这些服务的可及性。Dong Hai 等(2022)的研究则聚焦于中国长江三角洲地区的数字金融包容性发展,通过定量研究方法揭示了该地区数字金融包容性的空间异质性和动态演变。此外,Fan Shuangshuang 等(2023)的研究进一步探讨了数字金融对包容性绿色增长的影响,并通过中国的数据分析了数字金融与包容性绿色增长之间的复杂关系。Zhonggang Yue 等(2024)则通过中国的家庭金融调查数据分析了数字金融包容性对家庭创业和贫困减少的影响,揭示了不同地区和社会群体之间的差异性。这些研究表明,地区性差异在数字金融包容性的发展中扮演着重要角色,这些研究揭示了不同地区在数字金融发展方面的不平衡性,并强调了需要采取具体措施来缩小这些差异,特别是在基础设施较为薄弱和贫困的地区。

在数字金融包容性可能面临的挑战方面,既有研究表明,尽管数字金融提供了前所未有的机会,但也伴随着一系列风险和挑战,包括网络安全、数据保护以及数字鸿沟等问题。例如,黄益平等(2017)指出虽然数字金融通过技术降低了运营成本,提升了服务效率,但也带来了监管挑战和潜在的系统性风险。Khera Purva等(2022)开发了一个新的数字金融包容性指数,用以衡量包括非洲和发展中国家在内的地区的数字金融包容性,同时指出了数字金融服务在实际使用中可能遇到的障碍。Sohail Muhammad Tayyab(2024)的研究则从资源贸易的角度探讨了数字金融、信息通信技术、能源安全风险如何影响矿产资源贸易,同时指出了GDP、外国直接投资等因素如何促进资源贸易。此外,Zhang Wei等(2024)利用量化研究方法分析了数字金融包容性、绿色投资和环境可持续性之间的关系,为发展中国家实现可持续发展目标提供了见解。这些研究表明,数字金融的风险与挑战是实现可持续发展的重要考虑因素,需要通过制定相应政策和监管措施来有效应对。

三、数字金融的潜在风险

数字金融作为一种新兴的金融服务方式,以其便捷性、低成本和高效率在全球范围内得到了快速发展。然而,随着数字金融的快速发展,其潜在的风险也日益显现,如网络安全风险、个人隐私泄露、市场风险和操作风险等。这些风险不仅威胁金融机构和消费者的利益,而且可能影响整个金融系统的稳定性。因此,数字金融的潜在风险具有技术嵌入性、跨界传染性与隐蔽性三重特征,其产生机制与传统金融风险存在本质差异。相关学者分别从数字金融风险的识别与评估、数字金融安全与隐私保护等方面进行深入研究,并探索有效的监管措施,使其成为当前金融稳定性研究的重点领域。

在数字金融风险的识别与评估方面,金融风险管理的传统模式面临数字金融所带来的新挑战,对其潜在风险的识别与评估显得尤为重要。Alexandru Răzvan Căciulescu等(2024)通过对欧洲民众的调查分析,提出了五种不同的数字金融风险画像,为了解不同人群面临的风险提供了深刻的洞见。Xue Li和Qiaozhi Chu(2025)的研究进一步证实了数字金融对企业风险行为的积极影响,尤其是在促进投资机会和缓解财务风险方面。然而,这些研究也揭示了一个重要的矛盾点,即在促进金融创新的同时,可能加剧金融风险的传播。Bi Jiayin和Qi Ying(2024)的研究聚焦于数字金融与绿色投资的融合,指出了金融行业面临的新机遇与新挑战,特别是在环境风险管理方面。他们通过对欧洲企业财务披露和碳税实施的分析,揭示了数字技术在金融报告中应用的潜在风险,如数据安全和隐私泄露。结论显示,尽管数字金融为金融市场带来了便利和效率,但其背后的技术复杂性和外部性要求我们更加谨慎地评估和管理风险。以上研究表明,对数字金融风险的识别与评估是数字经济发展中的关键组成部分,监管机构和金融机构需要加强风险意识、完善风险评估机制,并制定相应的监管政策以应对数字金融所带来的新挑战。

在数字金融安全性与隐私保护研究方面,数字金融服务的普及为消费者提供了便利,但也引发了对个人隐私和资金安全的担忧。Chi Chuan Lee 等(2025)探讨了数字金融对中国农民消费决策的影响,指出风险偏好在其中所起的调节作用。数字金融服务的推广应更加注重消费者的风险承受能力,以确保其正面效应最大化。Santiago Carbó Valverde 等(2025)通过脑成像和行为研究,探索了数字金融决策中的神经科学基础,揭示了风险感知和信任行为在个人金融决策中的作用。Yuhui Dai 和 Zhang Lu(2023)的研究分析了数字化进程中的金融风险与企业财务风险的关系,强调了在数字化转型的过程中,监管机构应如何应对数字金融所特有的风险特性。总体而言,数字金融安全性与隐私保护是数字经济发展中的另一关键议题。为了保护消费者权益,需要通过教育来提高消费者的金融素养;同时,监管机构应制定严格的数据保护和个人信息保护政策,以防止金融诈骗和信息泄露等风险。

四、数字金融的监管框架

数字金融的兴起不仅极大地提高了金融服务的效率和便利性,而且带来了一系列新的监管风险与挑战,特别是在算法技术广泛应用于金融服务的背景下,算法的"黑箱"特性更是为监管带来了新的挑战。因此,如何构建有效的数字金融监管机制成为保障金融安全、促进金融创新和服务实体经济的关键。既有文献主要围绕数字金融监管的效率与影响、模式与创新、挑战与对策、国际比较与启示等方面展开研究。

在数字金融监管的效率与影响研究方面,既有研究聚焦于如何通过数字技术的引入来提高监管的实时性和全面性。例如,黄益平和陶坤玉(2019)提出了监管科技的概念,强调利用技术手段提升监管能力,并通过监管沙盒①等创新机制来平衡创新与风险管理。Guo Xiaohong 和 Tu Yangqian(2023)利用空间计量经济学方法研究发现,数字金融对城市碳强度的影响存在空间外部性,且合理的金融监管可以加强该正面影响。然而,监管技术的提升也带来了新的挑战。例如,监管者需要适应新的技术和监管工具,也要防止技术的滥用。Jiandong Zheng 和 Feng Guo(2024)通过对比分析中国互联网金融行业监管前后的变化,发现监管政策显著减少了企业的非效率投资,尤其减少了过度投资的情况。这表明,适当的监管政策可以提高金融系统的整体效率,降低系统性风险。总体而言,数字金融监管的提升可以有效提高监管效率,促进金融市场的稳定和发展。但是,监管机构在引入新的监管工具和技术时,需要平衡创新激励与风险控制,确保监管政策的连续性和稳定性,以降低对金融市场及其参与者的不良影响。

在数字金融监管的模式与创新研究方面,既有研究聚焦于如何通过技术和制度创新来提高监管的效率和效果,包括利用大数据、区块链等现代信息技术来提升监管的科技水平,也涉及监管框架和监管机制的改革。例如,Jonathan Greenacre(2019)提供了一种监管移动支付等非传统金融服务的框架,强调了监管应该与技术发展同步。Fu Hao 等(2022)通过演化博弈分析,提出了一种适应数字金融创新的监管模型,旨在通过动态的激励和惩罚机制来实现监管目标。研究者们还关注了如何将监管科技(RegTech)融入传统监管框架中。例如,Zhang Wei 等(2024)探索了大数据在反洗钱(AML)中的应用,并建议监管机构利用大数据来提高监管效率和效果。韩俊华等(2024)提出了基于区块链技术的数字金融风险监管框架,强调了监管科技的重要性和技术可行性。何剑锋(2024)关注了数字金融监管的法律逻辑与创新路径,提出了构建数字监管平台等一系列创新措施。

在数字金融监管的挑战与对策研究方面,既有研究关注数字金融快速发展的背景下,监管机构面临的主要挑战以及可能的解决策略。随着金融服务的数字化转型,传统的监管框架可能无法有效应对新兴的风险和挑战。例如,Chris-

---

① 监管沙盒(Regulatory Sandbox)是2015年英国金融监管局率先提出的创新监管理念,其作为一个受监督的安全测试区,通过设立限制性条件和制定风险管理措施,允许企业在真实的市场环境中,以真实的个人用户和企业用户为对象测试创新产品、服务和商业模式,有助于减少创新理念进入市场的时间和潜在成本,并降低监管的不确定性。

topher P. Buttigieg 等(2024)分析了《数字操作韧性法案》(DORA)在欧盟的实施挑战,如监督与监督框架协调的问题,虽然 DORA 是统一数字操作韧性法规的积极步骤,但它带来了监督趋同和合作的挑战;Yi Shuai Ren 等(2024)提出了一种结合同态加密算法和区块链技术的创新金融监管解决方案,以帮助监管机构验证输入数据,获取准确的监管指标,同时不泄露金融机构的机密信息。这些研究强调了在数字金融快速发展的背景下,金融监管需要适应新的技术和风险环境。此外,面对数字金融的全球化发展,国家间的监管协调也成为一个重要议题。例如,Bi Jiayin 和 Qi Ying(2024)讨论了在欧盟范围内实施碳税对金融报告的影响,并强调了跨境监管合作的重要性。程雪军(2024)通过案例分析方法探讨了数字金融平台的算法黑箱问题,指出了算法技术在金融行业的应用所带来的系统性风险,如平台迷雾风险、技术遮蔽风险和监管真空风险。以上研究表明,数字金融监管面临的挑战包括技术的迅速变化、数据安全与隐私保护,以及国际监管合作等方面。监管机构需要不断更新监管工具和方法,加强对新兴技术的理解和适应,同时在国际层面加强监管合作,共同应对数字金融发展中的挑战。

在数字金融监管的国际比较与启示研究方面,既有研究关注不同国家和地区在数字金融监管方面的经验,以及从这些经验中得到的启示。例如,Päivi Hutukka(2024)比较了欧盟、美国和中国的金融科技法规,指出了这些国家在金融科技监管方面的共同点和差异,尽管每个司法管辖区都表现出对发展自身中央银行数字货币的兴趣,但动机不同。田园和金涛(2024)对香港地区的数字金融监管框架进行了分析,并与美国的"FIT21"法案进行了比较,为比较不同法域下的数字金融监管提供了重要视角。另外,王大中和高铭芮(2024)的研究聚焦日本数字金融的发展特征、机制与监管创新,为我国的数字金融监管提供了宝贵的参考。国际比较研究揭示了各国在数字金融监管方面的差异和特点,为其他国家提供了宝贵的经验和启示,有助于形成更加全面和有效的监管体系。

第二节 数字金融与企业创新

数字金融作为一种新兴的金融服务模式,已经成为推动实体经济高质量发展的重要力量。技术创新是推动产业升级和经济增长的重要动力,数字金融则为技术创新提供了资金支持、降低了融资门限、改善了资金配置效率,并通过提供数据信息服务等方式促进了企业的创新活动。数字金融通过提供更加便捷、高效的金融服务,对企业的技术创新活动产生了深远的影响。既有文献关于数字金融对企业技术创新活动的影响研究主要围绕数字金融通过数据要素重构、金融功能延展和服务模式创新等路径对企业技术创新产生多维度影响进行理论分析与实证检验。

一、数字金融对企业技术创新的影响效应

既有研究关于数字金融对企业技术创新影响效应的研究主要关注数字金融的创新投入促进效应、创新结构优化效应、创新效率提升效应等创新效应,并关注其异质性影响。

在数字金融的创新投入促进效应方面,既有研究关注数字金融如何影响企业的创新投入水平。郭峰和熊云军(2021)基于企业行为理论和新制度理论,研究了外部数字金融发展对传统商业银行数字化创新行为的影响。他们发现数字金融的发展对银行的管理和产品数字化创新行为均具有正向影响,但这种影响在管理创新和产品创新上存在差异。侯世英和宋良荣(2023)的研究表明,数字金融能够显著降低企业的研发成本黏性,从而提高企业的创新质量。李秀萍等(2022)的研究发现,数字金融及其三个维度均能显著提高企业的创新水平,而高管团队异质性对这一作用的影响呈现差异性。史小坤和陶燕燕(2024)的研究深入探讨了数字金融与金融摩擦之间的关系,指出数字金融能够有效缓解民营企业技术创新投入中的资本错配类和融资成本约束类金融摩擦。余芬等(2024)的研究表明,数字金融能够优化创新资源配置,尤其对非国有企业和中小企业的创新投入产生积极影响。此外,李宇坤等(2021)通过分析 2011—2018 年的数据,发现数字金融的发展显著促进了企业的创新投入,尤其是通过影响控股股东股权质押的方式。周振江等(2021)也发现数字金融通过降低融资成本和提高资金流动性,有助于企业增加创新投入。这些研究表明,数字金融通过降低融资成本、优化资源配置、提高信息透明度等途径,显著提高了企业的创新投入水平。数字金融在促进企业技术创新方面发挥了重要的支持作用,尤其是在促进中小企业以及技术密集型企业的创新活动中表现出较高效率。

在数字金融的创新结构优化效应方面,既有研究关注数字金融发展如何通过影响企业的风险承担行为来促进技术创新。陈修德等(2023)的研究揭示了

数字金融发展通过提高企业风险承担水平来激励企业进行更积极的创新活动，其中风险承担的中介机制在非国有企业、小企业以及外部资金依赖型企业中表现得尤为明显。胡冰和戚聿东(2023)的研究进一步扩展了这一视角，其研究了自媒体在数字金融与企业技术创新之间的作用，发现企业通过自媒体进行信息披露能够吸引更多数字金融资源为技术创新提供支持。李朝阳等(2021)的研究也表明，数字金融可以通过减少信息不对称来降低企业的融资成本，从而激励企业承担更高的风险投资于创新活动。这些研究表明，数字金融通过提高企业的风险承担能力，为其创新活动提供了更多投资机会，这在风险容忍度较高的企业中更为显著。同时，新兴信息技术的应用也为企业提供了新的融资途径和风险管理工具，进一步推动了企业技术创新。

在数字金融的创新效率提升效应方面，既有研究关注数字金融如何通过改善企业的创新效率来促进技术创新。唐松等(2020)基于2011—2017年沪深两市A股上市公司数据，探讨了数字金融发展对企业技术创新的影响及其内在机理，发现数字金融的深度发展对企业技术创新的促进效果在长时间序列上稳健成立，数字金融的发展能够有效解决企业的"融资难、融资贵"问题，并驱动企业去杠杆、稳定财务状况，有助于企业技术创新产出的增加。梁榜和张建华(2019)通过分析数字普惠金融的地级市层面数据与中小企业专利数据，发现数字普惠金融的发展对技术创新具有正向影响，尤其是在中西部城市和传统金融覆盖不足的地区。Chengyan Li和Yehui Lin(2023)研究了数字金融如何通过缓解企业的融资约束来促进企业创新，结论显示，数字金融能有效降低企业融资成本，提高企业的创新能力。Yanhong Mou(2024)采用logistic模型分析数字金融对不同生命周期企业的技术创新效率的影响，发现数字金融的采纳率比数字金融水平对企业技术创新效率的提升更为显著。钞小静等(2024)的研究表明，数字金融可以显著提升企业在创意转化、知识凝结和成果实现三个阶段的创新效率，这主要得益于其融资约束缓解效应和代理成本降低效应。徐鹏等(2023)的研究显示，供应链金融也是提升企业创新效率的一个重要途径，通过提升供应链关系质量，供应链金融能促进企业的创新投入。此外，李健等(2020)的研究聚焦数字普惠金融与企业创新之间的关系，发现这种关系受到企业内部结构特征与外部环境要素的调节影响。这些研究表明，数字金融通过其融资便利性、风险管理能力和成本效益等方面对企业创新效率产生积极影响。这种影响在不同地区、不同规模的企业以及不同行业中表现出差异性，这为制定差异化的数字金融政策提供了依据。

二、数字金融对企业技术创新的作用机制

既有研究对数字金融促进企业技术创新的作用机制展开了探讨，主要从缓解融资约束机制、优化风险管理机制等方面开展相关验证。

在缓解融资约束的作用机制方面，在金融错配视角下，数字普惠金融能够缓解企业金融错配程度，进而对企业创新产生促进效应。Yao Lianying 和 Yang Xiaoli（2022）通过匹配中国创业板上市公司的数据和数字包容性金融指数，采用双向固定效应模型和中介效应模型分析了数字金融对中小企业创新的影响，发现数字金融显著促进了中小企业的创新活动，这种影响主要是通过减轻企业的融资约束来实现的，不同所有制性质的企业以及不同地区的企业可能会从数字金融中获得不同的创新激励。Dewu Li 等（2024）探讨了数字金融如何通过缓解融资约束来促进体育企业的创新活动，研究结果表明，数字金融对体育企业创新有显著的促进作用，尤其是通过提供更加便捷的融资渠道和降低信息不对称，这种影响在中国不同地区和不同规模的体育企业中存在差异，小中型企业可能从数字金融中获得更多益处。赵淑芳等（2023）的研究表明，数字金融及其内在维度能够显著提升高耗能企业的绿色创新能力，融资约束在其中起到了中介效应。这些研究表明，数字金融通过提供多样化的融资渠道和降低融资成本，为企业技术创新提供了重要支持。

在优化风险管理的作用机制方面，企业的风险承担能力是其进行投资和扩张的关键因素之一，数字金融通过提高企业的风险承担能力，为其创新活动提供了更多投资机会。Guo Zhongkun 等（2022）通过分析 2011—2018 年上海证券交易所和深圳证券交易所上市的能源公司数据，发现数字金融显著促进了能源公司的技术创新，并且将企业风险承担能力作为中介变量来解释这种影响，数字金融对非国有、小规模且高度依赖外部融资的能源公司技术创新的促进作用尤为显著。姚洪心和陈慧敏（2023）的研究显示，数字金融的发展能够显著提高企业的风险承担水平，尤其是通过缓解企业的外部融资约束。张云等（2023）的研究进一步证实了数字金融通过提高企业的风险承担水平来促进技术创新。此外，张泽南等（2024）的研究发现，数字金融能够通过减少企业的异常审计费用来提高审计质量，这主要是因为数字金融可以降低企业的代理成本，减少管理层的盈余管理行为，这为理解数字金融如何通过改善企业的风险管理来提高

整个金融生态系统的审计质量提供了重要视角。这些研究表明,数字金融可以通过多种机制,如改善融资环境、提供风险管理工具等,帮助企业更好地管理和承担风险。

第三节　数字金融与产业升级

既有文献关于数字金融对产业升级的影响,分别从数字金融对产业升级的宏观影响、异质性特征及内在机制等方面展开相关研究。既有文献针对数字金融驱动产业升级的内在机制研究,主要围绕要素配置重构、技术扩散加速和市场边界扩展三条路径,探讨数字金融如何推动产业结构向高级化、数字化和服务化方向演进。

一、数字金融对产业结构的宏观影响

既有文献关于数字金融对产业结构宏观影响的研究主要围绕数字金融对产业结构高级化及产能过剩治理等方面的影响进行相关验证。

在数字金融对产业结构高级化的影响层面,相关研究聚焦于数字金融如何促进城市和农村地区的产业结构优化升级。例如,Chen Yan(2022)利用中国30个省份2011—2020年的面板数据,研究了数字金融对产业结构的影响,发现数字金融的发展与产业结构升级存在U形关系。Hongshan Shen等(2024)通过对中国1 385个县的数据分析,发现数字金融能显著促进产业结构升级,在传统金融发展水平较低的地区更为明显。李林汉和田卫民(2021)利用动态空间杜宾模型并结合中介效应模型,基于2011—2018年31个省份的面板数据探究数字金融影响经济增长的直接效应,结论显示,数字金融发展可以通过促进产业结构升级来刺激经济增长。成琼文和申萍(2023)的研究表明,数字金融通过提升区域创新创业水平来促进城市产业结构升级,且金融监管强度可以正向调节其促进作用。程宇(2022)的研究进一步深化了这一结论,通过实证检验了数字金融与产业结构升级之间的关系,并指出地区创新能力是促进该升级的重要因素。此外,郭守亭和金志博(2022)聚焦于数字普惠金融对区域产业结构升级的影响,并通过空间杜宾模型分析了其效应与机制,结果证明,数字金融在加快产业结构整体升级的同时推动了产业结构高级化发展。数字金融使用深度对产

业结构整体升级和产业结构高级化的作用更大,且中部地区的数字金融更能有效促进产业结构整体升级。这些研究表明,数字金融通过提供更灵活、更普惠的金融服务,对传统产业的结构调整和升级起到了重要的推动作用。

在数字金融对产业融合创新的影响层面,相关研究对数字金融在制造业服务化转型、服务业数字化升级、农业现代化加速等方面的积极作用进行了验证。例如,在数字金融促进绿色产业发展效率方面,韩雅清等(2023)的研究表明,在环境规制的约束下,数字金融及其子维度能够显著提升绿色发展效率,并通过产业结构高级化、金融资源的优化配置和技术创新等途径产生正向影响。张义凡(2024)也探讨了数字金融在乡村绿色产业发展中的作用,指出数字金融可以为乡村绿色产业提供资金支持和技术服务,从而促进其可持续发展。在数字金融促进农业现代化方面,李家辉等(2024)的研究表明,数字金融通过提高农户的借贷可得性、信息可得性和风险承担水平,促进了精准农业技术的采用。荆士琦(2025)通过分析数字普惠金融指数与农业农村现代化水平的关系,发现数字普惠金融显著促进了农业农村现代化,且通过就业结构升级起到了积极的调节作用。申云等(2024)的研究也指出,数字普惠金融通过提升金融服务效率、引导绿色农业转型等途径提升了农业新质生产力。在数字金融促进现代服务业升级方面,李晓龙和江唐洋(2024)的研究表明,数字普惠金融不仅增强了数字技术创新对服务业结构升级的促进作用,而且通过空间溢出效应影响了服务业的转型升级。庞金波和吴洒霖(2023)在研究数字普惠金融对农村产业融合发展的影响时也强调了其在推动服务业融合方面的积极作用。数字普惠金融通过促进农业产业链延伸等方式,间接推动了服务业的结构升级。

二、数字金融影响区域产业发展的异质性特征

既有文献对于数字金融影响区域产业发展的异质性特征展开了探讨,相关研究主要关注数字金融对产业升级的影响在地理区位差异、城乡二元结构和制度环境调节差异等维度的异质性表现。基于地区间的发展水平和接受度的差异,数字金融对区域产业结构的影响也会呈现地区性特征。例如,刘洋等(2022)研究表明数字金融对城市产业结构升级具有显著的促进作用,且这种作用在中部、东部城市以及二、三线城市更为显著。赵虎林等(2024)通过分析黄河流域的数据,研究了数字金融与农业经济高质量发展的耦合协调水平,发现数字金融与农业高质量发展之间存在正向关系,这种耦合协调度在空间上存在

显著差异,说明了不同地区在数字金融与农业高质量发展方面的差异性。朱东波和张相伟(2023)的研究进一步证实了数字金融通过技术创新促进产业结构升级的论点,数字金融的产业结构升级效应在中西部地区的促进效应大于东部地区,显示了数字金融在不同地区的异质性影响。冯永琦和蔡嘉慧(2021)通过分析省际数据和产业结构的异质性,发现数字普惠金融的发展显著提升了创业水平,这在第三产业占比较高的地区更为显著。Hui Peng 等(2023)通过空间计量模型分析了数字金融对区域创新能力的影响,发现数字金融能显著增强区域的创新能力,且这种影响在市场发展度较低的省份更为显著。

三、数字金融驱动产业升级的作用机制

既有研究对数字金融促进产业升级的作用机制展开了探讨,主要从缓解融资约束、技术创新催化、资源配置优化等方面做出相关验证。金融科技通过增加创业机会、加大研发投入、鼓励科技创新等途径发挥供给侧的鲍莫尔效应,提升产业结构高级化和合理化水平;还通过金融普惠功能发挥需求侧的恩格尔效应,实现缩小城乡收入差距、提高农村居民人均收入水平、释放大规模内需潜力、引导产业结构向高级化和合理化方向发展(李海奇和张晶,2022)。Herrendorf 等(2015)综述了产业结构转型的主要理论模型,量化评估了产业转型背后的经济驱动力和传播机制。增加资本积累、扩张消费需求、促进技术创新和缩小收入差距是数字金融驱动产业升级激励效应的主要渠道(杜金岷等,2020)。

在数字金融促进产业升级的缓解融资约束机制层面,数字技术与金融服务的深度融合带来的金融效率提高有助于推动产业结构升级(王兰平等,2020)。数字普惠金融的发展代表着金融规模的扩大与金融效率的提升,这将显著促进城市产业结构升级,突破金融可达性的空间限制,降低金融可获得性的门槛并提升金融资源配置效率,这是数字金融对产业结构升级的重要机制(刘毛桃等,2023)。刘元雏等(2023)研究发现,数字金融的发展显著促进了产业结构的提升,数字金融可以通过增加资本净流入来促进产业结构高级化。

在数字金融促进产业升级的技术创新催化机制层面,数字金融发展对企业技术创新的确存在"结构性"驱动效果,数字金融的发展很好地校正了传统金融中存在的"属性错配""领域错配"和"阶段错配"问题,能够更具靶向性地支持企业技术创新活动(唐松等,2020)。数字普惠金融会通过减弱金融错配程度,对企业创新产生正向推动作用(赵晓鸽等,2021)。

在数字金融促进产业升级的资源配置优化机制层面,数字金融能够对海量标准化和非标准化数据进行挖掘,降低"金融部门-企业主体"的信息不对称程度,从而使资源与企业创新项目的风险特征相匹配,并规避金融市场中的逆向选择和道德风险问题(Demertzis等,2018)。数字金融缓解了行业内部及跨行业的信息不对称问题,从"水平效应"与"结构效应"渠道显著影响了产业成长与技术创新(易信等,2015)。数字金融可以推动产业链金融资源配置结构的帕累托改进,提高金融支持产业链发展的能力,从而提升产业链韧性(卫彦琦,2023)。此外,在产业结构升级的过程中,数字金融的影响不仅局限于其直接作用,而且包括通过创新和创业活动产生间接影响。例如,Ren Xiaohang 等(2023)通过对289个中国地级市的研究,发现数字金融通过创新、创业以及居民消费结构的调整,间接促进了产业结构的优化。Qiutong Xue等(2024)的研究进一步指出,政府的注意力是实现数字金融发展和产业结构升级的关键因素。Tang Decai 等(2022)的研究指出,数字金融对长江经济带的产业结构升级具有促进作用,其通过研发创新的中介效应进一步放大了对产业结构升级的推动效果。

第四节　数字金融与制造业转型升级

随着数字技术的快速发展,数字金融作为一种新兴的金融服务形式,已经成为推动制造业转型升级的重要力量。数字金融通过提供更高效、更便捷的金融服务,能够有效降低企业的融资成本,提高资金使用效率,促进技术创新和消费升级,进而提升制造业的竞争力和韧性。制造业转型升级的内涵包括技术创新、效率提升、绿色转型与服务化延伸。既有文献关于数字金融对制造业转型升级的影响,主要围绕数字金融通过融资约束缓解、技术扩散加速、供应链协同优化、低碳转型支持等路径推动制造业转型升级。既有研究分别从数字金融对制造业转型升级的影响机制验证、数字金融对制造业转型升级的异质性影响等方面开展。

一、数字金融与制造业韧性提升

数字金融与制造业韧性提升的关系是当前研究的重点之一,数字金融作为一种新兴的金融服务模式,通过提供更有效率、更具灵活性的金融服务,可以显著提升制造业的韧性。这主要体现在数字金融能够为制造业提供更为灵活的融资渠道,降低融资成本,同时促进技术创新和消费升级,从而增强制造业面对市场波动和外部冲击的能力。多数研究表明数字金融的发展对提升制造业的韧性具有显著的正面影响。然而,也应注意到不同地区、不同类型的制造业在受益于数字金融的程度上可能存在差异。例如,崔耕瑞(2024)通过实证研究发现数字金融的发展显著赋能了制造业韧性的提升,并通过技术创新和消费升级的渠道影响制造业韧性的提升。林春和赵予宁(2024)的研究也表明数字普惠金融能够显著增强制造业的韧性。苏梽芳等(2025)的研究基于2011—2021年制造业 A 股上市公司数据,发现数字金融显著提升了企业供应链的韧性,并通过提高信息透明度、缓解融资约束和降低财务风险三种渠道发挥作用。万宇佳等(2023)的研究通过对我国工商企业注册数据的分析,揭示了数字金融如何通过提升服务业企业的集聚来对制造业企业起到分散作用,进而间接影响制造业供应链的稳定性和韧性。此外,余正颖等(2024)的研究通过固定效应模型回归结果表明,数字金融对于提升制造业与生产性服务业的协同集聚水平具有显著的正向作用,这种作用体现在覆盖广度和使用深度上。这为理解数字金融在供应链管理中的应用提供了新的视角。以上研究表明,数字金融与制造业供应链韧性的关系通过提升信息透明度、资金支持等方面发挥作用,这为制造业在不确定的国际环境中保持竞争力提供了新的解决方案。未来的研究将进一步聚焦如何通过数字金融来优化供应链管理,以提升供应链的稳定性和韧性。

二、数字金融与制造业技术创新

技术创新是推动制造业升级的重要动力,数字金融通过提供资金支持和技术支持,能够有效促进制造业的技术进步。段永琴等(2021)的研究表明,数字金融通过资金供给和综合金融服务的提供,促进了技术密集型制造业的发展,并通过技术、数字的空间外溢和金融模式创新,推动了技术密集型制造业的发展。也有研究指出数字金融的发展对制造业全要素生产率的提升具有积极影响。例如,潘艺和张金昌(2023)通过将数字金融数据与制造业企业数据相匹配,发现数字金融的发展显著提升了制造业企业的全要素生产率,其中包括技术创新的贡献,且进一步证实了数字金融发展通过缓解制造业企业的融资约束,间接促进了技术创新。范建红等(2022)研究发现,数字普惠金融对高技制造业创新韧性具有积极的作用,且该作用受消费升级的单一门限和研发投入强度的双重门限影响。以上研究表明,数字金融对制造业技术创新的影响是多方面的,既包括直接的资金支持,也包括促进融资便利化产生的间接的技术创新效应。然而,这种影响的大小和方向可能会受到地区发展水平、企业规模等因素的影响,这需要进一步的研究来细化。

数字金融不仅能提升制造业的内部生产效率,而且能通过改善企业的出口产品质量来提升制造业的国际竞争力。耿伟等(2021)的研究表明,数字金融显著促进了企业出口产品质量的升级,缓解融资约束和促进创新是两个主要的作用渠道。胡若痴和张宏磊(2022)在研究数字金融助力制造业企业出口的动态机制时也发现了数字金融通过优化供应链管理和资金支持等方式,提升了制造业企业的出口竞争力。此外,王军等(2022)的研究进一步分析了数字金融在促进制造业碳强度降低中的作用,这表明数字金融的发展能通过技术创新等途径间接影响制造业的出口产品质量和环保性能,从而影响其在国际市场上的竞争力。以上研究表明,数字金融与制造业出口质量的关系通过多个渠道体现,包括直接提升产品质量和通过技术创新间接提升产品质量。这些研究成果为理解数字金融如何通过不同途径提升制造业在全球市场上的竞争力提供了重要视角。

三、数字金融与制造业绿色创新

在数字金融促进制造业绿色转型创新的影响机制方面,尹飞霄(2020)研究发现,数字金融提升了本地区的绿色创新效率,也正向影响相邻区域的绿色创新效率。王智新等(2022)基于企业面板数据研究发现,数字金融发展显著促进了企业绿色技术创新,且表现出边际效应递增的非线性特征。翟华云等(2021)认为,数字金融发展能够有效促进企业绿色创新数量和质量的提升,并且可以通过缓解融资约束来激励企业实施绿色创新。

不少研究发现,数字金融对制造业绿色创新的影响存在显著异质性特征。例如,张杰飞等(2022)研究发现,数字普惠金融虽然对提升城市绿色创新效率具有正向影响,但对周边城市的绿色创新效率有虹吸效应,周边城市数字普惠金融对绿色创新效率存在双重门限效应,且不同等级的城市存在异质性。钟廷勇等(2022)研究发现,数字普惠金融能够通过缓解融资约束和提升城市财富来促进企业绿色技术创新,在高环境规制强度地区、内陆地区以及 CEO 无银行金融背景的企业,数字普惠金融对绿色技术创新的促进效应更显著。巴曙松等(2022)研究发现,数字金融发展能够显著驱动企业实质性绿色创新,其影响在高管不具备金融背景的企业、国有企业、不具备高新技术认证的企业、非重污染企业和经济欠发达地区的企业表现得更为明显。舒欢等(2024)研究发现,数字金融的发展能够显著提升企业对绿色技术选择的偏好,数字金融的绿色技术创新激励效应在非国有企业、中西部地区企业以及重污染行业企业中更明显。

第五节　数字金融与战略性新兴产业发展

战略性新兴产业(如新能源、生物医药、高端装备制造等)是推动经济高质量发展的核心动力,但其发展面临融资约束、技术不确定性、市场风险等挑战。数字金融作为技术与金融深度融合的产物,通过大数据、区块链、人工智能等技术重塑金融资源配置方式,为新兴产业提供了新的支持路径。现有研究分别从数字金融对战略性新兴产业发展的影响效应、数字金融与战略性新兴产业支持政策的协同效应等方面开展。

在数字金融影响战略性新兴产业创新的机制和效应研究方面,数字金融使用程度加深能够持续促进战略性新兴产业创新,拓宽融资渠道和增加企业研发投入是该效应发挥的重要机制(夏玲,2021)。数字金融与战略性新兴产业创新存在非线性关系,数字金融对高端装备制造产业、新材料产业和新能源汽车产业创新存在单门限效应,但对新一代信息技术产业和生物产业却不同(陈洋林等,2023)。数字金融通过缓解融资约束,对新能源企业绿色创新有显著促进作用,基于新能源企业所处地区的经济、政策等差异,数字金融对新能源企业绿色创新的影响存在异质性(蒋建勋等,2022)。数字普惠金融提高了能源环境效率,且对周边地区的能源环境效率具有显著正向的空间溢出效应,数字普惠金融对能源环境效率的正向空间溢出效应在大型城市、非老工业基地和东部城市更加明显(王亮和昝琳,2024)。

在数字金融与战略性新兴产业支持政策研究方面,数字金融影响战略性新兴产业创新的效应受到财政补贴强度约束,高额财政补贴会降低金融发展对创新的促进作用(陈洋林等,2023)。

第六节　研究评述

通过系统梳理国内外研究文献,我们发现,国内外政府部门、智库机构及国内外学者对数字金融的机理特征、数字金融与企业创新的关系、数字金融对产业升级的影响、数字金融对制造业转型升级的影响、数字金融对战略性新兴产业的影响等方面开展了丰富研究。总体而言,国内外文献为本书的研究提供了很好的理论参考和逻辑起点,并提供了思路和方法论借鉴。

现有文献也存在一些不足之处与尚未达成一致处,亟待进一步研究。首先,既有文献侧重于研究数字金融对企业创新和产业升级的影响,聚焦于数字金融对战略性新兴产业影响效应的研究则明显不足,对其传导机制和绩效的评估尚不全面。其次,既有文献对数字金融驱动企业创新和产业升级的影响大多以上市公司公开财务数据为样本展开,不同产业、不同规模企业的数字金融资源可获得性存在差异,导致研究结论易产生偏差。最后,国内外普遍对战略性新兴产业创新给予财政补贴等支持政策,既有文献对如何有效搭配政策以助推战略性新兴产业创新尚未得出完整的分析结论。

本书将在总结现有研究的贡献与价值的基础上,对不足之处进行总结和研判,并以此为依据展开相关后续拓展研究。

第三章
数字金融驱动产业变革的理论基础

第一节　融资约束视角的理论基础

一、信息不对称理论

信息不对称理论在金融领域的应用非常广泛,该理论由美国经济学家乔治·阿克尔洛夫(George Akerlof)、迈克尔·斯宾塞(Michael Spence)和约瑟夫·斯蒂格利茨(Joseph Stiglitz)提出。信息不对称理论是指在市场经济活动中,各类人员对有关信息的了解是有差异的,掌握信息比较充分的人员往往处于比较有利的地位,而信息贫乏的人员处于比较不利的地位。

信息不对称在金融领域的典型表现是逆向选择和道德风险。信息不对称对金融市场的影响表现在信贷配给失衡、市场失灵等方面。因借贷双方信息获取能力差异,导致融资市场存在逆向选择与道德风险,使企业面临融资约束,中小企业和民营企业的问题更突出。由于存在信息不对称,因此金融机构在无法准确评估借款人信用风险的情况下,可能会选择限制贷款额度或提高贷款利率,以降低自身风险。这会导致部分有资金需求的企业无法获得足够的贷款,影响其发展。

在传统金融的服务模式下,金融机构无法清楚地了解企业的所有信息,很难精确地为企业提供较为合理的融资价格并进行有效的风险控制,以大数据和信息技术为支撑的数字金融服务模式则为缓解信息不对称问题提供了有效的解决方案。首先,数字金融帮助企业拓宽融资渠道。数字金融利用互联网和大数据技术,打破传统金融机构的时间和空间限制,为企业提供多元化融资渠道,如P2P借贷、股权众筹、供应链金融等,以满足不同企业的融资需求,降低对银行贷款的依赖,从而缓解融资约束。其次,数字金融帮助企业降低融资成本。数字金融通过大数据和人工智能算法,能够更精准地评估企业信用风险,减少信息不对称,降低信息搜集和风险评估成本,金融机构则通过数字化运营进一步降低其自身运营成本,如通过数字化获客和数字化管理来降低获客成本和内部管理成本,使企业的资金成本进一步降低。最后,数字金融帮助企业完善信用画像并完善信用评价体系。数字金融采集企业多维度数据,包括非结构化信息,形成全面资信情况与资金需求画像,缓解信息不对称,增强资金供求双方信任度与匹配度,降低信用风险与道德风险,使中小企业融资形式更灵活。

基于数字金融在丰富多元化融资渠道、增强资金供求双方信任度与匹配度等方面的作用,数字金融能有效缓解企业创新活动中融资需求的信息不对称问题,凭借大数据和人工智能技术,更精准地评估企业创新项目的前景和风险,为企业提供针对性金融支持和风险管控建议,以降低创新风险。

二、交易成本理论

交易成本理论是由诺贝尔经济学奖得主罗纳德·哈里·科斯(Ronald H. Coase)提出的。交易成本理论的根本论点在于对企业的本质加以解释。基于经济体系中企业的专业分工和市场价格机制的运作,产生了专业分工的现象。但是使用市场的价格机能的成本相对偏高,因而形成企业机制,它是人类追求经济效率所形成的组织体。

交易成本是指在进行金融交易过程中所产生的各种费用和成本。Dahlman(1979)将交易活动的内容加以类别化处理,认为交易成本包含搜寻信息的成本、协商与决策成本、契约成本、监督成本、执行成本和转换成本,说明了交易成本的类型及其基本内涵。简言之,所谓"交易成本",就是指当交易行为发生时,随同产生的信息搜寻、条件谈判和交易实施等的各项成本。从狭义上看,金融交易成本是指金融交易过程中发生的费用。从广义上看,金融交易成本是整个金融制度运转的费用,包括信息成本、监督成本、产权界定和保护成本以及保险成本。

交易成本是由人性因素与交易环境因素交互影响下所产生的市场失灵造成交易困难所致(Williamson,1975)。奥利弗·E. 威廉姆森(Oliver E. Williamson)指出了六项交易成本来源:有限理性、投机主义、不确定性与复杂性、专用性投资、信息不对称和气氛。交易本身的三个特征影响交易成本的高低:一是交易商品或资产的专属性(asset specificity),交易所投资的资产本身不具有市场流通性,或者契约一旦终止,投资于资产的成本就难以回收或转换用途,则交易成本将增加。二是交易不确定性(uncertainty),即交易过程中各种风险的发生概率。人类有限理性的限制使得人们无法完全事先预测未来的情况,交易双方继而通过契约来保障自身利益,交易不确定性的增长会伴随监督成本、议价成本的提升,使交易成本增加。三是交易频率(frequency of transaction),交易的频率越高,相对的管理成本和议价成本也越高。交易成本对金融市场和经济活动有重要影响。一方面,较高的交易成本可能会降低投资者的净收益,从而抑制市场活动,降低市场效率;另一方面,交易成本直接影响投资者的收益和风险承担,投资者在进行投资决策时将综合考虑这些成本,并可能选择将某些经济活动内部化,如通过垂直整合来控制供应链等以降低交易成本。

数字金融依托大数据、人工智能等技术,能够更高效地处理信息,通过多种方式降低交易成本。首先,数字金融能够有效降低信息搜寻成本。在传统金融模式下,金融机构获取企业信息的渠道有限,且信息收集和验证过程烦琐,导致信息搜寻成本较高。数字金融通过大数据、云计算等技术,能够快速收集和整合来自多个渠道的企业信息,包括财务数据、交易记录、社交媒体信息等,从而更全面、准确地了解企业的经营状况和信用风险,降低信息搜寻成本。其次,数字金融能有效减少交易谈判成本。在传统融资过程中,企业和金融机构之间的谈判往往需要耗费大量时间和精力,涉及合同条款的协商、风险评估等多个环节。数字金融平台通过标准化的流程和自动化的系统,能够简化交易谈判过程,减少人工干预,提高交易效率,从而降低交易谈判成本。最后,数字金融能有效降低金融机构的风险识别和风险评估成本。数字金融利用 AI 等数据智能分析技术,更精准地评估企业的风险水平,减少风险评估的不确定性,这使得金融机构能够更合理地为贷款和其他金融服务定价,以降低风险溢价,从而降低企业的融资成本。

基于数字金融在降低信息搜寻成本、减少交易谈判成本及降低金融机构风险识别和风险评估成本等方面的作用,数字金融能有效降低企业创新研发的融资成本,进而促进金融资源的供给结构优化。通过将资金分配给最具潜力的企业和项目,数字金融提高了金融资源的利用效率,从而更有利于驱动企业创新。

三、长尾理论

长尾理论由《连线》杂志主编克里斯·安德森(Chris Anderson)在 2004 年

提出，用来描述诸如亚马逊和奈飞之类网站的商业和经济模式。该理论认为，当产品的存储量足够大、流通渠道足够宽时，需求不旺或销量不佳的产品所共同占据的市场份额可以和那些少数热销产品所占据的市场份额相匹敌甚至更大。简言之，长尾理论强调的是，通过关注那些被传统市场忽视的"冷门"产品或服务，可以创造出巨大的商业价值。

在金融市场中，长尾客户指的是那些金融资产规模相对较小、贡献值较低的个人客户或小微企业客户。这些客户数量庞大，但单个客户的价值较低，传统金融机构往往忽视了这部分客户群体，而数字金融的发展使得金融机构能够通过电子渠道等线上模式，以较低的成本为这些长尾客户提供服务，从而拓展了服务对象和服务范围。数字金融通过互联网平台和移动支付等技术手段，能够突破传统金融机构的物理网点限制，将金融服务延伸到更广泛的客户群体，尤其是那些传统金融体系中难以覆盖的小微企业和个人客户，即长尾客户。这些长尾客户数量庞大，但单个客户的融资需求相对较小，传统金融机构基于成本-效益的考量往往难以满足其融资需求。数字金融平台则可以利用其规模经济和网络效应，以较低的成本为这些长尾客户提供融资服务，从而拓宽融资渠道，缓解融资约束。

长尾理论强调通过关注冷门产品或服务创造商业价值，这需要对市场需求有更精准的把握。数字金融借助大数据、人工智能等技术，能够收集和分析海量的客户数据，包括交易记录、信用评级、社交网络信息等，从而更准确地评估长尾客户的信用风险和融资需求，降低信息不对称程度。这使得金融机构能够更合理地为贷款和其他金融服务定价，降低风险溢价，进一步缓解长尾客户的融资约束。

此外，针对长尾客户融资需求的多样性和个性化特点，数字金融平台可以根据不同客户的具体情况，提供个性化的融资方案，以满足长尾客户的多样化融资需求。这种个性化的服务不仅提高了融资的可获得性，而且降低了客户的融资成本，从而有效缓解了融资约束。譬如，在针对科技企业的细分场景中，金融机构根据科技企业的不同发展阶段，设计不同时期的数字金融产品，如种子期的创新创业贷，初创期的人才贷、研发贷、知识产权类贷款产品，成长期的科技订单贷、成果转化贷，扩展期的供应链金融服务、中长期贷款，成熟期的并购贷款、股权融资等，通过对长尾客户群体的大数据画像识别和需求分析，设计符合不同阶段需求的专门化融资产品，进而提供满足多样化长尾客户融资需求的多场景数字金融产品。

第二节 创新资源配置视角的理论基础

一、金融资源理论

金融资源理论是由白钦先在1998年提出的。该理论认为金融是一种资源，是一种集自然资源属性与社会资源属性为一体的对经济发展具有战略意义的资源。金融资源不仅是资源配置的对象，而且是资源配置的手段。金融资源的开发和配置应当符合社会、经济、金融系统协调运行的规律，以实现金融的可持续发展和金融与经济发展的适应程度为标准。金融资源理论的总体框架包括：金融资源理论原理、金融资源协调理论和金融资源开发配置理论。

金融资源理论原理重新定义了金融属性，确立了金融资源的基本概念和属性。金融资源理论的核心观点认为，金融具备资源属性，它是一种特殊的资源，且具有动态属性和稀缺性。它不仅是经济发展的工具，更是经济发展的战略资源。金融资源的开发和配置对经济发展具有重要影响。金融资源还具备自然属性和社会属性双重属性。从自然属性上看，金融资源是一种稀缺的社会性战略资源；从社会属性上看，金融资源具有配置其他资源的功能，构成了经济发展的生态环境。

金融资源协调理论研究金融资源与经济资源、社会资源之间的协调运行规律，建立判定金融资源效应功能区的理论模型。协调性原则是金融资源协调理论的精髓，其强调金融资源开发、配置与经济发展、社会进步之间的协调关系。金融资源协调理论的基本任务是研究和探寻金融资源开发、配置的协调机制，以及金融资源开发、配置与经济资源开发、配置的协调机制。协调性原则确保金融资源的开发和配置能够推动经济和社会的协调发展。

金融资源开发配置理论研究金融资源开发、配置业务的基本规则和行为规范，提供金融资源开发、配置的基本业务原理。金融资源开发、配置理论研究确立了两个相互依存的系统观：一是"金融→经济→社会"从局部到整体的系统观，揭示了金融内在于经济，经济内在于社会的社会资源要素包容机制，金融资源的开发和配置推动经济资源的良性开发和配置，进而推动社会资源的优化组合和配置；二是"社会→经济→金融"从整体到局部的系统观，揭示了以社会可持续发展为出发点，在社会运行规范下由经济运行规则约束的金融资源开发和配置机制。社会资源的开发和配置是经济资源开发和配置的基础，经济资源的开发和配置是金融资源开发和配置的基本保证。

金融资源理论强调金融是具有战略意义的资源，其开发和配置对经济发展具有重要影响。当前，我国资本要素供给沿着重点产业和战略性新兴产业的优化整合严重不足，金融资源的配置效率普遍不高，尤其是针对重大战略、重点领域、薄弱环节的优质金融服务不足。譬如，在企业创新活动中，企业研发创新活动作为长周期、高风险活动，具有投入沉没性、过程不可逆及产出不确定等特征，这使得其长期面临高调整成本和高融资成本的"双高"挑战，传统金融服务往往难以有效覆盖并提供优质服务。如何进一步发挥金融要素的配置功能以更有效地为培育发展新产业新动能提供资金，促进生产要素合理配置，成为当下重要的现实问题。

数字金融通过技术创新和模式创新重构金融资源配置逻辑，在优化传统金融资源配置模式、提升战略性领域服务效率方面具有突破性作用。首先，数字金融通过技术创新和模式创新，有效打通金融资源配置关键堵点。譬如，数字供应链金融通过区块链＋电子债权凭证实现了围绕核心企业上下游企业群体的数字化穿透，核心企业信用可穿透至 N 级供应商，有效带动金融资源供给向重点产业链中核心企业的上下游企业延伸，有效强化重点产业链韧性。其次，数字金融通过多维数据整合和动态风险定价机制，突破信息不对称瓶颈，重构资源配置决策基础。数字金融基于大数据、区块链等技术，将企业生产数据、供应链信息、社会行为数据等非结构化数据纳入信用评估体系，并通过机器学习实时更新风险评估模型，推动金融资源向战略性新兴领域倾斜。譬如，网商银行利用"10 万＋"维度的数据构建小微商户信用画像，使绿色项目环境效益、科技企业专利价值等传统难以量化的要素成为定价依据，使缺乏抵押品的长尾客户获得信贷资源，从而缓解了传统金融因信息不对称导致的"融资歧视"。最后，数字金融通过数字支付等技术手段突破资源配置空间约束，并持续优化资源配置效能。

二、动态能力理论

动态能力理论最初是由大卫·蒂斯（David Teece）等人提出的，旨在解释企业在动态变化的环境中如何获取和保持竞争优势。该理论认为,动态能力是企业整合、构建和重新配置内部和外部能力以应对快速变化的环境的能力。具体来说,动态能力是指企业通过对资源的吸收与整合,以学习、知识管理等方式提升自身的创新能力,从而获得新知识和能力,并逐步整合和改进现有的能力,提高效率,使企业在动态、复杂、不确定的环境中获得持续竞争优势。

动态能力涉及企业对内部和外部资源的整合与重构,以形成新的竞争优势。动态能力理论强调企业必须对外部环境的变化做出及时反应和灵活创新,以适应动态变化的市场和技术环境。感知机会和威胁、抓住机会并重组资产,是动态能力理论的构成要素。企业必须能够敏锐地感知市场和技术的变化,识别新的机会和潜在的威胁,并具备快速响应市场变化的能力,及时抓住新的机会,根据需要对有形资产和无形资产进行重组,以获得持久的竞争能力。动态能力理论为金融机构在动态变化的环境中获取和保持竞争优势提供了重要的理论框架。通过提升动态能力,金融机构可以更好地适应市场和技术的变化,以促进金融创新、优化资源配置。

基于动态能力理论,数字金融通过增强金融机构的环境感知、机会捕捉、资源重构等核心能力,重构金融资源配置的敏捷性、适应性和可持续性,在复杂多变的市场环境中实现资源优化配置。首先,动态能力理论强调组织对外部环境变化的实时感知。数字金融通过技术手段扩展了金融主体的信息处理维度和响应速度,增强了金融机构的环境感知能力,进而突破金融资源配置的信息边界。譬如,深度学习算法在供应链金融中的应用可以有效预警产业链断链风险,使银行能主动调整对重点产业的信贷投放节奏,避免资源错配。其次,动态能力要求组织快速将环境信息转化为行动方案。数字金融通过算法驱动决策强化机会捕捉能力,突破传统资源配置的时滞瓶颈。譬如,资管机构运用自然语言处理技术(NLP)实时解析政策、专利等文本数据,实现对"专精特新"企业价值的智能化评估,从而大幅提升战略性新兴产业的股权融资效率。最后,动态能力的最高层次是主动重塑资源结构。数字金融通过技术赋能实现资源配置的弹性化重组,并通过数据-算法-场景的闭环反馈来实现持续进化,持续提升资源配置能力。譬如,微众银行在保护数据隐私的前提下,运用联邦学习系统联合一百多家商业银行持续迭代反欺诈模型,建立风险规则的自动更新迭代机制,使金融资源配置从"静态优化"转向"持续自适应",以持续稳定普惠贷款风险水平。

三、开放式创新理论

开放式创新理论由亨利·加萨布鲁夫（Henry Chesbrough）在 2003 年提出，其核心观点是企业应该利用外部资源和知识，通过合作和共享来加速创新过程，从而降低创新成本和风险。在金融领域，开放式创新理论强调金融机构应与外部合作伙伴（如金融科技公司、高校、科研机构等）共享知识、技术和资源，共同推动金融产品和服务的创新。

开放式创新理论强调打破组织边界，通过合作和共享来加速创新过程，认为企业应该利用外部资源和知识来降低创新成本和风险，通过整合内外部知识流、技术流和资源流来实现价值创造，进而优化资源配置。开放式创新理论对金融领域的现实意义在于，金融机构可以通过与外部合作伙伴共享资源和知识来共同推动金融资源的优化配置。譬如，金融机构可以与金融科技公司合作，利用其技术优势，更精准地评估企业的信用风险和融资需求，开发出更符合市场需求的金融产品，拓宽金融产品的覆盖面和适配度，进而优化金融资源的配置。

基于开放式创新理论，数字金融依托技术平台和生态系统，本质上构建了"无边界创新网络"，通过数据共享、能力互补、场景共建来重构金融资源配置模式，尤其体现在三大核心维度：一是资源整合范围扩展，从依赖自有资本转向链接社会长尾资源；二是创新主体多元化，金融机构、科技公司、实体企业、政府机构协同开发解决方案；三是价值创造路径重构，从封闭式产品设计转向开放式生态价值循环。在资源整合范围扩大方面，数字金融运用技术手段打破了资源匹配的信息孤岛，建立了数据开放流动机制。譬如，金融机构、企业与政府部门通过联邦学习技术实现"数据可用不可见"，破解数据隐私与共享的矛盾，进而形成了跨领域共享的数据价值网络。在创新主体多元化方面，数字金融技术促进了金融机构、科技公司、实体企业、政府机构等多主体通过联合技术攻关、技术模块化共享等形式开放技术协作，进而重构资源配置的基础设施。譬如，蚂蚁集团将区块链技术封装为 BaaS（blockchain as a service）平台，向两百余家商业银行等金融机构开放使用，中小商业银行借助该平台搭建供应链金融系统，有效提升了面向中小企业服务的资金周转效率。在价值创造路径重构方面，数字金融通过开放数据网络、技术接口、场景生态，将金融资源配置从机构内部闭环转变为社会级价值网络，并通过开放式场景的共建有效激活了金融资源配置的长尾需求。譬如,中国建设银行的"创业者港湾"联合政府、创投、孵化器等构建创新网络,将面向科创企业的资源配置从单点支持转向生态赋能,从而有效提升了科创企业存活率。

第三节 产业生态组织视角的理论基础

一、平台经济理论

平台经济理论源于产业组织与战略管理领域,由 Gawer 和 Cusumano (2002)提出,强调平台作为连接多方参与者(如供给方、需求方、互补者)的"产业基础架构",通过协调资源与规则创造价值。平台经济通过数字技术,尤其是互联网、云计算、大数据和人工智能等技术构建在线交易平台,高效撮合商品或服务的供应方和需求方。这些平台企业通常不直接参与生产和交付,而是提供渠道和规则,使供需双方能够更高效地交易。在金融场景中,平台是指数字化的中介系统(如支付平台、众筹平台、P2P 借贷平台),通过技术整合资金、数据与服务,形成多边市场生态(Parker 等,2016)。

平台经济具有显著的网络效应,即平台的价值随着用户数量的增加而增加,形成强者愈强的格局。用户越多,平台对新用户的吸引力就越强,从而进一步增加用户基数和交易量。平台经济还具有显著的去中介化和去中心化特征,即平台经济通过数字化手段直接连接服务提供者与消费者,减少了中间环节,提高了交易效率并降低了成本。例如,电商平台让制造商可以直接面向消费者销售产品。此外,平台经济以数据为核心生产要素,具有鲜明的数据驱动特征,平台企业通过收集和分析大量用户数据,了解用户需求和行为,从而提供更加精准的服务和推荐,数据成为平台企业的重要资产和核心竞争力。平台经济的另一个重要特征是生态系统的构建。平台经济往往涉及至少两个相互依赖的用户群体,如买家和卖家、乘客和司机等。平台通过协调这些不同的用户群体来提高整体市场的流动性和效率。基于平台经济的以上特征,平台经济在提高交易效率、促进产业创新、优化资源配置等方面产生促进作用:平台经济通过高效撮合供需双方,极大地提高了交易效率,促进了社会再生产,加快了国内经济循环,提高了经济运行效率;平台经济发展通过衔接供给侧与需求侧,将市场需求与变化快速反馈给生产企业,从而极大地促进了产业创新,推动了产业转型升级;平台经济以大数据为关键生产要素,整合挖掘各类资源,提高了资源配置效率,促使用户(企业和消费者)形成价值共创机制。

基于平台经济理论,数字金融具备鲜明的平台经济特征,能有效发挥平台经济的效率优势、创新优势和资源配置优势。第一,数字金融具有网络效应特征。数字金融通过平台化的运作模式,能够聚集海量用户和企业,形成规模效应。例如,数字金融平台可以通过"赢家通吃"的模式,吸引更多资金提供者和需求者,进一步降低服务成本,从而提升用户体验。这种网络效应不仅推动了数字金融自身的快速发展,而且通过资金的高效流动和资源配置,加速了产业的数字化转型。第二,数字金融具有去中介化特征和去中心化特征。数字金融通过数字技术手段突破传统金融机构的物理限制。例如,数字金融平台通过区块链技术来实现信用增信,为缺乏抵押物的小微企业提供融资支持以降低企业融资门限和交易成本,为偏远地区和小微企业提供普惠金融服务以使得更多长尾企业能够获得资金支持,从而推动了区域经济的均衡发展和产业链的协同发展。第三,数字金融有鲜明的数据驱动特征。数字金融通过收集和分析海量交易数据,能够为企业的商业模式优化和产品创新提供重要支持。例如,数字金融平台可以通过数据分析来帮助企业精准定位市场需求,优化供应链管理,并推动实时生产和按需定制等新型商业模式的实现。这种数据驱动的创新机制不仅提升了企业的运营效率,而且推动了整个产业的技术升级和结构优化。第四,数字金融具备生态系统特征。数字金融通过与科技公司、金融机构和实体经济的深度融合,形成了一个开放、共享的数字化金融生态系统。在该系统中,数字金融不仅为传统产业提供资金支持,而且通过供应链金融、智能投融资等服务,推动企业的产品创新和产业升级。例如,数字金融平台可以通过智能合约技术推动区块链供应链金融的普及,为全产业链的协同升级提供支持。

结合平台经济理论,数字金融驱动产业变革的机理在于其通过网络效应、去中心化效应、数据驱动创新和生态系统构建,推动了金融资源的高效配置和产业链的协同升级。数字金融不仅降低了企业的融资成本和交易摩擦,而且通过技术创新和数据驱动的商业模式优化,推动了实体经济的数字化、智能化和高质量发展。

二、产业链生态理论

产业链生态理论是指将生态学原理应用于产业链研究,强调产业链中各主体之间的相互依存、协同进化和资源高效利用,以实现产业链的可持续发展。该理论认为,产业链生态是一个由多个主体组成的复杂系统,这些主体通过各种关系形成一个有机整体,共同推动产业链的稳定和发展。

产业链生态理论的核心是产业链生态的多样性与共生性、开放性与协同性,以及可持续性。产业链生态的多样性与共生性强调产业链通过多样化的企业类型、产品种类、技术路线等的整合,有助于提高其自身的稳定性和抗风险能力;同时,产业链中的企业通过分工合作,形成共生关系,共同分享资源和利益,实现共同发展。产业链生态的开放性与协同性强调产业链与外部环境进行物质、能量和信息的交换,产业链可以引入外部资源,促进技术创新和产业升级,并通过产业链中各主体之间的协同合作,提高产业链的整体效率和竞争力。产业链生态的可持续性强调产业链注重资源的高效利用和环境保护,通过循环经济、绿色制造等手段来实现产业链的绿色发展,减少对环境的负面影响。

产业链生态理论强调产业链的网络结构、动态平衡以及价值共创机制的实现。从网络结构视角来看,产业链是一种介于市场和企业之间的中间组织形式,具有"有组织的市场"和"有市场的组织"双重属性。产业链生态具有复杂的网络结构,包括供应链、产品链、服务链等多种链条。这些链条相互交织,形成一个立体的网络结构,提高了产业链的灵活性和适应性。从动态平衡视角来看,产业链生态处于动态平衡状态,能够通过自我调节机制应对内外部环境的变化。当产业链受到外部冲击时,能够通过调整内部结构和关系来恢复到新的平衡状态。随着经济环境的变化,产业链节点企业可以灵活调整合作模式,甚至采用虚拟生态产业链的形式形成动态联盟。从价值共创视角来看,产业链生态中的各主体通过合作和协同,共同创造价值。企业不仅关注自身的利益,而且关注整个产业链的利益,通过价值共创来实现共赢。在产业链生态理论中,产业链精神是其重要内涵之一,产业链节点企业以开放的态度整合资源、技术和创新,通过产业链的协同效应来提升产业集群的竞争力,增强区域经济的可持续发展能力。

基于产业链生态理论,数字金融驱动产业变革的理论机制包括提升产业链协同效应、优化资源配置效应、推动产业链价值创造模式升级三方面。

首先,数字金融通过增强资金融通功能和推动产业数字化转型来提升产业链协同效应。数字技术加深了金融资本积累的虚拟化程度,使得金融资本在虚拟化交易媒介、数据要素和信息化技术的协作下提升了对产业链的资金融通功能。现代信息网络为金融资本积累提供了虚拟化的交易媒介或平台,产业链上下游和不同产业间的闲置资金可以通过网络上便捷的信息交流和金融交易来实现融通。这种虚拟化交易平台将供应链的商业数据进行线上处理,利用供应链上下游交易关系及资产评估完成对中小微企业的授信,同时让产业链主体意识到线上信贷的必要性,进而推动相关产业供应链金融的数字化转型。此外,数字金融还通过与产业链上下游企业、科研机构、高校等各方合作,共同研发新产品、新技术,进而推动产业升级和转型。这种合作方式不仅能够加速技术创新和成果转化,而且能够促进不同行业之间的知识共享和资源整合,从而形成更加完整的产业生态链。

其次,数字金融通过平台化运营机制和高效流转机制来提升产业链资源配置效率。在数字金融的推动下,产业链组织形态发生了深刻变革,平台化、共享化等特征愈发鲜明,以平台为中心的产业生态逐步形成,成为推动其快速发展的又一重要力量。产业数字金融通过理论与实践的深度融合,突破了传统金融服务的壁垒,实现了金融资源的精准滴灌与高效流转,更精准对接了产业的多元化、个性化需求。这一变革不仅是对传统金融服务的颠覆,更是"产业""数字""金融"的深度融合,产业端、金融端以及协同伙伴都在积极构建或参与数字金融平台的建设,旨在通过平台化运营实现资源的有效整合与高效配置。以数字供应链金融为例,数字供应链金融通过物流系统与仓储系统直连和数据接口开放平台,为银行、物流企业、电商平台等供应链金融的资金供给方提供了参与企业实时、精准的数字化信息,从而可以有效改善企业与金融机构之间的信息和数据交换,优化供应链上下游企业之间的交易结算支付模式,在为产业链核心企业及其上下游企业提供融资的同时,为企业信号传递创造了良好的环境。此外,供应链金融以供应链上下游企业之间频繁、稳定的交易数据作为授信依据,淡化了传统信贷中的财务分析和准入控制,以对物流和资金流的动态监测代替了对财务报表的静态分析,降低了相对弱势中小微企业的准入门限。不仅如此,供应链金融平台帮助企业更精确地识别和配置关键生产要素资源,这种精准配置有助于减少资源浪费和冗余成本,还使那些在产业链中规模较大、效率较高的企业有机会获得更多金融要素支持,避免了信息不对称情境下"劣币驱逐良币"的困境,帮助这类企业突破了现有资源基础的限制,集中优势进行更精细化的专业化分工。

最后,数字金融通过创新金融服务模式来推动产业链创新要素配置效率变革,进而推动产业链价值创造模式升级。产业数字金融更加注重生态化建设,通过构建良性的金融生态体系来促进产业链上下游企业的紧密合作和资源共享。这种生态化建设不仅提高了产业链的稳定性和抗风险能力,而且推动了产业的协同发展。数字金融通过创新金融服务模式,为产业链提供系统的金融解决方案,促进企业加强跨行业合作,共同研发新产品、新技术,从而推动产业的升级和转型。这种合作方式不仅能够加速技术创新和成果转化,而且能够促进不同行业之间的知识共享和资源整合,形成更加完整的产业生态链。譬如,在供应链金融平台生态体系中,虽然核心企业的创新活动处于主导地位,上下游企业在创新主导权上处于从属地位,但是上下游企业通过供应链金融平台缓解融资约束的同时,通过供应链金融平台实现了与核心企业的强绑定合作,提高了其获得核心企业技术溢出的可能性,如获得核心企业提供的互联网平台服务等;此外,供应链金融也为其与核心企业实现差异化优势互补的研发合作提供了可能性,供应链金融平台帮助传统供应链上下游企业形成网络化、动态化的生态圈,重构了企业之间的合作边界,有助于建立上下游多主体之间的创新协作和价值共创机制。

第二部分

实 证 篇

  本书的第二部分为实证篇,包括第四章至第七章,在梳理中国数字金融发展与产业变革的特征事实的基础上,分别对数字金融对产业结构升级的影响机制、数字金融对战略性新兴产业创新的影响机制、数字金融对制造业高质量发展的影响机制进行验证,并对其异质性特征、结构性特征进行定量分析。

  第四章主要对中国数字金融发展与产业变革进行特征事实分析,对数字金融发展与产业变革的趋势及相关性特征进行测度。第五章主要围绕数字金融对产业结构升级的影响效应及内在机制进行实证分析。第六章主要围绕数字金融对战略性新兴产业创新的影响效应及内在机制进行实证分析。第七章主要围绕数字供应链金融对制造业企业新质生产力的影响及其内在机制进行实证分析。研究表明,数字金融对产业结构升级、战略性新兴产业创新及制造业企业创新均有促进作用。

第四章
中国数字金融发展与产业变革的特征事实

本章首先对中国数字金融指数的演变历程、测度方法及特征分析进行了介绍,详细分析了数字金融总指数和不同维度指数的发展趋势及区域差异情况;然后阐述了中国产业改革的演变历程,从产业结构、就业结构、技术创新三个维度对产业结构升级水平进行测度,并从东中西部、南北方等多视角分析了产业发展水平的差异;最后呈现了中国数字金融总指数、覆盖广度指数、使用深度指数、数字化程度指数与不同测度下产业发展水平的相关性,为后续实证分析提供依据。

第一节 中国数字金融发展的特征事实

一、中国数字金融的演变历程

中国数字金融的兴起构成了全球金融体系变革的关键部分。从电子支付起步到当下的智能金融生态,中国数字金融的演变历程既是技术驱动的成果,也是政策引导、市场需求与产业创新协同作用的产物。此历程深刻地改变了传统金融服务的界限,推动了实体经济的数字化转型,为全球数字金融发展贡献了独特的"中国范例"。本章将中国数字金融分为萌芽阶段、兴起阶段、规范发展阶段和数智化深化与融合发展阶段,系统梳理各阶段的标志性事件及发展态势。

(一)第一阶段:金融电子化萌芽阶段

中国数字金融的发展起始点可以回溯至 1988 年,当时中国工商银行推出了国内首台 ATM 机,此事件标志着中国金融业正式开启电子化进程。借助 ATM 机,用户在存取现金时的排队等待时间得以缩短,银行工作人员的工作量也有所减少,这意味着中国金融业已着手运用信息技术来提升服务效率。随后,1997 年中国银行开始推出网上银行业务,改变了传统的柜台服务模式,使得大量金融业务的办理可以依托互联网技术在线上完成,提高了金融服务效率,也降低了金融业务运营成本,进一步推动了金融服务电子化的发展。该阶段的标志性产物除了 ATM 机和网上银行,还包括信用卡。信用卡的推出打破了传统现金支付的限制,为消费者提供了更便捷的支付方式。

在此阶段,中国商业银行将信息技术和互联网技术充分应用于金融领域,改变了传统金融的存储、支付、审批、理财等金融服务,大大提升了金融服务的便捷性和效率,也降低了金融业务的运营成本。例如,商业银行开始建立自己的 IT 部门,推进后台服务 IT 化的发展,提升业务运营效率;又如,商业银行推出自动取款机、网上银行、手机银行等多种终端,为用户提供更便捷的金融服务。尽管这一时期的金融电子化尚属数字金融的初始形态,仅是以电子技术取代传统手工操作,但其为后续数字金融的发展筑牢了坚实的技术根基和用户认知基础,是数字金融发展进程中的关键萌芽阶段。

(二)第二阶段:互联网金融兴起阶段

进入 21 世纪,中国互联网技术发展迅速,金融业也开始从为实体工业经济服务转向为互联网经济服务。2003 年淘宝网推出支付宝,成为中国数字金融发展的一个重要里程碑。支付宝通过在线支付进行创新,以解决在线购买的信用问题,买家付款后资金先由支付宝托管,待买家确认收货后再将款项支付给卖家,这一模式极大地促进了电子商务的快速发展。电子商务的迅猛发展对在线支付的普及和创新起到了进一步的推动作用,进而构建起一种良性循环机制。随后,各类第三方支付平台大量涌现,对支付场景、支付方式等方面持续拓展与创新,促使在线支付广泛渗透至生活的诸多领域,涵盖水电费线上缴纳、在线购物以及出行购票等,在较大程度上改变了人们的支付习惯和生活方式。

2013 年微信支付的诞生进一步促进了移动支付的演进。微信依托其规模庞大的社交用户基础,快速将移动支付嵌入人们的社交互动中,像红包、转账等功能,使移动支付更紧密地贴近日常生活,成为人们日常生活中不可替代的部分。在此阶段,互联网金融除了在支付领域实现创新外,在借贷、理财等范畴也初露锋芒。P2P 网络借贷平台的出现为个人及小微企业开辟了全新的融资途径,在一定程度上缓和了传统金融服务难以触及的长尾客户群体的融资困境。与此同时,互联网理财平台使人们能够更为便利地投身于各类金融投资活动,降低了理财准入门槛,拓宽了投资选择范围。

(三)第三阶段:数字金融规范发展阶段

互联网金融业态呈现迅猛发展态势,其规模日益庞大,与此同时,P2P 网贷的非规范运营、平台卷款潜逃以及互联网理财产品的信息模糊、风险控制缺位等问题日渐凸显。为了促进数字金融的健康可持续发展,监管部门开始加强对数字金融行业的规范和监管,一些不合规的平台被取缔,整个行业进入"洗牌"阶段。

2016 年,金融稳定理事会发布了《金融科技的描述与分析框架》报告,为"金融科技"下了定义,即通过技术手段推动金融创新,形成对金融市场、机构及金融服务产生重大影响的业务模式、技术应用以及流程和产品。这是对"金融科技"概念的初次界定,该框架为全球范围内的数字金融监管实践提供了重要的理论基础。我国金融监管实践也在持续深化,针对互联网金融领域的各类新兴业态,监管机构陆续推出了一系列政策措施。例如,中国人民银行出台了关于第三方支付服务的相关规范性文件,对支付机构的业务范围、备付金管理、客户身份识别等方面做出了明确规定;又如,银保监会(现国家金融监督管理总局)发布了《网络借贷信息中介机构业务活动管理暂行办法》,确立了"小额分散"的业务定位,并配套制定了备案登记、资金存管、信息披露等实施细则。另外,监管部门还开展了互联网金融风险专项整治工作,通过现场检查、非现场监测等手段,对违规经营机构采取约谈、责令整改、暂停业务等监管措施,有效遏制了行业乱象。随着数字金融行业的监管措施越来越严格,数字金融的发展已步入规范化轨道。金融机构及互联网公司更加注重技术革新与合规经营的协调,通过加大金融科技投入来达到提升风险识别能力、有效评估和控制风险的目的。

(四)第四阶段:数智化深化与融合发展阶段

近年来,随着云计算、大数据、人工智能等数字技术的迅速发展以及在数字金融领域的深度应用,我国数字金融开启了数智化深化与融合发展阶段。银行业积极进行数字化转型,持续加大对金融科技板块的资源倾斜,不断推动金融科技与不同业务场景的深度融合。人工智能技术在金融场景的应用不断拓展与深化,特别是在贷款审批环节,AI 大模型通过对多维度数据的分析和挖掘,实现了对小微企业信用风险的精准评估,不仅大大提升了审批效率,而且降低了银行的人工成本和操作风险。

数字金融在科技金融、养老金融、绿色金融等关键领域中也展现了强大的赋能作用。在科技金融方面,银行运用数字技术革新信贷操作与风险管控,切实推动了"科技-产业-金融"的良性循环,为科技型创新创业主体注入了关键金融动力。在养老金融方面,银行依托数字化适老服务得以向偏远地域及相对弱势群体提供更为便利的理财储蓄途径,显著拓宽了养老金融服务的覆盖面并提升了其服务水平。在绿色金融发展方面,银行将绿色低碳观念植根于普惠金融服务系统,积极赋能小微企业和农业经营者的绿色化转型,共同促进经济的绿色、可持续发展。

除此之外,数字金融的服务模式不断深化,多元化、综合化及开放化的特点尤为突出,其服务范围已经跨越了一开始的金融领域,广泛延伸至财富管理等众多领域,多维度服务范围的拓展精准契合了不同用户群体的多样化金融服务需求。金融机构积极践行对外开放的经营理论。例如,通过设立金融科技子公司的方式将核心技术与风控方案等向同业输出;又如,在技术应用层面拥抱开源技术理念,通过建立开源技术实验室的方式来构建开放共享的技术创新生态。

二、中国数字金融发展水平的测度

关于如何对数字金融发展水平进行测度,不同学者和研究机构基于不同角度构建了多元化的指标体系。学者初期以单一维度分析为切入点,使用移动支付、网贷借贷额等指标来度量。尹志超等(2019)选用了家庭是否拥有移动支付账户或工具(如支付宝、微信等)作为衡量数字金融发展水平的指标。张红伟等(2020)对数字金融发展水平的度量采用了P2P网贷年成交量和P2P网贷金额。还有部分学者利用文本信息,基于关键词词频间接度量数字金融发展水平。李春涛等(2020)结合金融科技和数字经济发展等相关政策性文件中整理出的金融科技和数字金融的核心关键词,并利用百度搜索指数和百度新闻检索结果数量,测度省级和地级市层面的金融科技发展情况。随着数字金融业态的复杂化,综合指数法逐渐成为主流。国际清算银行(BIS)在《金融科技发展评估框架》中建立技术采用度、监管适配性、市场结构变革三维评价模型,构建了包含12项核心指标的设计逻辑。冯兴元等(2021)从数字普惠金融服务的广度、深度和质量三大维度出发,构建了中国县域数字普惠金融发展指数的评价体系。相比之下,北京大学数字金融研究中心与蚂蚁集团2016年联合推出的"数字普惠金融指数"是学者们最常用于衡量数字金融发展水平的指标(谢绚丽等,2018;唐松等,2020),该指数有效解决了数字金融发展水平量化评估标准缺失问题。基于此,本章也选取数字普惠金融指数来衡量数字金融发展水平。

数字普惠金融指数的构建结合了数字普惠金融服务的特征,以及数据的可得性和可靠性。数据主要来源于蚂蚁金服等机构的脱敏微观数据,并结合公开统计信息补充验证,从"覆盖广度""使用深度""数字化程度"三个方面构建一级指标,一级指标下包含11个二级指标和33个三级指标(具体指标见表4—1),采用"层次分析法"确定指标权重,结合数据无量纲化处理,以确保不同层级(省级、城市级、县域)指数的可比性(各维度的权重见表4—2)(郭峰等,2020)。指数覆盖中国内地31个省(自治区、直辖市)、337个地级以上城市及约2 800个县(县级市、市辖区);时间跨度在省级/城市级为2011—2023年,在县域为2014—2023年。在数字普惠金融覆盖广度方面,反映数字金融服务的地理渗透和用户触达能力,如账户持有率、移动支付覆盖范围等;在数字普惠金融使用深度方面,衡量金融服务的实际应用频率和多样化程度,涵盖支付、信贷、保险、理财等细分领域,如数字信贷使用规模、保险渗透率;在数字普惠金融数字化程度方面,评估服务便利性和技术支撑水平,包括无现金交易占比、智能风控应用率;等等。

表4—1 数字普惠金融指数体系

一级指标	二级指标	具体指标
覆盖广度	账户覆盖率	每万人拥有支付宝账号的数量
		支付宝绑定银行卡的用户比例
		每个支付宝账号平均绑定的银行卡数量
使用深度	支付业务	人均支付笔数
		人均支付金额
		高频率活跃用户(年活跃50次及以上)占年活跃1次及以上用户比例
	货币基金业务	人均购买余额宝笔数
		人均购买余额宝金额
		每万名支付宝用户购买余额宝的人数

续表

一级指标	二级指标		具体指标
使用深度	信贷业务	个人消费贷	每万名支付宝成年用户中使用互联网消费贷的用户数
			人均贷款笔数
			人均贷款金额
		小微经营贷	每万名支付宝成年用户中使用互联网小微经营贷的用户数
			小微经营者户均贷款笔数
			小微经营者平均贷款金额
	保险业务		每万名支付宝用户中被保险用户数
			人均保险笔数
			人均保险金额
	投资业务		每万名支付宝用户中参与互联网投资理财的人数
			人均投资笔数
			人均投资金额
	信用业务		人均调用自然人信用次数
			每万名支付宝用户中使用信用服务的用户数(包括金融、住宿、出行、社交等)
数字化程度	移动化		移动支付笔数占比
			移动支付金额占比
	实惠化		小微经营者平均贷款利率
			个人平均贷款利率
	信用化		花呗支付笔数占比
			花呗支付金额占比
			芝麻信用免押笔数占比(较全部需要押金情形)
			芝麻信用免押金额占比(较全部需要押金情形)
	便利化		用户二维码支付的笔数占比
			用户二维码支付的金额占比

表 4-2　　　　　　　　数字普惠金融体系各维度的权重

总指数	一级指数	二级指数
数字普惠金融指数	覆盖广度(54.0%)	账户覆盖率(54.0%)
	使用深度(29.7%)	支付业务(4.3%)、货币基金业务(6.4%)、信贷业务(38.3%)、保险业务(16.0%)、投资业务(25.0%)、信用业务(10.0%)
	数字化程度(16.3%)	移动化(49.7%)、实惠化(24.8%)、信用化(9.5%)、便利化(16.0%)

三、中国数字金融发展水平的特征分析[①]

(一)中国数字金融总指数特征分析

图 4-1 从时间维度显示了 2011—2023 年中国省级数字金融总指数的均值、省级数字金融指数均值的增长率,以及东部各省均值、西部各省均值、中部各省均值。

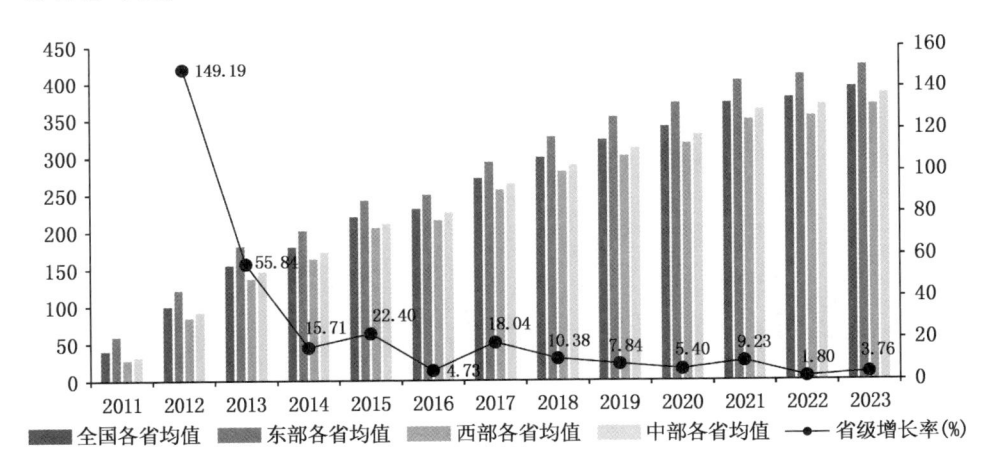

图 4-1　中国数字普惠金融总指数的均值

从图 4-1 可以看出,全国各省数字金融总指数的均值呈现持续增长的态势。从 2011 年的 40 增长至 2023 年的 393.7,年均复合增长率达 23.6%,增长幅度显著。这表明,在这 12 年间,中国的数字金融得到了快速的发展,各省在

---

① 数据来源:北京大学数字金融研究中心发布的 2011—2023 年数字普惠金融指数,经济日报《从五六千家到 29 家,网贷专项整治或迎来倒计时》等。

数字金融领域的投入和建设力度不断加大，推动了数字金融指数的不断提升。省级数字金融总指数的增长率在2011年至2023年间波动较大。这种波动可能与当时的政策环境、市场需求、技术创新等因素密切相关。在某些年份，政策的大力扶持或市场需求的激增可能推动了数字金融的快速增长；而在另一些年份，由于政策调整或市场需求的饱和，数字金融的增长速度可能放缓。例如，2016年增长率仅为4.73%，2016年国务院启动互联网金融风险专项整治，P2P平台数量从高峰期的超5 000家锐减至2020年的29家。再如，增长率从2020年的5.40%升至2021年的9.23%，再降到2022年的1.80%，又升至2023年的3.76%，说明数字金融在中国抗击或缓解新冠疫情对经济的冲击中发挥了重大的作用。增长率后续下降可能的原因是市场饱和度提升导致增量空间收窄，但绿色金融数字化、跨境支付等新兴领域为行业注入了新动能。对比区域的数据可以发现，东部省份的数字金融总指数均值普遍高于中部和西部省份。例如，在2023年，东部省份均值为423.73，而中部和西部省份均值分别为385.08和370.72。这种差异可能与各地区的经济发展水平、金融基础设施建设、人才储备等因素有关。东部地区由于经济基础较好，金融资源丰富，数字金融发展起步较早，因此指数均值较高；而中部和西部地区则可能由于资源相对匮乏，因此数字金融发展相对滞后。

图4—2显示了中国省级数字金融总指数2011—2023年的均值。

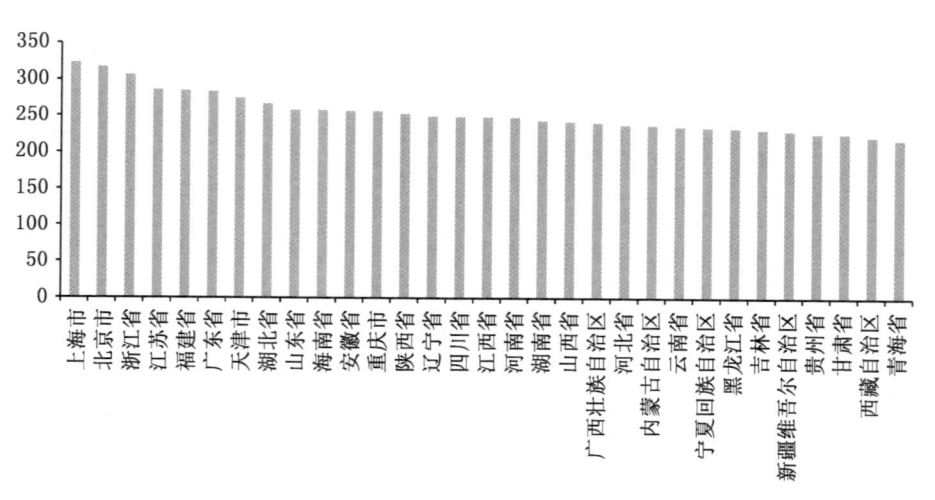

图4—2 中国省级数字金融总指数2011—2023年的均值

从图 4—2 可以看出,指数整体呈现显著的"东高西低"分布,上海市以 323.31 位居第一,其次是北京市 317.00,浙江省 306.55,最低的是青海省 218.01,上海市的总指数均值是青海省的 1.48 倍。这种差异产生的原因可能包括经济发展水平、政策支持力度、技术基础设施完善程度、金融资源集中度等。例如,上海和北京作为中国的金融中心,拥有更多金融机构和科技企业,在数字金融发展上占据优势;浙江省有阿里巴巴等科技巨头推动数字金融创新;而中西部省份由于经济相对落后,基础设施不完善,因此在数字金融发展上相对滞后。从图中还可以看出头部省份集聚效应和长尾分布特征,排名前 10% 的省份(上海、北京、浙江、江苏)指数均值为 308.21,而排名后 10% 的省份(青海、西藏、甘肃)指数均值仅为 222.25,两者的差异系数达 1.39。这种分布特征与马太效应密切相关:东部省份借助技术外溢和资本虹吸持续扩大优势。与此同时,中小省份市场规模有限,难以吸引头部平台深度布局,导致数字金融服务同质化严重。

图 4—3 显示了中国数字金融总指数南北差异变化趋势,其中南北差异系数用"北方均值/南方均值"来度量。中国南北地区的划分主要以秦岭-淮河一线为界。其中,北方地区位于秦岭-淮河一线以北,大兴安岭、乌鞘岭以东,东临渤海和黄海;南方地区则位于秦岭-淮河一线以南,西面为青藏高原,东面和南面临东海和南海。

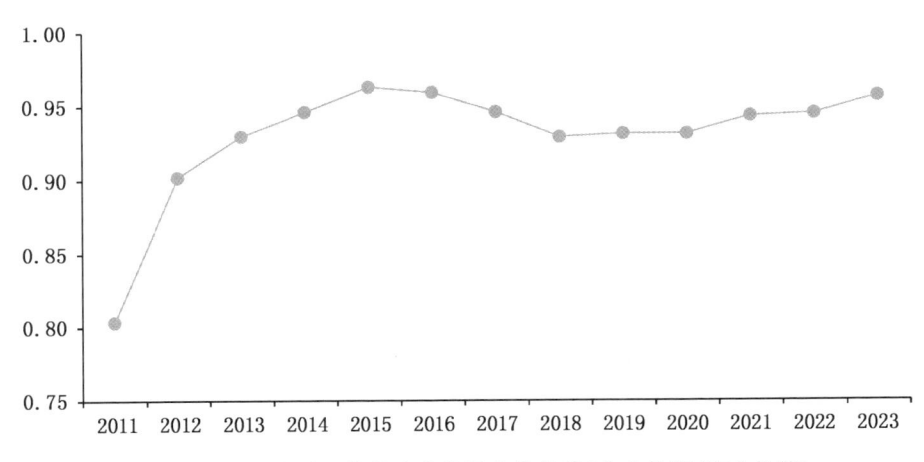

图 4—3 数字金融总指数南北差异变化趋势(北方均值/南方均值)

从图 4—3 可以看出,中国南北数字金融发展差距持续收敛。2011 年至 2023 年南北差异系数由 0.80 升至 0.96,表明北方数字金融发展水平逐步接近南方，2011年至2015年北方的发展速度尤为迅速。另外，尽管北方增长速度超过了南方，但两地区之间的基数差距仍然存在，北方城市数字金融发展水平略低于南方城市。

（二）中国数字金融不同维度指数特征分析

作为衡量数字金融发展水平的综合性指标，数字金融总指数涵盖了数字金融发展的多个维度，包括覆盖广度、使用深度和数字化程度等。为了更深入地理解中国数字金融的现状，下面将进一步从数字金融总指数的三个子维度指数剖析其发展情况。

图4-4显示了2011—2023年中国省级数字金融覆盖广度指数的均值，分为全国区域、东部区域、西部区域、中部区域，以及省级数字金融覆盖广度指标的增长率情况。

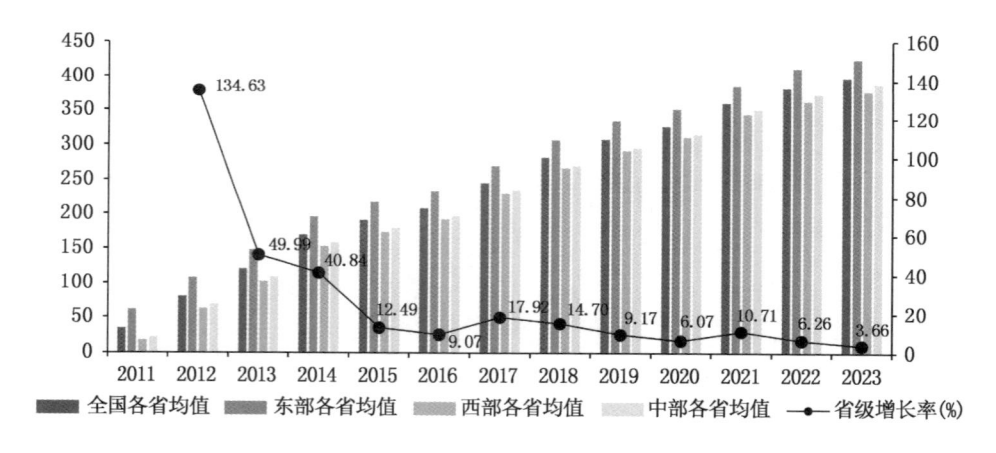

图4-4 中国数字普惠金融覆盖广度指数的均值

从图4-4可以看出，全国省级数字金融覆盖广度指数的均值整体呈增长趋势，全国各省均值从2011年的34.28持续增长至2023年的398.08，年均复合增长率达24.5%，这表明数字金融服务在全国范围内已普及。东部、西部和中部各省均值也呈现相似的增长趋势。其中，东部地区的数值始终高于全国平均水平，而西部和中部各省的均值均低于全国平均水平。从省级数字金融覆盖广度指数增长率来看，虽然整体呈现波动下降的趋势，但在某些年份（如2012年、2017年和2021年）仍出现了较高的增长率，这可能与政策推动、技术创新或市场需求等因素有关，也反映了市场逐渐饱和、早期高增长后的自然放缓，以及

第四章 中国数字金融发展与产业变革的特征事实

监管政策趋严对行业扩张速度的影响。

图4-5显示了2011—2023年中国省级数字金融使用深度指数的均值,分为全国区域、东部区域、西部区域、中部区域,以及省级数字金融使用深度指标的增长率情况。

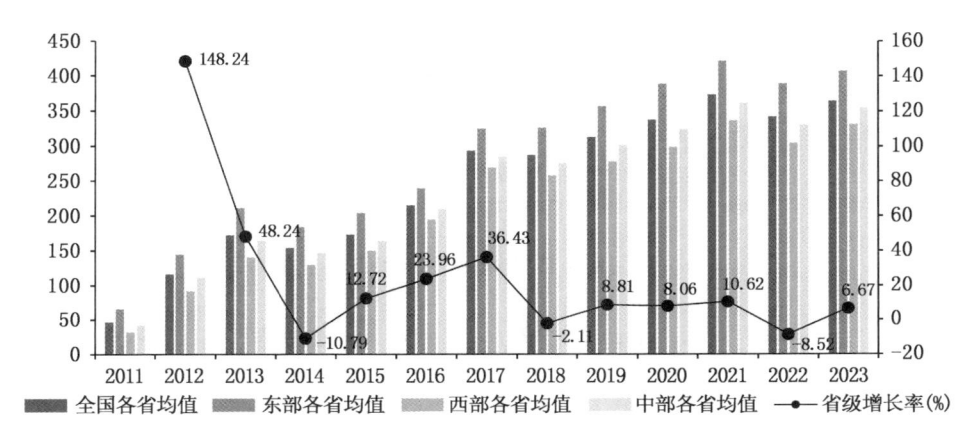

图4-5 中国数字普惠金融使用深度指数的均值

从图4-5可以看出,中国省级数字金融使用深度指数均值呈现波动较大的发展趋势。从全国各省均值来看,整体呈增长趋势,从2011年的46.93增长至2023年的364.89,年均复合增长率达18.9%。但在2014年、2018年和2022年出现了负增长,这与政策调整和外部冲击密切相关。例如,2014年《非银行支付机构网络支付业务管理办法》出台,限制了第三方支付账户功能,导致用户活跃度短期下降;2017年互联网金融风险专项整治办等机构发布《关于规范整顿"现金贷"业务的通知》,对网贷行业尤其是P2P行业进行整顿;2022年全球经济增长放缓,部分行业面临较大的经营压力,企业和个人的投融资需求有所收缩,且在疫情等因素的影响下,国内经济活动活跃度受到一定限制;另外,消费者对金融风险的认知在复杂的经济环境下有所加深,在金融消费上更加谨慎,减少了对高风险的数字金融业务的参与,如互联网理财、网络借贷等,使得数字金融整体使用深度下降。从区域分布来看,数字金融使用深度指数呈现"东部持续领先,中西部加速追赶"的态势。

图4-6显示了2011—2023年中国省级数字金融数字化程度指数的均值,分为全国区域、东部区域、西部区域、中部区域,以及省级数字金融数字化程度指标的增长率情况。

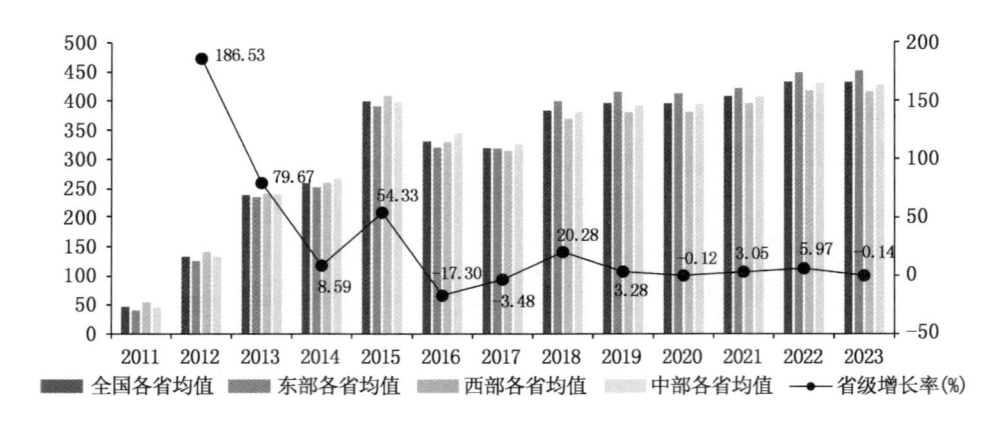

图4－6 中国数字普惠金融数字化程度指数的均值

从图4－6可以看出，中国省级数字金融数字化程度指数均值呈现先上升后下降再上升再下降的动态变化趋势。2016年指数骤降至－17.30%，这与互联网金融风险专项整治政策直接相关，P2P平台大规模退出导致用户信任度下降。2023年指数微降至－0.14%，反映技术应用进入瓶颈期，需依赖区块链、AI等新技术突破。从区域分布来看，2011年至2015年西部区域数字化程度均高于东部地区和中部地区，这从一定程度上说明数字金融具有普惠属性，有力带动了中部和西部地区的金融创新，加速其发展进程，显著激发了中西部地区的经济活力。但2015年后，东部地区凭借经济与技术优势实现反超。2023年东部地区均值达451.20，较西部地区(415.68)高8.5%，可能的原因是长三角、珠三角地区通过"智慧城市"建设推动数字身份认证、智能合约等深度应用，而西部地区受限于基础设施，增速放缓。

图4－7显示了各省数字普惠金融覆盖广度指数、使用深度指数、数字化程度指数的均值，可以看出，不同维度指数存在一定的地区差异。其中，数字化程度指数的地区差异最小，其次是覆盖广度指数，使用深度指数的地区差异最大。具体而言，数字普惠金融的覆盖广度指数、使用深度指数、数字化程度指数最高地区与最低地区的比值为1.57、1.83和1.10。数字化程度差异最小，可能是因为国家在推动金融科技基础设施建设方面有统一的政策，如各大银行和金融机构都在全国范围内推广数字化技术，相关技术应用相对容易标准化，不受地域限制。覆盖广度的差异稍大一些，这可能与基础设施的普及程度有关，如网络覆盖率、智能手机普及率等。虽然国家有推动，但不同省份的经济发展水平不

同,可能有些偏远地区网络覆盖不足,或者居民对数字金融的接受度不同。使用深度的差异最大,这可能涉及用户的行为差异。经济发达地区的居民可能有更多金融需求,如投资、理财、贷款等,因此更频繁和深入地使用数字金融服务。而经济欠发达地区的居民可能主要使用基础服务,如转账和支付,较少涉及复杂产品。此外,金融知识水平和信任度也可能影响使用深度,发达地区的用户可能更信任并了解这些高级功能,而其他地区的用户可能因为受教育水平或传统习惯而较少使用。

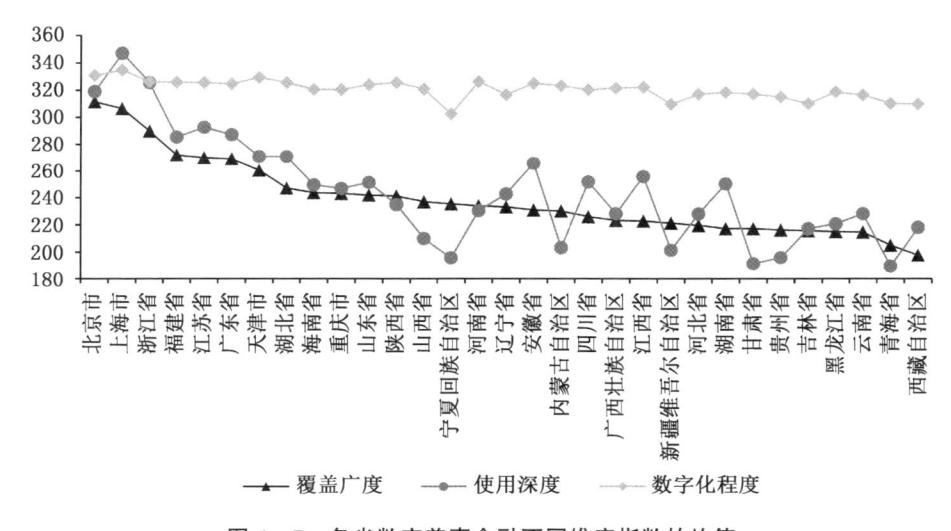

图4—7 各省数字普惠金融不同维度指数的均值

图4—8显示了数字普惠金融覆盖广度指数、使用深度指数、数字化程度指数南北差异系数(北方均值/南方均值)的变化趋势,可以看出,不同维度指数在南北方之间存在一定的差距。其中,覆盖广度指数南北差距最小,其次是数字化程度,使用深度差距最大。覆盖广度南北差异系数整体数值较为稳定且接近1,说明南北地区在数字普惠金融覆盖广度上的差距较小且变化不大。就数字化程度指数而言,北方城市最初是高于南方城市的,但最近几年逐渐落后于南方城市,南北差异逐渐缩小且趋近于1,可能因为早期北方在数字化转型的部分领域有先发优势,但随着南方在数字技术创新和应用上的加速投入,南北在数字化程度上的差距不断缩小。使用深度指数南北差异最大,这可能与经济发展水平、金融需求有关。南方经济更发达,尤其是沿海地区,居民收入高,金融需求多样,使用更多复杂产品如理财、信贷等;而北方可能以传统产业为主,居民

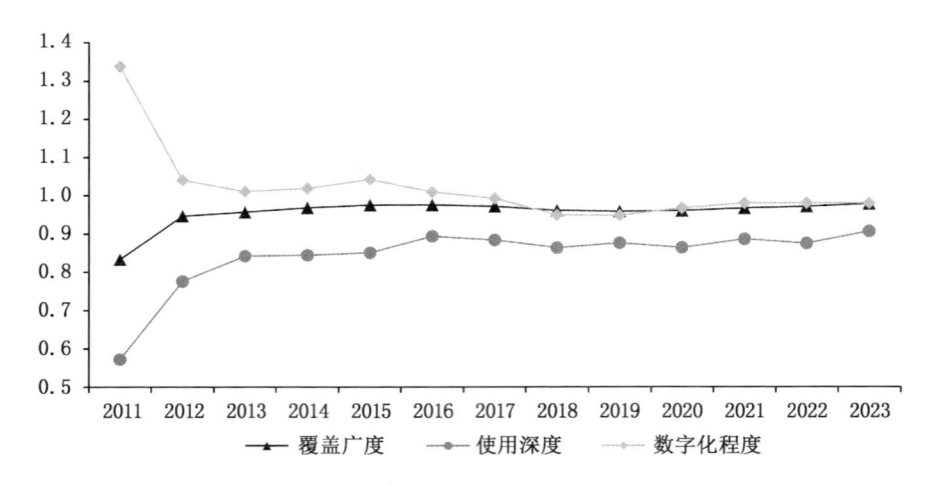

更多使用基础支付功能,导致使用深度差距大。

图 4—8 数字普惠金融不同维度指数南北差异系数(北方均值/南方均值)

第二节 中国产业变革的特征事实

一、中国产业变革的演变历程

中国产业变革的演变历程是以新中国成立为起点,经历了从计划经济向市场经济的转型,从农业社会向工业化、信息化社会的发展,这对未来产业结构变动的政策方向有较大的参考价值。本节将从以重工业为主的产业结构、以轻工业为主的产业结构"纠偏"、重化工业的快速发展、服务领跑的产业结构四个阶段全面阐述中国产业结构的发展历程。

(一)以重工业为主的产业结构阶段

新中国成立初期,面对国民经济凋零、现代工业基础薄弱,特别是重工业极度稀缺的严峻局面,国家选择了优先发展重工业的工业化策略。此战略的核心目标是尽快建立独立完整的工业体系,以摆脱中国长期贫困落后的状况。自1949年至1978年,我国工农业总产值平均年增长率达8.2%,取得了显著增长。同时,国民经济的产业结构发生了变化,第一、二、三产业占国民经济的比重从 68∶13∶19 转变为 28∶48∶24,这代表着工业的产值超越农业的产值,工业成为国民经济的主导产业。然而,重工业优先的发展路径导致了产业结构向重型化倾斜。1952 年,工业内部轻工业和重工业的比值为 67.5∶32.5,这表示当时轻工业占据主导地位,但到了 1978 年转变为 57.3∶42.7,重工业比重显著上升,发展迅速。在这种轻工业未充分发展的背景下,过早推进重工业化的战略使得我国重工业在经济结构中的比重显著高于发达国家同期水平,与全球产业结构演变的普遍趋势相悖。

(二)以轻工业为主的产业结构"纠偏"阶段

1978 年,党的十一届三中全会开启了中国改革开放的历史进程,确立了以经济建设为中心的基本发展方针。受益于改革开放释放的强大红利,尤其是在产业政策的支持引导下,我国三次产业充分发挥自身禀赋优势,把握全球技术变革和产业链分工机遇,实现了长足发展,产业结构发生了持续、全面、影响深远的变化。在 1978 年至 2000 年期间,我国第一、二、三产业在国民经济中的占比经历了由 28∶48∶24 至 14.7∶45.5∶39.8 的变革,从"二一三"型结构演变为"二三一"型结构。这一阶段产业结构优化升级显著,轻重工业失衡状况得到调整。轻工业从以食品、纺织等基础消费品为主的结构转变为以家电、汽车等耐用消费品为主,重工业则从以采掘、原料工业为主转向以重制造工业为主。三次产业之间以及各产业内部细分产业之间的结构不断优化,劳动生产率较快提升,新的产业模式和组织形态不断涌现,产业空间布局不断优化,优势产业集群逐渐发展壮大,为经济的持续增长和新旧动能的转换提供了重要支撑。

(三)重化工业的快速发展阶段

进入 21 世纪,在轻工业得到一定程度发展后,中国产业结构演变又回归正常轨道,即弥补重化工业发展不足。2001 年到 2010 年,中国重工业占工业总产值的比重由 51.3% 提高到 71.4%,10 年间提高了二十多个百分点。在占比持续提高的同时,重化工业内部结构也得到优化升级,表现为以原材料工业、电子信息制造业、汽车工业为代表的装备制造业发展明显加快。这一时期重化工业快速发展的五大推动因素包括:(1)城镇住房制度市场化改革推动房地产市场进入黄金发展期,拉动钢铁、铝材、水泥等原材料工业迅猛发展;(2)应对亚洲金融危机的经济扩张政策刺激了与基建相关的机械、原材料等工业快速发展;(3)加入 WTO 加快了中国经济全球化进程,使制约中国产业发展的技术、人才、资金、市场等问题得以缓解;(4)十六届三中全会通过的《中共中央关于完善社会主义市场经济体制若干问题的决定》消除了制约各类所有制经济发展的体制性障碍,为产业特别是民营经济发展注入了活力;(5)城镇居民生活水平提高推动了消费结构升级,使市场消费热点由过去的以吃、穿、用为主切换到以通信、出行和居住为主,拉动电子信息、汽车等产业快速发展。

(四)服务业领跑的产业结构阶段

2013年前后,中国经济进入新常态,"三期叠加"特征明显,产业发展条件和环境发生了深刻变化。根据新形势、新变化,中央提出了创新、协调、绿色、开放、共享的新发展理念,以供给侧结构性改革为主线,加快推动新旧动能转换,着力构建现代化经济体系,促进经济高质量发展。在新发展理念的指导和供给侧结构性改革的作用下,中国产业结构升级取得明显进展,创新驱动、服务引领、制造升级的产业结构正在形成。从三次产业结构看,第三产业成为各产业增长的领跑者,其比重在2013年首次超过第二产业成为国民经济最大的产业部门,2015年占比超过50%。2013—2018年中国三次产业结构由10.0∶43.9∶46.1转变为7.2∶40.7∶52.2,呈继续优化升级态势。

二、中国产业发展水平的测度

科学度量中国产业发展水平是研究数字金融与产业变革关系的核心前提。这不仅能了解中国产业结构的发展状况,而且能为预测产业升级方向、发掘新兴增长领域、优化政策制定方案等提供重要依据。有众多文献从不同维度,采用不同方法对中国产业发展水平进行了度量。

从产业结构来看,产业结构比例指标是衡量产业发展水平的核心维度之一。干春晖等(2011)提出了产业结构合理化指数和产业结构高级化指数对产业结构变革进行度量,徐德云(2008)则采用产业结构层次系数来衡量产业结构升级状况。其中,产业结构合理化指的是产业间的聚合质量,它一方面反映了产业之间的协调程度,另一方面反映了资源有效利用程度,也就是说,它是对要素投入结构和产出结构耦合程度的一种衡量;产业结构高级化能够反映经济结构的服务化倾向,明确地展示产业结构是否朝着"服务化"的方向发展,产业结构是否在升级;产业结构层次系数是同时考虑三大产业在产业结构中的地位,赋予每类产业一定的权重来表征产业结构所处的层次。三种产业结构的度量公式如下:

$$\begin{aligned}\text{产业结构合理化指数} \\ \text{(泰尔指数)}\end{aligned} = \frac{\text{第一产业增加值}}{\text{地区生产总值}} \times \ln \frac{\text{第一产业增加值} \div \text{第一产业就业人数}}{\text{地区生产总值} \div \text{地区总就业人数}}$$

$$+ \frac{\text{第二产业增加值}}{\text{地区生产总值}} \times \ln \frac{\text{第二产业增加值} \div \text{第二产业就业人数}}{\text{地区生产总值} \div \text{地区总就业人数}}$$

$$+ \frac{\text{第三产业增加值}}{\text{地区生产总值}} \times \ln \frac{\text{第三产业增加值} \div \text{第三产业就业人数}}{\text{地区生产总值} \div \text{地区总就业人数}}$$

$$\text{产业结构高级化指数} = \text{第三产业增加值} \div \text{第二产业增加值}$$

该比值越大，表明产业结构高级化水平越高。该比值被广泛用于反映产业向知识密集型升级的趋势。

$$\text{产业结构层次系数} = \text{第一产业增加值占 GDP 比重} \times 1 + \text{第二产业增加值占 GDP 比重}$$
$$\times 2 + \text{第三产业增加值占 GDP 比重} \times 3$$

该指数越高，表明产业结构越优。

从就业结构来看，就业结构的优化是产业发展水平提升的重要体现，它反映了劳动力资源在不同产业间的合理配置，学者们通常用就业弹性系数、三次产业就业占比等指标来度量。就业弹性系数能够衡量经济增长对就业增长的促进作用，体现了经济增长与就业增长的关系。例如，李实和丁赛（2003）通过就业弹性系数对不同产业的就业情况进行分析，为产业政策的制定提供了理论依据。三次产业就业占比反映劳动力在农业、工业和服务业三大产业中的分布状况，可以合理衡量产业结构升级程度。例如，刘啟仁和赵灿（2020）采用企业员工技能劳动力与非技能劳动力的雇用比来衡量人力资本结构，揭示了高技能劳动力占比的提升是产业结构升级的标志。

从技术创新来看，技术创新是驱动产业发展的核心动力，现有文献主要从研发投入、创新产出等方面构建指标体系来衡量技术创新水平。其中，研发投入一般用研发经费支出占比、科研人员数量等指标来衡量，创新产出则使用专利申请数量、技术市场成交额、新产品销售收入等指标来衡量。例如，朱平芳和徐伟民（2003）采用研发经费内部支出占国内生产总值（GDP）的比重来衡量研发投入强度；陈艳霞和张鹏（2024）选用发明专利申请数量作为人工智能企业创新能力的核心指标，认为其综合反映研发投入与人员配置。

基于此，本章从产业结构、就业结构和技术创新三大维度分别评估产业的发展水平。具体而言，在衡量产业结构时，我们将采用产业结构层次系数作为量化指标，以精准描绘产业结构升级的广度与深度；在考察就业结构时，我们则通过第三产业就业人数占比这一关键指标来细致剖析劳动力在第三产业中的分布特征；至于技术创新方面，我们则选取专利申请数量指标，以此全面反映创新活动的成果，从而多维度、全方位地刻画产业发展现状与潜力。数据来源于《中国城市统计年鉴》，时间跨度为2011—2022年，包含297个城市，将城市数据汇总到省级数据进行特征分析，由于数据存在缺失，因此采用线性插值与回归填补的方法对数据进行了处理。①

三、中国产业变革发展水平的特征分析

（一）产业结构发展水平特征分析

图4—9显示了中国各省产业结构层次系数均值的变化趋势。

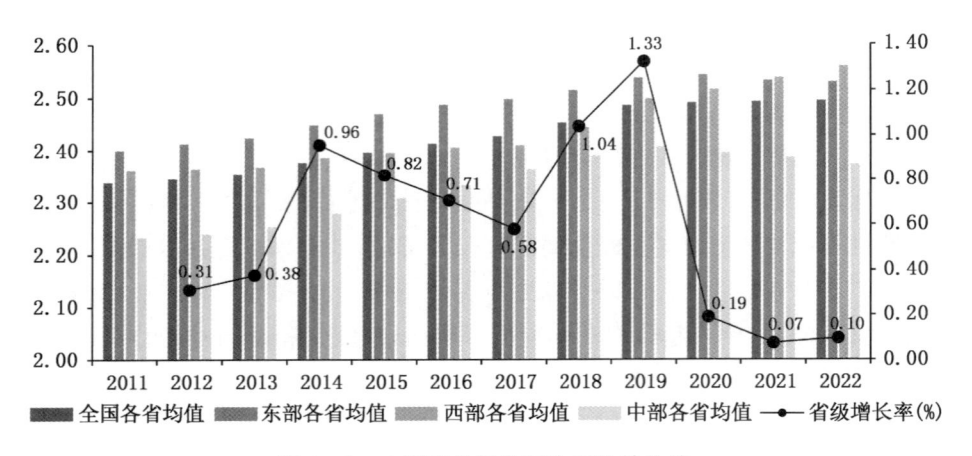

图4—9 中国产业结构层次系数的均值

从图4—9可以看出，产业结构层次系数2011—2022年整体呈缓慢上升趋势，说明产业结构在持续优化。2014年和2018年省级增长率分别达到0.96%和1.04%，可能是受国家阶段性政策推动的影响。然而，2020年后增长率骤降至0.19%以下，反映了新冠疫情对经济活动的冲击以及产业升级动能的阶段性减弱。近几年，整体产业升级的速度有所放缓，需进一步通过技术创新和结构性改革来突破瓶颈。对比各地区，东部地区的产业结构发展水平一直高于全国

---

① 线性插值是利用数据的线性趋势，对各年份中的缺失部分进行填充，得到线性插值版数据。回归填补是利用原数据集中的核心变量信息，基于线性插值版数据，通过建立回归方程来对缺失值进行预测和填补。

平均水平,这可能是因为东部地区经济发达,产业基础好,产业结构升级起步早;西部地区均值从2011年的2.362跃升至2022年的2.558,甚至超过东部,可能受益于"西部大开发"政策倾斜、产业转移承接以及新兴产业的培育,如新能源、大数据中心建设;中部地区的均值一直低于全国平均水平,虽然有所增长,但始终落后于东部和西部。这反映了中部地区在产业升级方面面临更多挑战,如传统产业比重较大、转型升级相对滞后。

图4—10显示了各省产业结构层次系数的均值。

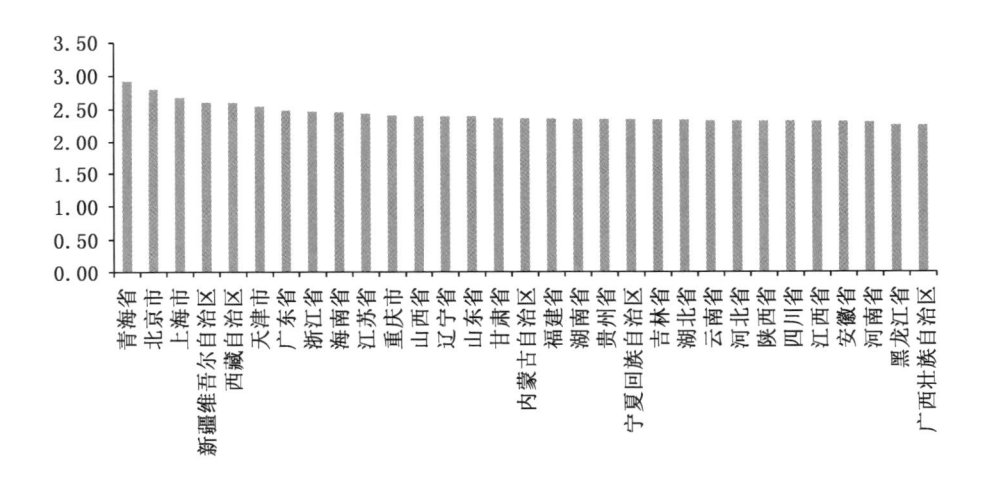

图4—10 各省产业结构层次系数的均值

从图4—10可以看出,直辖市与东部沿海省份产业升级指数领先。北京市、上海市、天津市以及广东省、江苏省、浙江省等东部发达地区产业升级指数较高,主要得益于其经济基础雄厚、科技创新资源密集、高端制造业和现代服务业占比高,这些地区对外开放程度高,吸引了大量外资和技术,从而推动了产业结构优化。青海、新疆、西藏等西部省份的产业升级可能受益于国家战略支持,如"西部大开发"和"一带一路"倡议,政策倾斜带动了基础设施投资和新兴产业布局,促进了传统产业转型。山西省、内蒙古自治区、河南省、黑龙江省等传统资源型地区长久以来倚重煤炭、石油等重工业,产业结构较为单一,环境约束日益凸显,产业结构层次系数在相对低位,其困境也清晰可见。

图4—11显示了中国产业结构层次系数的南北差异系数(北方均值/南方均值)。

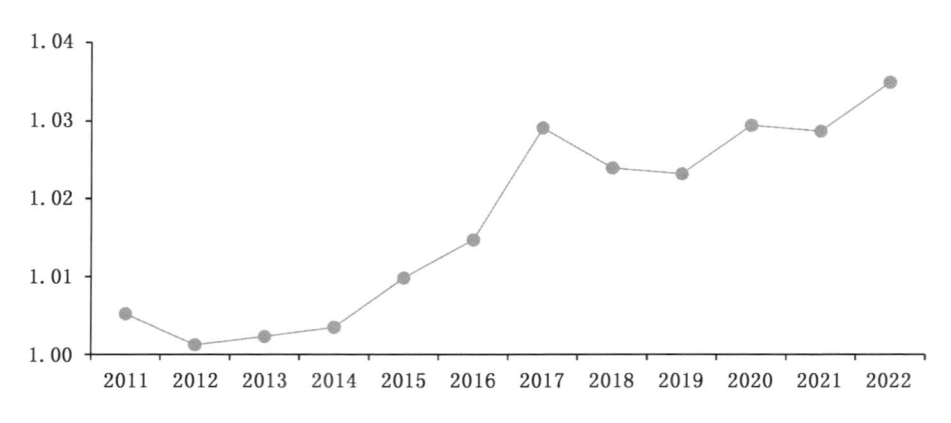

图4-11 中国产业结构层次系数南北差异系数(北方均值/南方均值)

从图4-11可以看出,南北差异系数始终大于1,说明北方产业结构层次系数的均值始终高于南方,并且北方与南方的产业升级水平差距呈现持续扩大的态势。北方产业升级迅速发展可能是因为政策倾斜以及资源重新配置。例如,东北振兴规划和黄河流域生态保护战略的实施推动了北方清洁能源和高端装备制造业的发展,有效缓解了传统重工业衰退带来的结构失衡。相比之下,南方地区虽然在信息技术和金融服务业等方面占据优势,但外向型民营企业在国际贸易环境波动中更容易受到冲击,导致南方产业结构升级速度阶段性放缓。此外,南北差异的扩大还反映了创新资源分布不均,北方借助高校和国家级实验室的集中优势持续增加基础研发领域的投入,南方则更依赖市场化创新,两者的路径差异可能对产业结构升级产生差异化影响。

(二)就业结构发展水平特征分析

图4-12显示了中国第三产业就业人数占比均值,可以看出,2011—2022年第三产业就业人数占比均值整体呈上升趋势,但增长速度存在较大波动。2019年达到增长峰值(7.02%),这可能受益于"十三五"规划对服务业的重点支持(如放宽市场准入、鼓励创新创业);2020年后增速骤降至0.37%以下,这可能因为新冠疫情对线下服务业(如旅游、餐饮)的冲击。从地区对比来看,西部地区第三产业就业人数占比始终高于全国水平;东部地区后来居上,产业结构升级效应显现;中部因对传统产业的路径依赖而制约了升级空间。

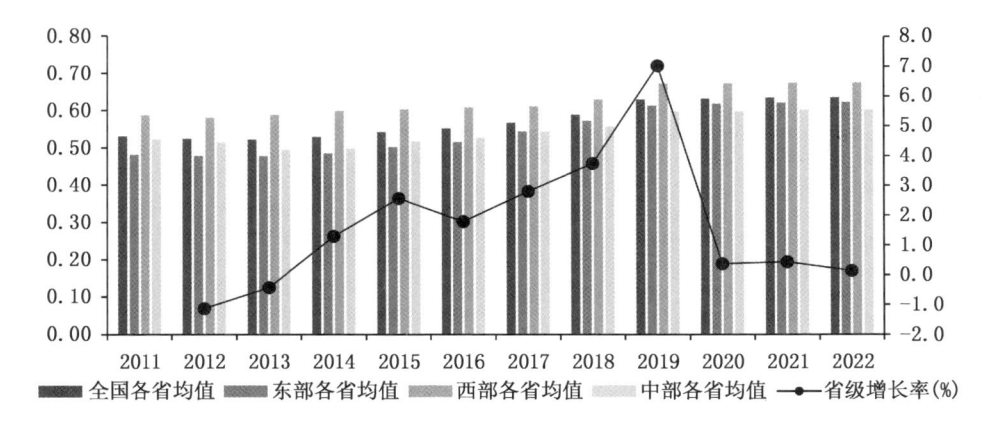

图 4—12 中国第三产业就业人数占比的均值

图 4—13 显示了各省第三产业就业人数占比的均值。

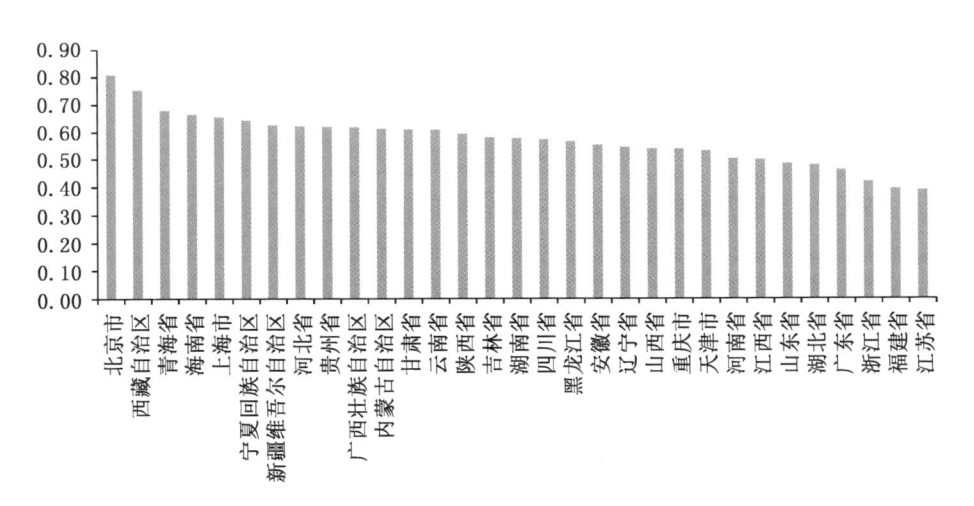

图 4—13 各省第三产业就业人数占比的均值

从图 4—13 可以看出，直辖市与生态旅游省份第三产业就业人数占比显著领先，北京市、上海市第三产业就业人数占比排名靠前，集聚了大量高端服务业，如金融、科研、信息技术等。西藏自治区、青海省、海南省等生态资源丰富的地区第三产业就业人数占比较为突出，主要依赖旅游业和特色服务业。西部欠发达地区第三产业就业人数占比虚高或反映产业结构单一化，宁夏、新疆、贵州等西部地区第三产业就业人数占比高于部分东部省份，可能并非经济发达的表现，而是工业化水平较低、农业和服务业"双主导"的结果。东部经济强省第三产业就业人数占比分化，折射出产业升级路径差异；广东省、江苏省等制造业大省第三产业就业人数占比偏低，可能与其"制造业＋服务业"双轮驱动模式有关。广东的电子信息、江苏的装备制造仍占主导地位，尽管数字经济快速发展，但制造业自动化压缩了服务业的就业空间。

图4－14显示了中国第三产业就业人数占比南北差异系数（北方均值/南方均值）。

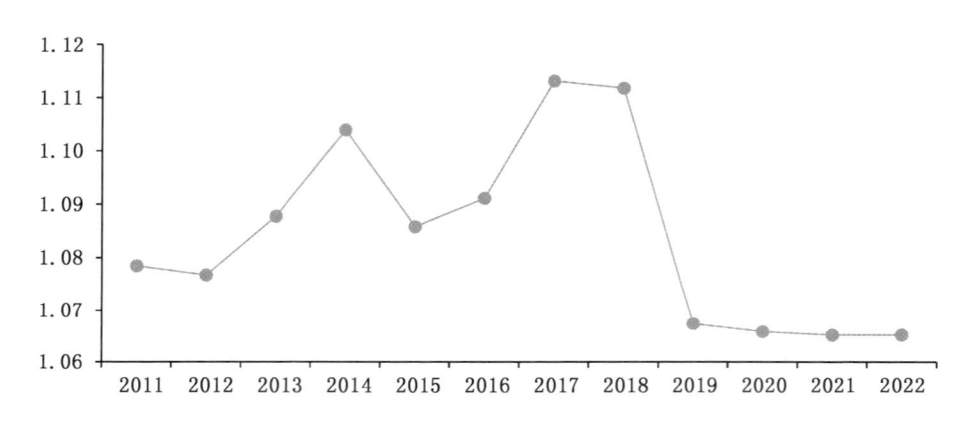

图4－14　中国第三产业就业人数占比南北差异系数（北方均值/南方均值）

从图4－14可以看出，2011—2022年第三产业就业人数占比的南北差异系数呈现"先升后降最后缓慢收敛"的动态演变特征。从整体趋势看，北方第三产业就业人数占比高于南方，但近几年逐渐持平，主要因为北方地区依托政策红利加速服务业扩张，带动北方整体服务业就业占比提升。而2019年后差异系数显著回落，与南方地区数字经济快速崛起以及北方传统服务业增长乏力密切相关。

（三）技术创新发展水平特征分析

图4－15分别从全国各省、东部各省、西部各省、中部各省显示了中国省级专利申请数量均值和省级增长率情况，可以看出，2011—2022年，中国各省专利申请数量均值呈现"总体增长、区域分化显著、增速波动明显"的特征。从全国各省均值来看，专利申请量从2011年的94 962件增至2022年的154 436件，年均复合增长率约为5.1%。在区域差异方面，东部地区始终占据绝对主导地位，技术创新能力较强；中部地区呈现"追赶式增长"特征；西部地区无明显增长

趋势。增速波动可能是在政策与市场双重驱动下产生的结果。2018 年的增长率为 17.71%,增长较快,可能的原因是《国家创新驱动发展战略纲要》的全面实施,各地政府通过税收减免、研发费用加计扣除等政策激励企业创新;而 2021—2022 年增速回落至 2.86%~6.61%,则反映了全球供应链危机和国内经济下行压力对研发投入的抑制作用。此外,区域增长差异与地方产业政策密切相关。例如,广东省 2018 年推出"科技创新十二条",推动当年专利申请量增长 23%;同期西部部分省份因财政压力而缩减科研预算,导致专利申请量增速停滞。

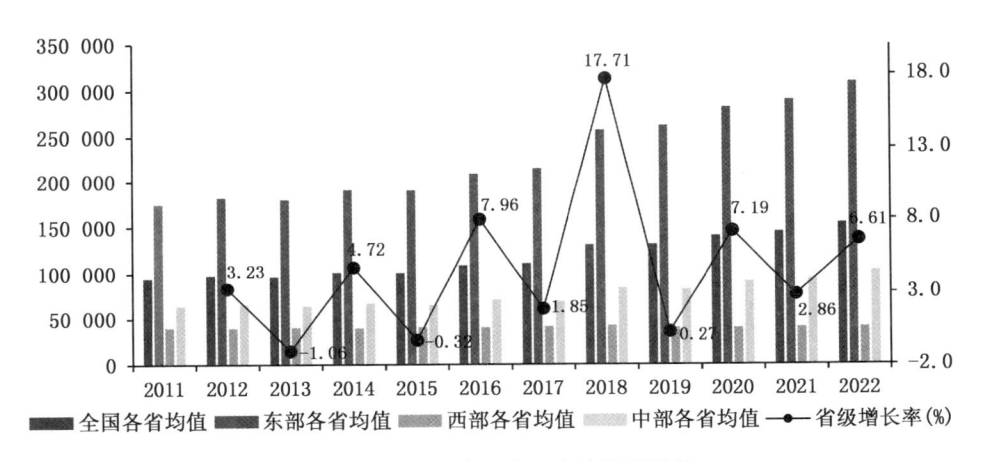

图 4—15 中国省级专利申请数量均值

图 4—16 显示了中国各省专利申请数量均值的情况。

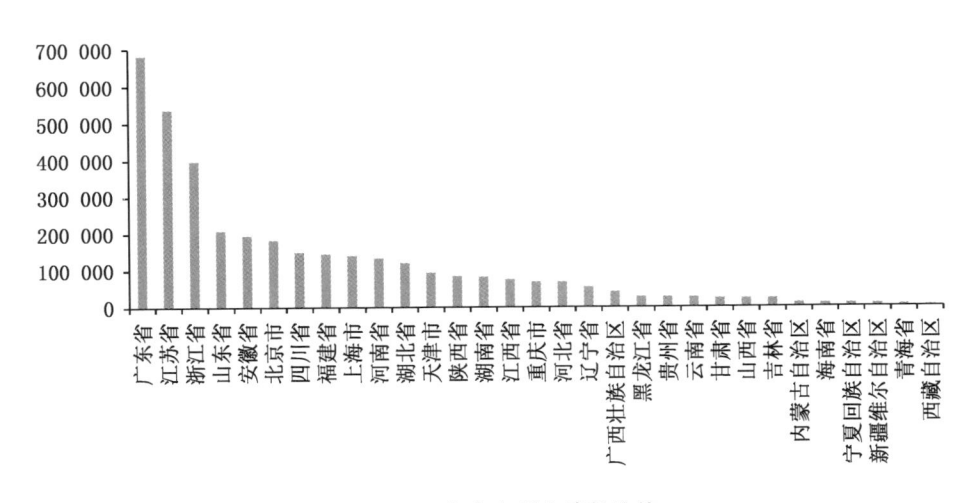

图 4—16 各省专利申请数均值

从图4—16可以看出，中国区域创新能力呈现"梯度差异显著、东部沿海绝对主导、中西部两极分化"的格局。广东省以682 330件专利申请量位居全国首位，远超江苏省和浙江省，三省合计占比超过全国总量的40%，凸显了长三角和珠三角作为国家创新核心引擎的地位。其创新优势得益于三方面：一是高度集聚的高新技术产业集群，二是密集的研发投入，三是开放型经济吸引的国际技术合作。相比之下，西部省份普遍表现不佳，西藏、青海、新疆等边疆地区专利申请量不足东部头部省份的1%，反映了其基础设施落后、人才储备薄弱和产业升级动力不足的复合性困境。

图4—17显示了2011—2022年中国专利申请数量南北差异系数（北方均值/南方均值）。

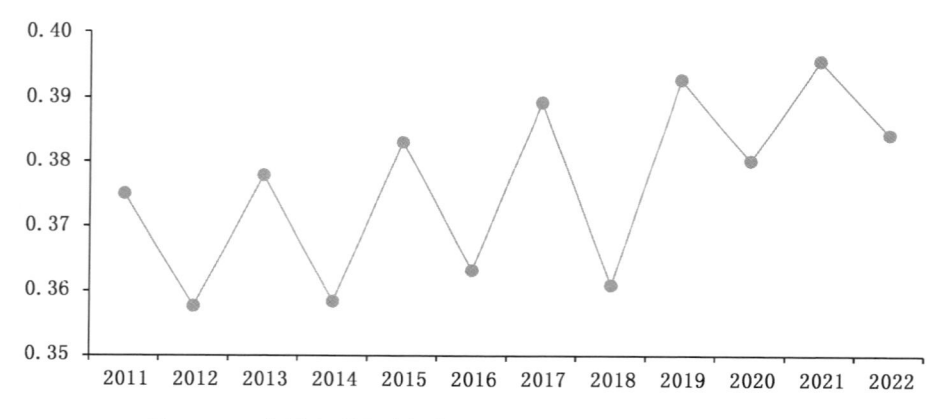

图4—17　中国专利申请数南北差异系数（北方均值/南方均值）

从图4—17可以看出，中国专利申请数量的南北差异系数始终低于0.4，表明北方专利申请量长期不足南方的40%，区域创新能力的结构性失衡显著。南北差异的深层驱动因素可从三方面解析：一是经济结构差异，南方以民营经济为主导的电子信息、互联网服务业更易催生高频专利申请，而北方依赖国有企业的传统制造业，如钢铁、化工等产业，创新周期长、专利产出效率低；二是研发投入差距，2022年南方省份研发经费投入强度（R&D/GDP）平均为2.8%，高于北方的2.1%，尤其在基础研究领域，南方占比超过65%；[①]三是人才流动失衡，南方通过高薪补贴和户籍优惠政策持续吸引北方高校毕业生，导致北方"创

---

① 数据来源：国家统计局、科学技术部、财政部《2022年全国科技经费投入统计公报》。

新血液"流失。

第三节 中国数字金融与产业变革的相关性分析

前文对中国数字金融和中国产业变革进行了度量,本节从各省数字金融总指数、覆盖广度指数、使用深度指数、数字化程度指数分别与产业结构发展水平、就业结构发展水平、技术创新发展水平的相关性进行分析,为后续研究中国数字金融对产业结构升级及战略性新兴产业创新的影响机制做铺垫。

表4-3显示了中国数字金融与产业变革的相关性,可以看出,不管是数字金融总指数,还是覆盖广度指数、使用深度指数、数字化程度指数,均与产业结构发展水平、就业结构发展水平、技术创新发展水平存在显著的正相关关系,在1%水平上显著。

表 4-3 中国数字金融与产业变革的相关性

	数字金融总指数	覆盖广度	使用深度	数字化程度	产业结构发展水平	就业结构发展水平	技术创新发展水平
数字金融总指数	1.0						
覆盖广度	0.993 1***	1.0					
使用深度	0.969 8***	0.952 4***	1.0				
数字化程度	0.905 2***	0.873 3***	0.815 9***	1.0			
产业结构发展水平	0.328 2***	0.339 1***	0.323 3***	0.248***	1.0		
就业结构发展水平	0.492 6***	0.518 5***	0.475 7***	0.357 1***	0.518 2***	1.0	
技术创新发展水平	0.327***	0.311 2***	0.413 9***	0.182 4**	0.095 6	0.034 3	1.0

注:***、**和*分别表示在1%、5%和10%水平上显著。

初步的分析结果表明,在数字金融发展水平相对较高的地区,产业变革的现象往往更加明显。然而,产业变革是一个复杂的过程,其背后的推动力并不仅仅局限于数字金融的发展水平,还有许多其他的因素也在同时影响着产业变革的进程,如政策环境、经济结构、市场需求等。因此,本节中数字金融与产业变革之间的相关性并不能完全排除这些因素的干扰。为了更加深入地探究数字金融与产业结构升级以及战略性新兴产业创新之间的内在联系,需要进一步控制并研究这些影响因素,如此才能更准确地揭示数字金融在推动产业变革中的具体作用,以及它与其他因素之间的相互作用机制。

第五章
数字金融对产业结构升级的影响机制验证

在全球经济数字化转型加速的背景下,产业结构升级已成为各国保持经济竞争力、不断适应市场变化和实现可持续发展的迫切需要。产业结构升级已上升为国家战略,得到国家的重视。传统产业面临着资源约束、生产成本上升、市场需求减少等问题,亟须向高附加值、高技术含量的产业转型升级。与此同时,数字金融作为金融创新与数字技术深度融合的产物,正以前所未有的态势重塑金融生态,其通过数字化的手段,在降低金融服务门限、提高金融渗透率、降低金融服务成本等方面展现出诸多优势。那么数字金融能否有效弥补传统金融在金融资源错配等方面的不足,为产业结构升级注入新的驱动力呢?

在宏观层面,数字金融改变了金融资源的配置方式和效率,使得金融资源能够更精准地对接产业发展需求,覆盖更广泛的长尾群体,尤其是为那些在传统金融体系下融资受限的中小企业、新兴产业提供了新的融资机会,从而为推动产业结构的优化与升级提供了契机。在微观层面,数字金融所带来的便捷支付、高效融资等服务,直接影响了企业的生产经营决策和创新活动,促进了企业的技术进步和产品升级,进而在产业层面引发连锁反应,推动整个产业结构的动态调整。此外,数字金融还通过影响居民消费模式、外部创业环境等间接因素,为产业结构升级营造了有利的外部条件。

针对数字金融是否影响产业结构升级的问题,许多学者展开了广泛的讨论,主要有以下两种观点:促进论和抑制论。尽管数字金融与产业结构升级的关系已经很受关注,但数字金融与产业结构升级的关联是否具有因果性,以及具体作用机制如何,尚待更深入的理论和实证性综合研究。本章基于2011—2022年中国297个地级城市的面板数据,使用双向固定效应模型,系统探讨了数字金融发展对产业结构升级的影响及作用机制,尝试对如下问题进行解答:

(1)数字金融对产业结构升级的净效应是否显著？(2)数字金融对产业结构升级的作用机制是否通过技术创新和要素配置效率提升实现？(3)数字金融对产业结构升级的影响在不同区域是否存在异质性？(4)数字金融对产业结构升级的影响的内在机制是否存在中介效应和门限效应？对以上问题进行解答将有助于深入探讨数字金融与产业结构升级的关系，丰富相关金融发展与产业经济理论，相关研究结论为政府在推动制定产业结构优化升级政策方面提供一定的参考。

第一节　研究设计

一、模型设定

本章主要研究数字金融对产业结构升级影响的直接效应、机制效应和非线性效应。设定如下基准回归模型、中介效应模型和门限效应模型并以这三个模型进行实证核验。

（一）基准回归模型

为深入探究数字金融对产业结构升级的影响机制，采用双向固定效应模型，构建如下基准回归模型：

$$UP_{i,t} = \alpha_0 + \alpha_1 DIFI_{i,t} + \alpha_2 X_{i,t} + \mu_i + \upsilon_t + \varepsilon_{i,t} \quad (5-1)$$

式中，i 和 t 分别表示城市与年度。UP 表示城市产业结构升级指标，$DIFI$ 为数字普惠金融指数，X 为影响城市产业结构升级的系列因素矩阵，μ_i、υ_t 分别为城市、时间固定效应，$\varepsilon_{i,t}$ 为随机误差项。α_1 是本章关心的核心系数，主要度量了数字普惠金融指数对城市产业结构升级的净效应，若 α_1 显著且大于 0，就说明数字金融能够显著促进产业结构升级。

（二）中介效应模型

为了验证数字金融对产业结构升级的作用机制是否存在，本章考虑刺激居民消费需求和提高科技创新水平两种影响机制，设定如下中介效应模型进行检验：

$$Z_{i,t} = \beta_0 + \beta_1 DIFI_{i,t} + \beta_2 X_{i,t} + \mu_i + \upsilon_t + \varepsilon_{i,t} \quad (5-2)$$

$$UP_{i,t} = \gamma_0 + \gamma_1 DIFI_{i,t} + \gamma_2 Z_{i,t} + \gamma_3 X_{i,t} + \mu_i + \upsilon_t + \varepsilon_{i,t} \quad (5-3)$$

式中，$Z_{i,t}$ 为机制变量，分别为居民消费需求（$lnpsum$）和科技创新水平（$lninn\_t$），其余变量与式（5-1）一致。

首先判断式（5-1）中的系数 α_1 是否显著，用于验证数字金融对产业结构升级的直接影响。若 α_1 显著不为0，就可以继续用式（5-2）检验数字金融对机制变量（居民消费需求和科技创新水平）的影响；若系数 β_1 显著不为0，就可以进入下一步检验，采用式（5-3），同时加入解释变量（数字金融发展水平）和机制变量进行分析。若系数 γ_2 显著不为0且系数 γ_1 不显著，就说明机制变量（居民消费需求和科技创新水平）对数字金融影响产业结构升级具有完全中介效应；若系数 γ_2 显著不为0且系数 γ_1 显著不为0，则机制变量（居民消费需求和科技创新水平）对数字金融影响产业结构升级具有部分中介效应，说明数字金融通过刺激居民消费需求和提高科技创新水平影响产业结构升级；若系数 γ_2 和 γ_1 均不显著，就说明居民消费需求和科技创新水平对数字金融影响产业结构升级不具有中介效应。

（三）门限效应模型

基准回归模型是检验数字金融与产业结构升级之间的线性关系，但无法检验数字金融与产业结构升级之间的非线性关系。为了验证数字金融与产业结构升级之间是否存在线性关系，以及进一步检验数字金融对城市产业结构升级产生异质性影响的内在机制，本章以数字普惠金融指数、科技研发水平、消费水平和教育水平四个指标作为门限变量，构建门限效应模型。

单门限模型如下：

$$UP_{i,t}=\theta_0+\theta_1 DIFI_{i,t}\times I(q_{i,t}\leqslant y)+\theta_1 DIFI_{i,t}\times I(q_{i,t}>y)\\+\theta_3 X_{i,t}+\mu_i+v_t+\varepsilon_{i,t} \quad (5-4)$$

双门限模型如下：

$$UP_{i,t}=\theta_0+\theta_1 DIFI_{i,t}\times I(q_{i,t}\leqslant y_1)+\theta_1 DIFI_{i,t}\times I(y_1<q_{i,t}\leqslant y_2)\\+\theta_1 DIFI_{i,t}\times I(q_{i,t}>y_2)+\theta_3 X_{i,t}+\mu_i+v_t+\varepsilon_{i,t} \quad (5-5)$$

其中，相同变量的含义与式（5-1）相同，$I(\cdot)$ 是门限回归模型中的示性函数，当括号内条件满足时，取值为1；反之则取值为0；$q_{i,t}$ 为门限变量，y 为门限值。

二、变量设定及说明

（一）被解释变量

在具体度量产业结构升级时，学者们常选用产业结构层次系数、产业结构高级化指数、产业结构合理化指数等指标。本章选择产业结构层级系数来度量产业结构升级,同时考虑三大产业在产业结构中的地位,赋予每类产业一定的权重来表示产业结构所处的层次。具体计算方式如下：

$$up = y_1 \times 1 + y_2 \times 2 + y_3 \times 3 \qquad (5-6)$$

式中,y_1、y_2、y_3 分别为第一产业、第二产业、第三产业增加值占 GDP 的比重,1～3 为三次产业的权重。该指数的取值范围为 1～3,数值越小,说明经济中第一产业的比重越大,产业结构整体层次越低；反之,数值越大,说明第三产业的比重越大,产业结构水平越高。

(二)核心解释变量

本章的核心解释变量为数字金融发展水平,选用北京大学数字金融研究中心发布的北京大学数字普惠金融指数来衡量。数字普惠金融指数运用数字普惠金融的覆盖广度、使用深度及数字化程度等分项指标来测算。数字普惠金融指数的系数是本章重点关注的参数,其直观反映了数字普惠金融对城市产业结构升级的影响程度。采用覆盖广度($lnbrd$)、使用深度($lndpth$)及数字化程度($lnpay$)作为数字普惠金融的替代变量深入分析对城市产业结构升级的影响。在研究时对数字普惠金融指数及三个维度指数进行了+1 取自然对数处理。

(三)机制变量

机制变量为居民消费需求和科技创新水平。居民消费需求采用人均消费加 1 取自然对数($lnpsum$)来表示,科技创新水平用专利授权数加 1 取自然对数($lninn\_t$)来表示。

(四)门限变量

本章以数字金融总指数、科技研发水平、消费水平和教育水平四个指标作为门限变量。

数字金融总指数($lndifi$)：参考唐文进等(2019)、司增绰等(2024)的研究,选取数字普惠金融指数本身作为门限变量,研究数字普惠金融影响城市产业结构升级是否存在门限效应,是否存在非线性关系。

科技研发水平(rde)：采用各城市研发经费内部支出除以 10 000 加 1 再取对数来衡量。数字金融在互联网技术支持下提升了金融的可获得性和低成本性,科技研发投入的力度也将对技术的创新和发展起到积极的促进作用。

消费水平($cons\_level$)：数字金融的发展对居民消费水平有着积极的影响,

居民消费水平和结构的变化也会对企业发展产生推动作用。本章以各城市社会消费品零售总额与地区生产总值的比值来衡量消费水平。

教育水平(edu):采用各城市高等学校在校学生数(万人)加1的对数作为教育水平变量。教育的发展水平影响着人们对金融的认知和接受度,从而可能会在数字金融发挥作用的过程中产生一定的影响。

(五)控制变量

产业结构升级不仅受数字金融发展水平等核心变量的影响,而且有其他影响因素需要考虑在内(如表5—1所示)。为了避免估计结果的偏差,除核心变量外,我们还选择了经济发展水平($lnpgdp$)、政府干预($self\_fin$)、科技进步(sei)、传统金融发展水平(fin)、人力资本($lnstu$)五个相关指标作为控制变量。其中,经济发展水平采用人均GDP来衡量,实际使用时,将其加1取自然对数处理;政府干预选用政府支出水平来衡量,采用财政收入与财政支出之比来计算政府支出水平;科技进步选用科教总投入与财政支出的比值度量,科教投入比重越大,越可能带来技术创新和产业升级;传统金融发展水平采用存贷款之和占GDP的比重来衡量;人力资本采用每万人在校大学生数加1取自然对数处理。

表5—1　　　　　　　　　　　变量说明

类型	名称	符号	说明
被解释变量	产业结构层次系数	up	第一产业增加值占GDP的比重×1+第二产业增加值占GDP的比重×2+第三产业增加值占GDP比重×3
	产业结构升级指数	$Avind$	第三产业增加值占GDP的比重
核心解释变量	数字金融总指数	$lndifi$	Ln(数字金融总指数+1)
	覆盖广度	$lnbrd$	Ln(覆盖广度+1)
	使用深度	$lndpth$	Ln(使用深度+1)
	数字化程度	$lnpay$	Ln(数字化程度+1)
机制变量	居民消费需求	$lnpsum$	Ln[社会消费品零售总额(万元)÷年平均人口(万人)+1]
	科技创新水平	$lninn\_t$	Ln(研发内部经费支出÷10 000 +1)

续表

类型	名称	符号	说明
门限变量	数字金融总指数	$lndifi$	Ln(数字金融总指数+1)
	科技研发水平	rde	Ln(研发经费内部支出÷10 000+1)
	消费水平	$cons\_level$	社会消费品零售总额÷地区生产总值
	教育水平	edu	Ln(高等学校在校学生数÷10 000+1)
控制变量	经济发展水平	$lnpgdp$	Ln(人均地区生产总值+1)
	政府干预	$self\_fin$	地方财政一般预算内收入÷地方财政一般预算内支出
	科技进步	sei	(科学支出+教育支出)÷地方财政一般预算内支出
	传统金融发展水平	fin	年末金融机构各项存贷款余额之和÷地区生产总值
	人力资本	$lnstu$	Ln(每万人在校大学生数+1)

三、数据来源

本章为实证检验数字金融对产业结构升级的影响,主要选取了中国2011—2022年297个城市的面板数据作为研究样本。数字普惠金融总指数、覆盖广度、使用深度以及数字化程度指数来源于北京大学数字金融研究中心发布的历年数字普惠金融指数,除了数字普惠金融数据外的其他数据主要来自《中国统计年鉴》。考虑到原始数据缺失严重或存在极端值,可能会影响回归结果,本章对数据进行了如下处理:(1)《中国统计年鉴》相关数据采用线性插值与回归填补的方法对数据进行了处理;(2)除了解释变量外,对所有连续性变量在前后1%的水平上进行缩尾处理。通过以上步骤,本章最终获得3 542个观测值,表5-2为本章主要变量的描述性统计。

表5-2　　　　　　　　　　描述性统计

类型	变量	样本量	均值	标准差	最小值	最大值
被解释变量	up	3 542	2.310	0.144	1.831	2.836
	$Avind$	3 542	0.430	0.102	0.101	0.839

续表

类型	变量	样本量	均值	标准差	最小值	最大值
核心解释变量	$lndifi$	3 542	5.156	0.524	2.891	5.892
	$lnbrd$	3 542	5.103	0.598	1.012	5.976
	$lndpth$	3 542	5.117	0.514	1.666	5.873
机制变量	$lnpsum$	3 542	9.752	0.712	8.143	11.528
	$lninn\_t$	3 542	7.429	1.827	0.000	12.540
门限变量	$lndifi$	3 542	5.156	0.524	2.891	5.892
	rde	3 542	2.781	1.574	0.029	6.787
	$cons\_level$	3 542	0.379	0.109	0.119	0.692
	edu	3 542	1.740	1.015	0.126	4.514
控制变量	$lnpay$	3 542	10.782	0.566	9.443	12.089
	$lnpgdp$	3 542	0.444	0.219	0.081	0.981
	$self\_fin$	3 542	0.193	0.041	0.095	0.290
	sei	3 542	2.611	1.237	0.965	7.164
	fin	3 542	4.767	0.959	2.565	6.912
	$lnstu$	3 542	10.782	0.566	9.443	12.089

第二节 实证结果与分析

本节主要分析数字金融对产业结构升级的直接影响效应。首先,通过基准回归分析数字金融对产业结构升级的影响,分别探讨数字金融总指数、覆盖广度、使用深度以及数字化程度对产业结构升级的影响;然后,选取两个工具变量进行内生性分析,采用二阶段最小二乘法估计并探讨基准回归的准确性;最后,分别采用替换变量和调整部分样本的方法对基准回归结果进行稳健性检验。

一、基准回归估计结果分析

本节的基准回归结果见表5-3,展示了各城市数字金融对产业结构升级影响的回归结果。其中,列(1)的解释变量为数字金融总指数,列(2)的解释变量为数字金融覆盖广度,列(3)的解释变量为数字金融使用深度,列(4)的解释变量为数字金融数字化程度,4个模型使用了相同的控制变量,以及城市固定效应和时间固定效应。

表5—3　　　　　　　　数字金融对产业结构升级的基准回归结果

变量	产业结构升级:up			
	(1)	(2)	(3)	(4)
$lndifi$	0.050*** (0.003)			
$lnbrd$		0.036*** (0.002)		
$lndpth$			0.047*** (0.003)	
$lnpay$				0.025*** (0.002)
$lnpgdp$	0.072*** (0.005)	0.083*** (0.005)	0.083*** (0.004)	0.105*** (0.004)
$self\_fin$	−0.076*** (0.013)	−0.093*** (0.013)	−0.063*** (0.013)	−0.088*** (0.013)
sei	−0.040 (0.038)	−0.059** (0.038)	−0.044* (0.038)	−0.096*** (0.039)
fin	0.026*** (0.002)	0.029*** (0.002)	0.028*** (0.002)	0.032*** (0.002)
$lnstu$	−0.009*** (0.002)	−0.007*** (0.002)	−0.009*** (0.002)	−0.007*** (0.002)
$\_cons$	1.293*** (0.045)	1.241*** (0.047)	1.187*** (0.042)	1.054*** (0.042)
城市固定效应	控制	控制	控制	控制
年份固定效应	控制	控制	控制	控制
N	3 542	3 542	3 542	3 542
F	875.16	838.63	881.62	815.63
Adj_R^2	0.583	0.572	0.585	0.565

注:括号内为标准差;***、**和*分别表示在1%、5%和10%水平上显著。

从表5—3列(1)的估计结果可知,数字金融总指数的系数估计值为0.057,

且通过了1%的显著性水平检验,说明城市的数字金融总指数每增加1%,在平均意义上,城市产业结构升级层次系数就提升0.057个单位,这表明数字金融能够显著促进产业结构升级,数字金融发展水平越高,产业结构升级水平也越高。从列(2)至列(4)可以看出,覆盖广度指数、使用深度指数、数字化程度指数三个子维度的估计系数均为正,且均在1%的水平上显著,这说明三个子维度每提高1%,会使产业结构层次系数分别提升0.042、0.053和0.031个单位,三个子维度指数对产业结构升级起到了显著的促进作用。对比列(2)至列(4)中三个子维度的估计系数可以看出,数字金融使用深度的估计系数稍大于覆盖广度和数字化程度的估计系数,这说明使用深度对产业结构升级的影响更明显。

从控制变量来看,经济发展水平与产业结构升级的关系为正,且在1%的水平上显著,这说明城市的经济发展水平越高,其产业结构升级水平就越高。政府干预与产业结构升级的关系为负,且在1%的水平上显著,这说明政府干预越多,越有利于产业结构升级,政府作为政策的制定者,可以通过要素配置等多种途径来促进产业结构升级。科教投入在4个模型中的估计系数均为负,可能的解释是科教投入产生的效益并不能在短期内体现,需要看长期的影响,因此,科教投入对产业结构升级影响效应的显现较为缓慢。李文艳和吴书胜(2016)认为出现这种情况的原因可能是我国教育财政支出的管理制度不合理,导致很多经费未能真正发挥作用。传统金融发展水平与产业结构升级的关系为正,且在1%的水平上显著,这说明城市传统金融越发达,城市内用户获取金融资源的可能性就越大,产业结构越优。人力资本水平与产业结构升级的关系为负,且在1%的水平上显著,但估计系数较小,整体影响较小,可能是产业结构与人力资本需求的错配、人力资本的地区分布不均、人力资本投资与产业结构升级的滞后效应等多种因素共同作用的结果,导致这一数据对该地的真实人力资本水平反映有限。

二、内生性分析

上文基准回归结果初步反映了数字金融对产业结构升级的直接促进作用,但以上估计结果可能会受内生性问题的影响,导致估计结果出现偏差。一方面,数字金融与产业结构升级可能存在双向因果关系,即数字金融能推动产业结构升级,如通过拓宽融资渠道、降低融资成本、提供信息服务和技术支持等来促进产业发展;同时,产业结构升级会反过来促进数字金融发展,如通过改变市场需求、推动技术创新和金融深化等为数字金融创造新的发展机遇。另一方面,尽管上文基准回归模型已经对影响产业结构升级的因素进行了控制,但是影响产业结构升级的因素是多方面的,以上模型仍然可能存在遗漏因素,这可能使估计结果出现偏差。因此,在做内生性检验时,本节选用同一省份内其他地级市的数字金融指数均值作为处理潜在内生性问题的工具变量,参考梁榜和张建华(2019)、刘毛桃等(2023)等的做法,选用互联网普及度(国际互联网用户数)作为处理遗漏变量问题的工具变量,采用二阶段最小二乘(2SLS)法估计数字金融对产业结构升级的影响。互联网普及度满足工具变量的两个基本特征:一是数字金融体现了金融业的数字化水平,数字金融发展需要依托互联网这一数字化基础设施,两者直接相关;二是互联网作为一种基础设施,其普及程度受国家发展规划和财政投入的影响,与产业结构并不存在直接关系,满足外生性的假定。互联网普及度采用每户接入国际互联网用户数的对数表示。

表5—4展示了同一省份内其他地级市的数字金融指数均值作为工具变量的估计结果。第一阶段的回归结果显示,同一省份其他地级市的数字金融指数与该城市的数字金融指数存在显著的正向关系,且第一阶段的F统计量远大于10,表明弱工具变量问题不存在。表5—4的列(1)至列(4)分别罗列了引入工具变量后,数字金融总指数及其3个子维度对城市产业结构升级的影响。结果显示,数字金融总指数、覆盖广度指数、使用深度指数以及数字化程度指数的系数均为正,且在1%的水平上显著。此外,在利用工具变量估计克服了内生性后,相对于基准回归的估计结果,数字金融总指数及3个子维度的系数估计值都有所增加,说明在基准回归中,内生性问题使得数字金融对产业结构升级的影响被低估了,仍然可以证明数字金融的发展对产业结构升级有显著的促进作用。

表5—4 工具变量估计结果(一)

变量	产业结构升级:up			
	(1)	(2)	(3)	(4)
$lndifi$	0.052*** (0.003)			
$lnbrd$		0.044*** (0.003)		

续表

变量	产业结构升级:up			
	(1)	(2)	(3)	(4)
lndpth			0.052*** (0.003)	
lnpay				0.031*** (0.002)
_cons	1.318*** (0.046)	1.334*** (0.05)	1.226*** (0.042)	1.106*** (0.043)
控制变量	控制	控制	控制	控制
城市固定效应	控制	控制	控制	控制
年份固定效应	控制	控制	控制	控制
N	3 542	3 542	3 542	3 542
	第一阶段估计			
iv	0.968*** (0.005)	0.912*** (0.009)	0.977*** (0.007)	0.975*** (0.009)
F	26 157.69	6 951.75	12 038.84	5 757.88

注:括号内为标准差;***、**和*分别表示在1%、5%和10%水平上显著。

表5-5展示了互联网普及度作为工具变量的估计结果。第一阶段的回归结果显示,互联网普及度与数字金融存在显著的正相关关系,且第一阶段F统计量远大于10,排除了弱工具变量问题。表5-5的列(1)至列(4)分别罗列了引入工具变量后,数字金融总指数及其3个子维度对城市产业结构升级的影响。结果显示,数字金融总指数、覆盖广度指数、使用深度指数以及数字化程度指数的系数均为正,且在1%的水平上显著。在采用工具变量估计克服了内生性后,相对于基准回归的估计结果,数字金融总指数及3个子维度的系数估计值都显著增加,提升较大。同样证实了,在基准回归中,内生性问题使得数字金融对产业结构升级的影响被低估了,证明了数字金融的发展对产业结构升级有显著的促进作用。

表 5-5　　　　　　　　　　工具变量估计结果(二)

变量	产业结构升级：up			
	(1)	(2)	(3)	(4)
$lndifi$	0.184*** (0.012)			
$lnbrd$		0.159*** (0.001)		
$lndpth$			0.174*** (0.012)	
$lnpay$				0.305*** (0.030)
_cons	1.822*** (0.074)	1.961*** (0.084)	1.561*** (0.064)	1.827*** (0.113)
控制变量	控制	控制	控制	控制
城市固定效应	控制	控制	控制	控制
年份固定效应	控制	控制	控制	控制
N	3 240	3 240	3 240	3 240
	第一阶段估计			
L.inter	0.237*** (0.010)	0.275*** (0.011)	0.252*** (0.012)	0.143*** (0.013)
F	2 321.94	2 478.36	1 295.04	947.64

注：括号内为标准差；***、**和*分别表示在1%、5%和10%水平上显著。

三、稳健性检验

为了进一步确保基准回归结果的准确性，本节采用替换变量和调整部分样本两种方式进行稳健性检验。

(一)替换变量

1. 替换被解释变量

用第三产业增加值占 GDP 的比重($Avind$)作为产业结构升级的另一种度量方式进行稳健性检验，估计结果如表 5-6 所示。可以看出，数字金融总指数以及覆盖广度、使用深度、数字化程度 3 个子维度指数的系数均为正，分别为 0.056、0.043、0.053 和 0.026，且在 1%水平上显著，说明数字金融能有效促进产业结构升级,有助于城市产业高级化、平衡化发展,同样体现了使用深度对产业结构升级的影响比覆盖广度和数字化程度大的结论。此外,这表明本章的估计结果不受被解释变量度量方式的影响。

表5-6　　　　　　　　　　　　替换被解释变量估计结果

变量	产业结构升级:$Avind$			
	(1)	(2)	(3)	(4)
$lndifi$	0.056*** (0.002)			
$lnbrd$		0.043*** (0.002)		
$lndpth$			0.053*** (0.002)	
$lnpay$				0.026*** (0.002)
_cons	−0.127*** (0.039)	−0.168*** (0.041)	−0.247*** (0.036)	−0.422*** (0.037)
控制变量	控制	控制	控制	控制
城市固定效应	控制	控制	控制	控制
年份固定效应	控制	控制	控制	控制
N	3 542	3 542	3 542	3 542
F	1 003.62	948.94	1 016.32	875.68
Adj_R^2	0.618	0.604	0.621	0.583

注:括号内为标准差;***、**和*分别表示在1%、5%和10%水平上显著。

2. 替换解释变量

借鉴韩永辉等(2017)、刘毛桃等(2023)的做法,在基准回归的模型中对核心解释变量滞后一期。该方法可以在一定程度上缓解双向因果导致模型识别不准确的问题。表5-7显示了核心解释变量滞后一期后的估计结果。可以看出,滞后一期的数字金融总指数以及覆盖广度、使用深度、数字化程度3个子维度指数的系数均为正,且在1%水平上显著,说明基准回归的估计效果是稳健的。核心解释变量滞后一期的系数比基准回归的系数大一些,说明数字金融对产业结构升级的作用具有一定的滞后性,前期数字金融的发展对后期产业结构升级有更加深远的影响。

表 5—7　　　　　　　　　　替换解释变量估计结果

变量	产业结构升级：up			
	（1）	（2）	（3）	（4）
$L.lndifi$	0.060*** (0.003)			
$L.lnbrd$		0.044*** (0.003)		
$L.lndpth$			0.053*** (0.003)	
$L.lnpay$				0.033*** (0.002)
_cons	1.426*** (0.048)	1.372*** (0.05)	1.316*** (0.047)	1.163*** (0.045)
控制变量	控制	控制	控制	控制
城市固定效应	控制	控制	控制	控制
年份固定效应	控制	控制	控制	控制
N	3 240	3 240	3 240	3 240
F	735.44	688.32	717.09	676.02
Adj_R^2	0.559	0.542	0.553	0.537

注：括号内为标准差；***、**和*分别表示在1%、5%和10%水平上显著。

（二）调整部分样本

1. 被解释变量缩尾处理

为了避免异常值对数字金融对产业结构升级的估计结果产生影响，本章对被解释变量"产业结构层次系数"指标进行5%水平的缩尾处理后再估计，估计结果见表5—8。表5—8的列（1）至列（4）显示了数字金融总指数以及覆盖广度、使用深度、数字化程度三个子维度指数对缩尾处理后的城市产业结构升级的估计结果。可以看出，在被解释变量缩尾后，解释变量的系数均为正，且在1%水平上显著，系数值与基准回归结果差别不大，说明剔除异常值的影响后，数字金融对城市产业结构升级仍然有显著的促进作用，也说明基准回归的结果是稳健的。

表 5-8 调整部分样本估计结果

变量	产业结构升级:up_r 被解释变量缩尾处理				产业结构升级:up 剔除直辖市			
	(1)	(2)	(3)	(4)	(5)	(6)	(7)	(8)
$lndifi$	0.045*** (0.003)				0.050*** (0.003)			
$lnbrd$		0.033*** (0.002)				0.036*** (0.002)		
$lndpth$			0.043*** (0.003)				0.047*** (0.003)	
$lnpay$				0.023*** (0.002)				0.025*** (0.002)
$\_cons$	1.349*** (0.044)	1.297*** (0.046)	1.252*** (0.041)	1.126*** (0.041)	1.288*** (0.046)	1.236*** (0.047)	1.182*** (0.042)	1.049*** (0.042)
控制变量	控制	控制	控制	控制	控制	控制	控制	控制
城市固定效应	控制	控制	控制	控制	控制	控制	控制	控制
年份固定效应	控制	控制	控制	控制	控制	控制	控制	控制
N	3 542	3 542	3 542	3 542	3 494	3 494	3 494	3 494
F	814.59	782.49	820.47	762.58	855.56	819.89	862.1	797.77
Adj_R^2	0.564	0.554	0.566	0.547	0.581	0.57	0.583	0.562

注:括号内为标准差;***、**和*分别表示在1%、5%和10%水平上显著。

2. 剔除直辖市样本

考虑到北京市、上海市、天津市、重庆市这4个直辖市的经济规模、制度环境与其他地级市存在差异,其数字经济发展的速度较其他地级市快,存在明显的区位优势,以防对估计结果造成影响,理应排除此样本进行再估计。表5-8的列(5)至列(8)显示了全样本剔除了北京、上海、天津、重庆4个直辖市后的估计结果。可以看出,数字金融总指数以及覆盖广度、使用深度、数字化程度3个子维度指数的系数均为正,且在1%水平上显著,这说明剔除直辖市后,数字金融仍然对城市产业结构升级有促进性影响,也说明了基准回归模型的稳健性。

四、异质性分析

数字金融作为一种新金融业态,依托机器学习算法、互联网技术、区块链、云计算等各种新兴技术改变了金融服务的模式和方法,不仅可以降低金融服务的门限与成本,扩展融资渠道,使得中小微企业更易获得融资支持,而且可以弥补传统金融服务的不足。不同城市在地理条件、自然资源、金融观念、制度政策等方面均存在较大的差异,从而数字金融对各城市产业结构升级可能存在区域异质性。对区域异质性进行分析有利于加深对数字金融和产业结构的区域特征的认识,同时可以为政策制定提供理论支撑。下文将从三个方面进行异质性分析:一是地理位置的差别,二是经济发展程度的差别,三是不同资源型城市的异质性分析。

(一)地理位置异质性分析

依据各地区的自然资源分布状况及其经济社会发展水平,将我国城市划分为东部、中部、西部三大区域。东部地区以沿海的省、市、区为主,其特点是自然资源相对丰富,经济基础雄厚,是引领我国经济发展的重要引擎,是金融、信息技术等高端产业的聚集区域。相比之下,中西部地区发展相对滞后,特别是西部地区,其本身的自然地理环境较差,产业结构升级以及经济发展缓慢。在数字金融发挥作用前,区域之间存在较为明显的异质性;在数字金融发挥作用后,通过相关实证来验证其对东部、中部、西部产业结构升级的影响。

本章将全部样本依据所处区域划分为东部、中部、西部三个子样本,以数字金融总指数为解释变量进行回归,估计结果如表5-9的列(1)至列(3)所示。可以看出,数字金融总指数每提高1%,东部、中部和西部的产业结构层次系数分别增加0.06、0.073和0.035,且在1%水平上显著,但西部地区的系数明显小于中部地区和东部地区,说明数字金融对中部地区产业结构升级的促进作用更大,其次是东部地区,最后是西部地区,也说明数字金融对产业结构升级存在一定的区域异质性。究其原因,可能是数字金融的发展受到金融基础设施和互联网发展水平的影响,对于西部地区而言,金融功能落后、金融基础设施建设不完善限制了数字金融的发展,不利于发挥数字金融对产业结构升级的促进作用;对于中部地区而言,近年来一些省份的数字经济飞速发展,呈现数字金融的"中部崛起"特征,加速了金融功能的完善,从而有力地促进了产业结构升级;而东部地区经济基础较好、地理位置优越,因而东部地区数字金融对产业结构升级的促进作用较突出。

表 5－9　　　　区域、经济发展水平以及资源型城市异质性分析

变量	产业结构升级：up							
	(1)	(2)	(3)	(4)	(5)	(6)	(7)
	东部	中部	西部	较发达	较不发达	资源型	非资源型
$lndifi$	0.060***	0.073***	0.035***	0.069***	0.038***	0.125***	0.036***
	(0.004)	(0.005)	(0.005)	(0.004)	(0.004)	(0.007)	(0.004)
$\_cons$	1.807***	1.012***	1.382***	1.960***	0.961***	1.499***	1.108***
	(0.066)	(0.071)	(0.086)	(0.069)	(0.068)	(0.068)	(0.063)
控制变量	控制	控制	控制	控制	控制	控制	控制
城市固定效应	控制	控制	控制	控制	控制	控制	控制
年份固定效应	控制	控制	控制	控制	控制	控制	控制
N	1 223	1 212	1 107	1 740	1 802	1 274	2 268
F	464.55	427.04	217.74	286.89	474.31	318.18	539.27
Adj_R^2	0.687	0.67	0.522	0.461	0.592	0.584	0.564

注：括号内为标准差；***、**和*分别表示在1%、5%和10%水平上显著。

(二)经济发展水平异质性分析

根据城市的经济发展水平，城市可以分为较发达城市和较不发达城市。较发达城市通常人均GDP较高，居民收入较高，产业结构以服务业和高科技产业为核心，聚集了大量高端人才和资源，从而促进了数字经济和创新创业的发展；较不发达城市经济相对较弱，产业结构不够完善，对金融体系的开放与接纳程度也相对较低。因此，城市经济发展水平的不同会影响数字金融对产业结构升级的作用程度，从而产生异质性。

以全国人均GDP的平均值（$lnpgdp$为10.78)为界，将全部样本划分为较发达城市和较不发达城市两个子样本，以数字金融总指数为解释变量进行回归，估计结果如表5－9的列(4)和列(5)所示。可以看出，数字金融总指数每提高1%，较发达城市和较不发达城市的产业结构层次系数分别增加0.069和0.038，且在1%水平上显著。但较发达城市的系数明显大于较不发达城市的系数，这说明数字金融对较发达城市产业结构升级的促进作用更大。对此可能的解释是，较发达城市的居民收入水平更高，消费结构也更高级，相应催生了更高级的产业结构，也可能是较发达城市有更多服务业和高科技产业，融资需求更大，数字金融的发展更能起到快速填补资金缺口的作用。

(三)资源型城市异质性分析

根据《全国资源型城市可持续发展规划(2013—2020年)》,将全部样本划分为资源型城市和非资源型城市2个子样本,研究数字金融对产业结构升级的异质性影响,估计结果如表5—9的列(6)和列(7)所示。可以看出,数字金融总指数每提高1%,资源型城市和非资源型城市的产业结构层次系数分别增加0.125和0.036,且在1%水平上显著。但资源型城市的系数明显大于非资源型城市的系数,这说明数字金融对资源型城市产业结构升级的促进作用更大。可能的原因是资源型城市的经济发展对资源依赖性较强,产业结构不合理问题突出,通过数字金融支持产业结构升级来促进创业带动就业,更能实现资源型城市经济的高质量发展。

第三节 机制效应检验

上文的实证分析为数字金融能够显著推动产业结构升级提供了理论依据,但在数字金融影响产业结构升级的过程中是否存在中介机制呢?这需要通过中介效应检验来验证。本节选取居民消费需求和科技创新水平两个指标作为中介变量进行中介效应分析,认为数字金融可通过刺激居民消费需求和提高科技创新水平来推动产业结构升级。

一、居民消费需求带动效应

数字金融可以提升居民消费能力,培养消费行为和模式,从而提升居民消费水平,消费水平的提升又能在很大程度上带动产业结构升级,主要原因如下:第一,数字金融以"低门限、低成本、高可得性"的优势,使原本被排斥在正规金融体系之外的群体能够相对容易地获得金融产品和服务,居民可以通过投资股票、基金、债券等获得投资性收入,中小企业可以通过数字金融更方便地获取金融支持,增加居民的就业岗位和收入进而提升居民消费能力。第二,数字金融通过小额消费信贷和互联网保险缓解流动性约束和降低预防性储蓄,从而促进消费增长。以蚂蚁花呗、蚂蚁借呗为代表的小额消费信贷有助于低收入人群获得资金,以减少他们所受的金融约束,激发消费者的消费欲望。第三,数字金融通过降低支付成本和提升便捷度来培养新兴消费行为和创新消费模式。以天猫、京东为代表的线上商城,可以让消费者足不出户就完成消费,从而有利于激发居民的消费需求,提升居民的消费能力。

为了验证这一机制,在基准回归模型的基础上,使用人均消费加1取自然对数($lnpsum$)作为被解释变量,用数字金融总指数以及覆盖广度、使用深度、数字化程度3个子维度指数对其进行回归分析,再将估计结果和数字金融总指数以及覆盖广度、使用深度、数字化程度3个子维度指数一起作为解释变量对产业结构升级进行回归分析,估计结果如表5-10所示。

表5-10　　　　　　　　居民人均消费的影响机制检验结果

变量	(1) $lnpsum$	(2) up	(3) $lnpsum$	(4) up	(5) $lnpsum$	(6) up	(7) $lnpsum$	(8) up
$lndifi$	0.263*** (0.012)	0.026*** (0.003)						
$lnbrd$			0.172*** (0.011)	0.020*** (0.002)				
$lndpth$					0.235*** (0.011)	0.026*** (0.003)		
$lnpay$							0.176*** (0.008)	0.008*** 0.002)
$lnpsum$		0.090*** (0.004)		0.094*** (0.004)		0.089*** (0.004)		0.097*** (0.004)
_cons	2.021*** (0.190)	1.112*** (0.043)	1.509*** (0.200)	1.099*** (0.043)	1.355*** (0.175)	1.066*** (0.039)	1.151*** (0.172)	0.942*** (0.038)
控制变量	控制	控制	控制	控制	控制	控制	控制	控制
城市固定效应	控制	控制	控制	控制	控制	控制	控制	控制
年份固定效应	控制	控制	控制	控制	控制	控制	控制	控制
N	3 542	3 542	3 542	3 542	3 542	3 542	3 542	3 542
Adj_R^2	0.675	0.642	0.655	0.640	0.673	0.643	0.672	0.634

注:括号内为标准差;***、**和*分别表示在1%、5%和10%水平上显著。

表5-10的列(1)结果显示,数字金融总指数估计系数在1%水平上显著为正,数字金融总指数每增加1%会引起居民人均消费增加0.263,结合数字金融

总指数从 2011 年到 2022 年上涨了数倍,说明这一刺激效应较为客观,由此引发的消费需求是推动产业结构升级的动因。从列(2)可以看出,数字金融总指数和居民人均消费均在 1% 水平上显著为正,表明居民人均消费对数字金融影响产业结构升级具有部分中介效应,数字金融可以通过刺激居民人均消费来带动产业结构升级。列(3)至列(8)进一步考察了数字金融 3 个子维度指数的估计结果,覆盖广度、使用深度以及数字化程度均对消费需求增长有显著作用,它们共同作为解释变量时,也均在 1% 水平上显著为正,同样证明了数字金融可以通过刺激居民消费需求来引起城市产业结构升级。

二、科技创新水平提升效应

数字金融与科技创新水平可以相互影响,共同促进产业结构升级。在传统金融模式中,不管是以贷款为代表的间接金融,还是以股权、债券融资为代表的直接金融,在支持企业的创新发展方面均显现一定的局限性,而数字金融展现出独特优势,灵活的贷款期限和还款方式、多样化的融资产品、高效的审批流程等能够更有效地满足科技创新领域的融资需求。金融机构通过不断研发科技领域的金融产品,如科技创业贷款、知识产权融资和研发专项基金等,不仅解决了科技创新相关企业的融资难题,而且为科创企业的研发投入和市场推广提供了有力支撑,这将有效激发企业的创新活力,加快科技成果的转化进程,从而促进产业结构升级。

表 5-11 显示了数字金融通过提高科技创新水平来推动产业结构升级的估计结果。科技创新水平采用专利授权数($lninn\_t$)进行衡量。列(1)、列(3)和列(5)的回归结果表明,数字金融总指数、覆盖广度和使用深度的估计系数分别为 0.207、0.215 和 0.198,均在 1% 水平上显著。但从列(7)可以看出,数字化程度的回归系数不显著,这可能是因为数据滞后效应。科创技术研发需要时间,专利的申请和授权也有延迟。可能当前的专利授权反映的是几年前的数字金融发展情况,而现在的数字化程度加深还没有体现在专利数据中。列(2)、列(4)和列(6)显示数字金融相关指数和科技创新水平的回归系数均在 1% 水平上显著为正,这说明科技创新水平对数字金融影响产业结构升级具有部分中介效应,即数字金融可以通过提高科技创新水平来加快产业结构升级。

表 5—11　　　　　　　科技创新水平的影响机制检验结果

变量	(1) lninn_t	(2) up	(3) lninn_t	(4) up	(5) lninn_t	(6) up	(7) lninn_t
lndifi	0.207*** (0.035)	0.049*** (0.003)					
lnbrd			0.215*** (0.030)	0.035*** (0.002)			
lndpth					0.198*** (0.032)	0.046*** (0.003)	
lnpay							−0.033 (0.024)
lninn_t		0.004** (0.001)		0.004** (0.001)		0.003** (0.001)	
_cons	−7.556*** (0.552)	1.320*** (0.047)	−7.027*** (0.561)	1.266*** (0.048)	−7.982*** (0.508)	1.214*** (0.043)	−9.866*** (0.499)
控制变量	控制	控制	控制	控制	控制	控制	控制
城市固定效应	控制	控制	控制	控制	控制	控制	控制
年份固定效应	控制	控制	控制	控制	控制	控制	控制
N	3 542	3 542	3 542	3 542	3 542	3 542	3 542
Adj_R^2	0.461	0.584	0.464	0.572	0.461	0.585	0.455

注：括号内为标准差；***、**和*分别表示在1％、5％和10％水平上显著。

第四节　门限效应检验

根据前文分析可知，不同城市的数字金融在影响产业结构升级过程中的效果存在差异。为了进一步检验这种差异性的内在机制并分析数字金融与产业结构升级是否存在非线性关系，本节分别以数字金融总指数(lndifi)、科技研发水平(rde)、消费水平(cons_level)、教育水平(edu)为门限变量来检验数字金融在推动产业结构升级过程中门限效应的存在性。

表5—12显示了检验4个门限变量的门限效应结果。可以看出，数字金融总指数和消费水平作为门限变量时，单门限和双门限均在1％水平上通过了显

著性检验;科技研发水平在10%的显著性水平上通过了单门限检验,但双门限检验结果不显著;教育水平未通过单门限和双门限的显著性检验,这说明教育水平在数字金融促进产业结构升级中不存在门限效应。

表5—12　　　　　　　　　　门限效应存在性检验结果

门限变量	数字金融总指数 ($lndifi$)		科技研发水平 (rde)		消费水平 ($cons\_level$)		教育水平 (edu)	
	单门限	双门限	单门限	双门限	单门限	双门限	单门限	双门限
门限估计值	5.243 5	5.066 6	3.109 0	2.087 5	0.340 9	0.340 9	1.062 8	1.062 8
		5.273 5		3.109 0		0.444 6		2.979 2
P值	0.000	0.003	0.060	0.543	0.000	0.000	0.177	0.657
F值	367.65	77.820	50.350	20.240	256.50	89.560	33.190	14.160
10%显著性水平临界值	53.915	42.625	43.072	39.445	37.766	25.652	37.630	32.585
5%显著性水平临界值	64.357	49.776	56.066	44.782	46.046	29.684	43.871	36.673
1%显著性水平临界值	87.405	67.770	66.395	60.047	59.193	35.581	56.012	44.263

接下来对数字金融总指数、消费水平进行双门限模型回归,对科技研发水平进行单门限模型回归,回归结果如表5—13所示。

表5—13　　　　　　　　　　门限效应回归结果

变量	数字金融总指数 ($lndifi$)	科技研发水平 (rde)	消费水平 ($cons\_level$)
$q \leqslant y_1$	0.030*** (0.003)		0.041*** (0.003)
$y_1 < q \leqslant y_2$	0.035*** (0.003)		0.047*** (0.003)
$q > y_2$	0.042*** (0.003)		0.051*** (0.003)
$q \leqslant y$		0.056*** (0.003)	
$q > y$		0.060*** (0.003)	
_cons	1.743*** (0.047)	1.384*** (0.046)	1.286*** (0.043)

续表

变量	数字金融总指数 ($lndifi$)	科技研发水平 (rde)	消费水平 ($cons\_level$)
控制变量	控制	控制	控制
城市固定效应	控制	控制	控制
年份固定效应	控制	控制	控制
观测数	3 480	3 480	3 480
Adj_R^2	0.646	0.604	0.637

注：括号内为标准差；***、**和*分别表示在1%、5%和10%水平上显著。

从表5—13可以看出，当以数字金融总指数作为门限变量时，双门限的估计值为5.066 6和5.273 5。当数字金融总指数小于等于5.066 6时，估计系数为0.03，在1%水平上显著为正。数字金融促进城市产业结构升级，当数字金融总指数分别超过5.066 6和5.273 5时，估计系数分别为0.035和0.042，这说明数字金融推动产业结构升级的能力持续增强。这显示数字金融影响产业结构升级的过程是非线性的。在发展初期，数字金融发展的领域和地区均较小，提升产业结构水平的能力相对较弱。随着数字金融的持续发展，其所覆盖的领域和地区都在不断扩大，金融产品种类和金融渠道都越来越丰富，企业和个人使用数字金融相关服务的机会也不断增加，当数字金融越过门限估计值后，会以更大的力度促进产业结构优化升级。

以科技研发水平作为门限变量时，单门限的估计值为3.109，数字金融在科技研发水平的两个门限区间内的估计系数均在1%水平上显著为正，都有效促进了城市产业结构升级，但这种促进作用在科技研发水平超过3.109时变得更加强劲。数字金融通过大数据分析、人工智能等先进技术，对不同用户群体的需求进行挖掘和精准匹配，资金供需双方得到一定程度平衡，这使得资源配置过程更加便捷高效且低成本。这表明，科技研发投入在门限阈值以上时，数字金融发展随着技术水平的提升可以得到更多技术支持，从而促进产业结构更加优化。

以消费水平作为门限变量时，双门限估计值为0.340 9和0.444 6。当消费水平小于等于0.340 9时，数字金融对产业结构升级有促进作用；但当消费水平大于0.340 9和0.444 6两个门限值时，数字金融对产业结构升级的促进作用不断增大。出现这一现象的原因可能是消费水平处于较低阶段时,市场基础薄弱,商业基础设施不完善,数字金融能起到的作用有限;随着消费水平逐步提高,消费者具有更多可支配收入,就会产生需求结构的变化,如从基本需求转向对高端产品或服务的需求等,这会有效激发市场活力,进而推动产业结构升级。

第五节 研究结论及启示

本章重点检验了数字金融对产业结构升级的影响及其内部作用机制。本章的主要研究结论如下:第一,数字金融对产业结构升级有显著促进作用,为传统金融体系提供了有力补充。进一步研究发现,数字金融的3个子维度指数——覆盖广度、使用深度和数字化程度均有利于促进产业结构升级,其中使用深度对产业结构升级的影响最明显。第二,数字金融对不同地区、不同经济发展水平以及不同资源型城市的产业结构升级的促进作用存在明显差异。首先,数字金融对中部地区产业结构升级的影响作用最大,对东部地区的影响稍弱于对中部地区,对西部地区的影响作用最小;其次,数字金融对较发达城市产业结构升级的促进作用较强;最后,数字金融对资源型城市产业结构升级的促进作用较大。第三,数字金融可通过刺激居民消费需求和提高科技创新水平来推动产业结构升级。第四,数字金融对产业结构升级的影响存在非线性效应,当数字金融总指数、消费水平以及科技研发水平超过门限值后,数字金融对产业结构升级的促进作用会随着门限值的提高呈现逐渐增强的趋势。

基于本章的研究结论,可以得到以下启示:第一,数字金融对产业结构升级有显著的促进作用,这肯定了数字金融所发挥的积极作用,政府应当鼓励发展数字金融,继续扩大数字金融的覆盖范围,不断推进技术进步和科技创新,为小微企业和传统金融发展落后的地区提供更加便捷的金融服务,以激发金融市场的发展活力,助力产业结构升级。第二,数字金融对西部地区和经济相对较弱地区的产业结构升级影响有较大提升空间,政府可以考虑加大对这些地区在资金和政策方面的扶持力度,提高这些地区的互联网覆盖率,大力推进信息基础设施建设,增强数字金融对产业结构升级的促进作用。第三,在推广数字金融发展的同时,应积极完善金融监管体系,形成合理有效的监管机制。金融监管部门应为数字金融发展制定并实施相对应的政策,以有效防止金融风险。

第六章
数字金融对战略性新兴产业创新的影响机制验证

　　战略性新兴产业是引领未来发展的新支柱、新赛道。党的二十大报告围绕建设现代化产业体系做出部署时强调,推动战略性新兴产业融合集群发展,构建新一代信息技术、人工智能、生物技术、新能源、新材料、高端装备、绿色环保等一批新的增长引擎。战略性新兴产业是以重大技术突破和重大发展需求为基础,对经济社会全局和长远发展具有引领带动作用的先进产业,具有知识技术密集、物质资源消耗少、成长潜力大、综合效益好等特征,对于培育发展新动能、构建新发展格局具有重要意义,也是推动经济高质量发展的重要力量。

　　近年来,互联网、区块链、人工智能、大数据等技术加速创新,日益融入经济社会发展各领域、全过程,推动数字金融快速发展。以金融活水滋养新一代信息技术、生物医药、高端装备制造等战略性新兴产业,需要充分发挥数字金融的重要作用,为战略性新兴产业发展提供更高质量、更有效率的金融服务,促进经济和金融良性循环。数字金融具有时空不受限、服务效率高和服务普惠性、信息透明性等特征,能够加速资金、信息、数据等要素的流通与有效配置,在提供优质金融服务方面具有许多优势。比如,能够借助数字技术有效突破传统金融服务的时空限制,摆脱对物理服务网点的依赖;能够通过自动化、智能化、集约化的服务,简化传统的繁杂服务模式,在降低金融机构经营成本的同时提升服务效率;能够充分挖掘海量数据要素,更加准确地评估企业资信状况,降低金融机构与企业之间的信息不对称程度,以提升金融机构风险管理能力;等等。这些优势为数字金融助力战略性新兴产业发展提供了有力支撑,也会进一步促进战略性新兴产业创新转型升级,更好地保障经济高质量发展。

　　本章选取2011—2022年A股1 897家战略性新兴产业企业作为研究样本,综合运用双向固定效应模型等方法来验证数字金融发展对战略性新兴产业创新的影响及其作用机制，旨在解决以下问题：(1)数字金融对战略性新兴产业的直接影响是否显著？(2)不同细分产业下，数字金融的影响程度是否存在异质性？(3)数字金融对战略性新兴产业影响的中介效应和门限效应如何？对上述问题的解答，不仅可以明确数字金融影响战略性新兴产业创新的机制和效应，而且能够为数字金融体系完善、财政和金融政策搭配提供参考依据。

第一节 研究设计

一、模型设定

本章主要研究数字金融对战略性新兴产业创新影响的直接效应、机制效应和非线性效应。设定如下基准回归模型、中介效应模型和门限效应模型，并以此进行实证核验。

(一)基准回归模型

为深入探究数字金融对战略性新兴产业创新的影响机制，采用双向固定效应模型，构建如下基准回归模型：

$$INN_{i,t} = \alpha_0 + \alpha_1 DIFI_{i,t-1} + \alpha_2 X_{i,t} + \mu_i + v_t + \varepsilon_{i,t} \tag{6-1}$$

式中，i 和 t 分别表示企业和年度；INN 表示企业创新指标；$DIFI$ 为数字普惠金融指数；X 为影响战略性新兴产业创新的系列因素矩阵；μ_i、v_t 分别为城市、时间固定效应；$\varepsilon_{i,t}$ 为随机误差项；α_1 是本文的核心系数，主要度量数字普惠金融指数对战略性新兴产业创新的净效应，若 α_1 显著大于 0，就说明数字普惠金融能够有效推动战略性新兴产业创新。

在回归中，本章考虑到数字金融影响战略性新兴产业创新活动需要一定时间，从而对数字金融指数进行了滞后一期处理，这也能适度减轻反向因果问题。

(二)中介效应模型

为了判断数字金融对战略性新兴产业的传导机制是否存在，本章选取企业融资约束、企业负债约束作为中介变量来检验数字金融影响战略性新兴产业创新的机制，相关模型设定如下：

$$INN_{i,t+1} = \alpha_0 + \alpha_1 DIFI_{i,t-1} + \alpha_2 X_{i,t} + \mu_i + v_t + \varepsilon_{i,t} \tag{6-2}$$

$$Z_{i,t}=\beta_0+\beta_1 DIFI_{i,t-1}+\beta_2 X_{i,t}+\mu_i+v_t+\varepsilon_{i,t} \tag{6-3}$$

$$INN_{i,t+1}=\gamma_0+\gamma_1 DIFI_{i,t-1}+\gamma_2 Z_{i,t}+\gamma_3 X_{i,t}+\mu_i+v_t+\varepsilon_{i,t} \tag{6-4}$$

式(6—2)是基准回归中对数字金融指数做滞后二期处理。式(6—3)和式(6—4)中的 $Z_{i,t}$ 是中介变量,为企业融资约束和企业负债约束,其余变量与式(6—1)一致。

本文主要采用式(6—2)、式(6—3)和式(6—4)进行机制效应检验。检验程序如下:第一,在不加入中介变量的情况下,对式(6—2)进行估计,检验数字金融对战略性新兴产业创新的直接影响。第二,若式(6—2)中系数 α_1 显著不为0,则可以继续用式(6—3)来检验数字金融对中介变量的影响。第三,若式(6—3)中系数 β_1 显著不为0,则采用式(6—4)同时加入解释变量(数字金融)和中介变量进行分析。第四,对机制检验结构做出判断,若式(6—4)中系数 γ_2 显著不为0且系数 γ_1 不显著,则说明中介变量(企业融资约束和企业负债约束)对数字金融影响战略性新兴产业创新具有完全中介效应;若系数 γ_2 和 γ_1 显著不为0,则中介变量仅仅对数字金融影响战略性新兴产业创新具有部分中介效应;若系数 γ_2 和 γ_1 均不显著,则说明企业融资约束和企业负债约束对数字金融影响产业结构升级不具有中介效应。

(三)门限效应模型

基准回归模型可用于检验数字金融与战略性新兴产业创新的线性关系,但无法检验数字金融与战略性新兴产业创新的非线性关系。为了判断数字金融与战略性新兴产业创新是否存在线性关系,本章依次从数字金融总指数、覆盖广度、使用深度、数字化程度着手进行检验,构建单门限效应模型,具体如下:

$$INN_{i,t}=\theta_0+\theta_1 DIFI_{i,t-1}\times I(q_{i,t-1}\leqslant y)++\theta_1 DIFI_{i,t-1} \\ \times I(q_{i,t-1}>y)+\theta_3 X_{i,t}+\mu_i+v_t+\varepsilon_{i,t} \tag{6-5}$$

其中,相同变量的含义与式(6—1)相同;$I(\cdot)$是门限回归模型中的示性函数,当括号内条件满足时,则取值为1,反之则取值为0;$q_{i,t-1}$ 为门限变量;y 为门限值。

二、变量设定及说明

(一)被解释变量

在具体度量战略性新兴产业创新时,以往研究大多将企业的研发投入作为企业技术创新能力的度量变量,但实际的技术创新具有典型高风险特征,研发投入有效转化为创新产出的难度较大,用该类指标度量技术创新能力有高估的可能性。基于此,本章以企业专利申请数量作为战略性新兴产业创新的度量指标,并对数值加 1 后再进行对数处理。

(二)核心解释变量

本章的核心解释变量为数字金融发展水平,选用北京大学数字金融研究中心发布的北京大学数字普惠金融指数来度量。数字普惠金融指数用数字普惠金融的覆盖广度、使用深度和数字化程度等分项指标来衡量我国数字金融发展状况。数字普惠金融指数($lndifi$)的系数是本章重点关注的参数,其直观反映了数字普惠金融对战略性新兴产业创新的影响程度,覆盖广度($lnbrd$)反映了数字金融的触达能力,使用深度($lndpth$)反映了其服务实体经济的能力,数字化程度($lnpay$)反映了其便捷性和低成本性,三者从不同的角度影响企业创新投入。在研究时,对数字普惠金融指数及 3 个维度指数进行了加 1 取自然对数处理。

(三)机制变量

机制变量为企业融资约束($KZ\text{-}Index$)和企业债务约束(Lev)。其中,企业融资约束借鉴 Kaplan 和 Zingales(1997)计算出的 KZ 指数来度量,该指数越大,代表企业所面临的融资约束越大;反之,则越小。企业负债约束采用企业资产负债率来衡量,可以从侧面反映企业的还款能力、使用资产的杠杆程度。

(四)门限变量

本章以数字金融总指数、覆盖广度、使用深度、数字化程度 4 个指标作为门限变量来研究数字普惠金融以及 3 个子维度指标影响战略性新兴产业创新是否存在门限效应和非线性关系。

(五)控制变量

除了核心变量——数字金融发展水平对战略性新兴产业创新有影响外,其他因素也可能对战略性新兴产业创新产生影响,如果遗漏了这些因素,就很可能使估计结果出现偏差。基于此,进行回归估计前,需要对这部分因素加以控制。本章选择了企业规模($size$)、企业年龄(age)、股权集中度(equ)、总资产收益率(roa)、资本密度(cap)、高管(董事长和总经理)两职合一(con)、速动比率(qui)7 个指标作为控制变量,各变量的名称、符号和度量方法见表 6—1。

表 6—1　　　　　　　　　　　　变量说明

类型	名称	符号	说明
被解释变量	企业创新	inn	Ln(企业专利申请数量+1)
	企业创新_1	inn_1	Ln(企业实用型专利申请数量+1)
	企业创新_2	inn_2	Ln(企业发明专利申请数量+1)
核心解释变量	数字金融总指数	$lndifi$	Ln(数字金融总指数+1)
	覆盖广度	$lnbrd$	Ln(覆盖广度+1)
	使用深度	$lndpth$	Ln(使用深度+1)
	数字化程度	$lnpay$	Ln(数字化程度+1)
机制变量	企业融资约束	$KZ\text{-}Index$	KZ 指数
	企业债务约束	Lev	企业资产负债率
门限变量	数字金融总指数	$lndifi$	Ln(数字金融总指数+1)
	覆盖广度	$lnbrd$	Ln(覆盖广度+1)
	使用深度	$lndpth$	Ln(使用深度+1)
	数字化程度	$lnpay$	Ln(数字化程度+1)
控制变量	企业规模	$size$	Ln(企业总资产)
	企业年龄	age	Ln(当前年份-公司注册年份+1)
	股权集中度	equ	第一大股东持股比例
	总资产收益率	roa	期末净利润与总资产比值
	资本密度	cap	固定资产与总资产比值
	两职合一	con	董事长和总经理为同一个人，取值为1，否则为0
	速动比率	qui	扣除存货后的流动资产与流动负债比值

三、数据来源

本章主要选取了中国 2011—2022 年战略性新兴产业 A 股上市公司作为研究对象。数字普惠金融总指数、覆盖广度、使用深度和数字化程度指数来源于北京大学数字金融研究中心发布的历年数字普惠金融指数，除了数字普惠金融数据外的其他数据主要来自国泰安（CSMAR）数据库。考虑到原始数据未被规范处理，可能会影响回归结果，所以本章对数据进行了如下处理：(1)剔除 ST、

*ST、PT类经营异常的上市公司样本;(2)剔除研究期间退市或者主要变量存在缺失值的公司;(3)对所有连续变量在前后1%的水平上缩尾处理。通过以上步骤,本章最终获得13 181个观测值,表6-2为本章主要变量的描述性统计。

表6-2　　　　　　　　　　　描述性统计

类型	变量	样本量	均值	标准差	最小值	最大值
被解释变量	inn	13 181	3.945	1.757	0	9.649
	inn_1	13 181	3.179	1.741	0	9.541
	inn_2	13 181	2.877	1.883	0	8.411
核心解释变量	$lndifi$	13 181	5.616	0.525	2.846	6.135
	$lnbrd$	13 181	5.545	0.580	1.085	6.125
	$lndpth$	13 181	5.635	0.503	2.049	6.238
	$lnpay$	13 181	5.738	0.618	2.149	6.149
机制变量	$KZ\text{-}Index$	9 923	0.735	2.287	−5.968	5.688
	Lev	13 176	0.365	0.189	0.044	0.802
控制变量	$size$	13 176	22.026	1.169	19.951	25.738
	age	13181	2.864	0.334	1.792	3.526
	equ	13 154	31.092	13.750	7.917	69.038
	roa	13 176	0.043	0.062	−0.239	0.21
	cap	13 176	0.172	0.128	0.004	0.583
	con	12 898	0.35	0.477	0	1
	qui	13 176	2.81	3.336	0.375	20.683

第二节　实证结果与分析

一、基准回归估计结果分析

表6-3针对数字金融对战略性新兴产业创新的基准关系进行了实证检验。

表6－3　　　　数字金融对战略性新兴产业创新的基准回归结果

变量	产业结构升级：inn			
	(1)	(2)	(3)	(4)
$L.lndifi$	0.312*** (0.034)			
$L.lnbrd$		0.253*** (0.030)		
$L.lndpth$			0.247*** (0.037)	
$L.lnpay$				0.164*** (0.020)
$size$	0.750*** (0.023)	0.753*** (0.023)	0.761*** (0.023)	0.759*** (0.023)
age	−0.428*** (0.112)	−0.331*** (0.108)	−0.249** (0.114)	−0.101 (0.091)
equ	0.006*** (0.002)	0.006*** (0.002)	0.006*** (0.002)	0.006*** (0.002)
roa	−0.048 (0.178)	−0.049 (0.178)	−0.022 (0.179)	−0.050 (0.178)
cap	−0.156 (0.151)	−0.149 (0.151)	−0.164 (0.151)	−0.165 (0.151)
con	0.073** (0.030)	0.075** (0.030)	0.070** (0.030)	0.069** (0.030)
qui	0.009* (0.005)	0.008 (0.005)	0.009* (0.005)	0.010** (0.005)
$\_cons$	−13.201*** (0.438)	−13.198*** (0.441)	−13.611*** (0.434)	−13.556*** (0.431)
城市固定效应	控制	控制	控制	控制
年份固定效应	控制	控制	控制	控制
N	11 033	11 033	11 033	11 033
F	359.46	357.51	353.32	357.26
Adj_R^2	0.101	0.100	0.097	0.100

注：括号内为标准差；***、**和*分别表示在1%、5%和10%水平上显著。

表6－3的列(1)至列(4)分别展示了滞后一期的数字金融总指数以及3个

子维度指数对战略性新兴产业创新的影响,估计系数均为正,且在1%水平上显著,估计值分别为0.312、0.253、0.247和0.164。可以看出,数字金融总指数每增加1%,在平均意义上,战略性新兴产业中企业的专利申请数量将提升0.312个单位,这表明数字金融能够显著促进战略性新兴产业创新。另外,覆盖广度的估计系数稍大于使用深度和数字化程度的估计系数,说明覆盖广度对战略性新兴产业创新的影响更显著。

从控制变量来看,企业规模与战略性新兴产业创新的关系为正,且在1%的水平上显著,说明企业规模越大,战略性新兴产业创新程度越高。企业年龄与战略性新兴产业创新的关系为负,说明企业成立时间越短,越有利于战略性新兴产业创新,可能是因为新企业可以更灵活地调整战略和结构,快速接纳最新技术以适应快速变化的市场。股权集中度系数为正,且在1%水平上显著,但系数估计值较小,速动比率的估计系数也较小,说明股权集中度和速动比率对战略性新兴产业创新影响较小。总资产收益率、资本密度的系数为负,且均不显著,说明总资产收益率、资本密度对战略性新兴产业创新无影响。两者合一系数为正,且在5%水平上显著,说明企业的董事长和总经理为同一个人时,更能给战略性新兴产业创新带来正面影响,可能是因为两职合一时能够提高决策效率、增强战略一致性、提升风险承担意愿。战略性新兴产业通常技术更新快,市场不确定性大,需要快速决策和灵活应变。

二、内生性分析

在前面的基准回归中,考虑到核心解释变量产生的影响并不一定在当期就能得到反映,其反映存在滞后性,因而对核心解释变量进行了滞后一期处理。但对于战略性新兴产业中企业创新水平高的企业,当地的银行或者金融机构等的服务水平可能很高,这便导致相应区域的数字金融发展较好,造成反向因果关系。另外,创新水平与不同地区的营商政策、市场发展情况、基础设施等因素息息相关,可能存在潜在未考虑因素,造成遗漏变量等内生性问题。为了消除这些顾虑,本节通过工具变量法来处理潜在的内生性问题。

对于反向因果等问题,本文采用工具变量法。借鉴宋华等(2021)的操作,本节选取样本企业所在行业核心解释变量的年度均值的滞后项作为工具变量。理论上,一个行业的数字金融指数平均值难以对单家企业的创新水平产生实质性影响,但是其与该企业所在区域的数字金融指数存在很大相关性,因此满足工具变量的条件。结果如表6—4列(1)所示,其回归结果在1%水平上显著,说明了工具变量法的可行性。在列(2)中,核心解释变量的系数为正,通过了显著性1%的检验,即不存在弱工具变量问题,说明在考虑内生性后,其结论依然成立,验证了基准回归结果的可靠性。

表6—4　　　　　　　　　　工具变量估计结果

变量	均值工具变量		外生变量——互联网普及度	
	$L.lndifi$	inn	$L.lndifi$	inn
	(1)	(2)	(3)	(4)
$L.lndifi$		0.321*** (0.036)		0.401*** (0.119)
$L.lndifi\_mean$	1.016*** (0.004)			
$L.Inter$			0.361*** (0.012)	
$\_cons$	0.042*** (0.043)	−13.170*** (0.440)	−7.393*** (0.183)	−12.904*** (0.580)
控制变量	控制	控制	控制	控制
城市固定效应	控制	控制	控制	控制
年份固定效应	控制	控制	控制	控制
N	11 033	11 033	11 033	11 033
F		46 979.01		4 302.15
Adj_R^2	0.971		0.748	

注:括号内为标准差;***、**和*分别表示在1%、5%和10%水平上显著。

此外,为了解决遗漏变量的问题,本节借鉴邱晗等(2018)和谢绚丽等(2018)的研究,采用互联网普及度(每户接入国际互联网用户数的对数)作为处理遗漏变量问题的工具变量。回归结果如表6—4列(3)和列(4)所示。列(3)说明互联网普及度对数字金融指数有正向影响且在1%水平上显著,证明了工具变量的可行性;列(4)中的回归结果核心解释变量的系数为正,通过了显著性1%的检验,且F值显著大于10,证明了工具变量的可靠性。

三、稳健性检验

本章使用替换被解释变量和调整部分样本两种方式对基准回归模型进行稳健性检验。

（一）替换被解释变量

分别使用企业当年独立和联合申请的实用型专利数量和发明专利数量作为企业创新的度量指标。相比外观专利，实用型专利和发明专利更能体现战略性新兴产业的"战略性"和"新兴性"特征，从而体现创新的质量。表6－5显示了被解释变量替换为实用型专利数量和发明专利数量的估计结果。可以看出，数字金融总指数与3个子维度指数的估计系数均为正，且在1%的水平上显著，说明数字金融的发展对战略性新兴产业创新有显著促进作用；还可以看出，数字金融发展对发明专利的影响比实用型专利更大。

表6－5　　　　　　　　　　替换被解释变量

变量	实用型专利数量：inn_1				发明专利数量：inn_2			
	(1)	(2)	(3)	(4)	(5)	(6)	(7)	(8)
$L.lndifi$	0.298*** (0.035)				0.316*** (0.038)			
$L.lnbrd$		0.240*** (0.031)				0.276*** (0.034)		
$L.lndpth$			0.236*** (0.038)				0.223*** (0.041)	
$L.lnpay$				0.162*** (0.020)				0.157*** (0.022)
控制变量	控制	控制	控制	控制	控制	控制	控制	控制
城市固定效应	控制	控制	控制	控制	控制	控制	控制	控制
年份固定效应	控制	控制	控制	控制	控制	控制	控制	控制
_cons	－14.13*** (0.446)	－14.13*** (0.449)	－14.52*** (0.441)	－14.44*** (0.438)	－11.80*** (0.488)	－11.72*** (0.491)	－12.29*** (0.483)	－12.20*** (0.480)
N	11 033	11 033	11 033	11 033	11 033	11 033	11 033	11 033
Adj_R^2	0.094	0.093	0.091	0.093	0.015	0.015	0.011	0.013

注：括号内为标准差；***、**和*分别表示在1%、5%和10%水平上显著。

（二）调整部分样本

1. 被解释变量缩尾处理

为了避免异常值对数字金融对战略性新兴产业的估计结果产生影响，本章对被解释变量——专利申请数量指标进行5%水平的缩尾处理后再估计，结果见表6－6。

表 6—6　　　　　　　　　　　调整部分样本估计结果

变量	战略性新兴产业创新:inn_r 被解释变量缩尾处理				战略性新兴产业创新:inn 剔除直辖市			
	(1)	(2)	(3)	(4)	(5)	(6)	(7)	(8)
L.lndifi	0.301*** (0.034)				0.345*** (0.037)			
L.lnbrd		0.247*** (0.030)				0.278*** (0.032)		
L.lndpth			0.235*** (0.037)				0.294*** (0.041)	
L.lnpay				0.159*** (0.020)				0.200*** (0.024)
控制变量	控制	控制	控制	控制	控制	控制	控制	控制
城市固定效应	控制	控制	控制	控制	控制	控制	控制	控制
年份固定效应	控制	控制	控制	控制	控制	控制	控制	控制
_cons	−12.33*** (0.433)	−12.32*** (0.436)	−12.74*** (0.429)	−12.67*** (0.426)	−12.74*** (0.494)	−12.67*** (0.499)	−13.21*** (0.488)	−13.26*** (0.483)
N	11 033	11 033	11 033	11 033	8 434	8 434	8 434	8 434
Adj_R^2	0.085	0.084	0.081	0.084	0.109	0.108	0.105	0.107

注:括号内为标准差;***、**和*分别表示在1%、5%和10%水平上显著。

表 6—6 的列(1)至列(4)显示了数字金融总指数和3个子维度指数对缩尾处理后的战略性新兴产业创新的估计结果。可以看出,在被解释变量缩尾后,解释变量的系数均为正,且在1%水平上显著,说明剔除异常值的影响后,数字金融对战略性新兴产业创新仍然有显著的促进作用,这也说明基准回归的结果是稳健的。

2. 剔除直辖市样本

表 6—6 的列(5)至列(8)显示了全样本剔除北京、上海、天津、重庆4个直辖市后的估计结果。可以看出,数字金融总指数以及3个子维度指数的系数均为正,且在1%水平上显著,说明剔除直辖市后数字金融仍然对战略性新兴产业创新有显著促进作用,这也说明了基准回归模型的稳健性。

四、异质性分析

上文主要分析了数字金融对战略性新兴产业创新的影响,但并未纳入一些学界普遍关注的异质因素。为此,本节继续从地区、企业类型、产业等维度讨论数字金融对战略性新兴产业创新的差异化影响。

(一)基于地区特征的异质性分析

依据我国各地区的自然资源分布状况及其经济社会发展水平,将全部样本依据所处区域划分为东部、中部、西部3个子样本,以数字金融总指数为解释变量进行回归,估计结果如表6—7的列(1)至列(3)所示。可以看出,数字金融总指数在东部、中部、西部的系数估计值分别为0.364、0.262和0.263,且在1%水平上显著,说明数字金融发展对东部、中部、西部的战略性新兴产业创新均有促进作用,而且东部的系数明显比中部和西部的系数大,说明相比中部和西部地区,数字金融对东部地区战略性新兴产业创新的促进作用更大,这也说明数字金融对战略性新兴产业创新存在一定的区域异质性。

表 6—7　　　　　　　　地区、企业类型的异质性分析

变量	战略性新兴产业创新:inn				
	(1)	(2)	(3)	(4)	(5)
	东部	中部	西部	国有企业	非国有企业
$lndifi$	0.364*** (0.047)	0.262*** (0.073)	0.263*** (0.088)	0.202*** (0.062)	0.385*** (0.048)
$\_cons$	−12.588*** (0.496)	−17.561*** (1.262)	−10.682*** (1.472)	−12.941*** (0.969)	−10.200*** (0.604)
控制变量	控制	控制	控制	控制	控制
城市固定效应	控制	控制	控制	控制	控制
年份固定效应	控制	控制	控制	控制	控制
N	8 207	1 759	1 067	2 230	6 882
F	256.59	77.51	25.53	94.03	177.32
Adj_R^2	0.088	0.173	0.044	0.125	0.003

注:括号内为标准差;***、**和*分别表示在1%、5%和10%水平上显著。

(二)基于企业类型的异质性分析

对比国有企业,非国有企业的融资困境更加突出,其对数字金融的发展更

加敏感。为进一步考察数字金融对不同企业类型的战略性新兴产业企业创新的不同影响,本节将全部样本分为国有企业和非国有企业两个子样本进行分析,估计结果如表 6—7 的列(4)和列(5)所示。可以看出,数字金融总指数在国有企业和非国有企业样本上的估计系数分别为 0.202 和 0.385,且在 1% 水平上显著,说明数字金融发展对国有企业和非国有企业的创新均有显著促进作用,但非国有企业的系数估计值明显大于国有企业的系数估计值,这说明数字金融发展对非国有企业的战略性新兴产业创新影响更大,也说明数字金融对战略性新兴产业企业所有权性质的影响存在一定的异质性。这可能是因为非国有企业通常面临更大的市场竞争压力,需要不断创新以保持竞争力,技术更新换代快,需要快速响应市场需求;非国有企业可能更愿意尝试新技术和新模式,国有企业则可能因为规模较大或受政策保护而创新动力不足。

(三)基于所属产业的异质性分析

国家统计局出台的《战略性新兴产业分类(2018)》将战略性新兴产业分为新一代信息技术产业、高端装备制造产业、新材料产业、生物产业、新能源汽车产业、新能源产业、节能环保产业、数字创意产业、相关服务业九大门类。由于数字创意、新能源汽车和相关服务业占比不大,样本统计数据不全,因此以剩余的六个门类的企业作为样本来考虑异质性,估计结果见表 6—8,可以看出,新一代信息技术、高端装备制造、新材料、节能环保 4 个产业的估计系数为正,且在 1% 水平上显著,系数估计值分别为 0.351、0.340、0.553 和 0.622,说明数字金融发展对节能环保企业创新的促进作用最大,其次是新材料企业,再次是新一代信息技术企业。新能源产业估计系数为 0.200,在 5% 水平上显著,而对生物产业估计系数不显著,可能是数字金融对生物产业中企业创新的影响需要更长时间,尚未反映出来。整体来说,数字金融对不同门类的战略性新兴产业创新的影响存在一定的异质性。

表 6—8　　　　　　　　　所属产业的异质性分析

变量	战略性新兴产业创新:inn					
	(1) 新一代信息技术	(2) 高端装备制造	(3) 生物	(4) 新能源	(5) 新材料	(6) 节能环保
$L.lndifi$	0.351*** (0.071)	0.340*** (0.073)	0.102 (0.088)	0.200** (0.082)	0.553*** (0.089)	0.622*** (0.148)

续表

变量	战略性新兴产业创新：inn					
	（1）	（2）	（3）	（4）	（5）	（6）
	新一代信息技术	高端装备制造	生物	新能源	新材料	节能环保
_cons	-14.843*** (0.799)	-11.053*** (1.179)	-10.087*** (1.375)	-12.900*** (0.913)	-14.216*** (1.335)	-12.429*** (1.635)
控制变量	控制	控制	控制	控制	控制	控制
城市固定效应	控制	控制	控制	控制	控制	控制
年份固定效应	控制	控制	控制	控制	控制	控制
N	3 823	1 852	1 729	1 608	1 145	709
F	129.37	65.24	29.41	64.05	65.10	41.83
Adj_R^2	0.111	0.109	-0.022	0.151	0.238	0.230

注：括号内为标准差；***、**和*分别表示在1%、5%和10%水平上显著。

第三节 机制效应检验

上文研究显示，数字金融发展得越好，战略性新兴产业企业创新产出水平就越高。上述研究为数字金融能够显著推动战略性新兴产业企业创新提供了坚实的经验依据。但在数字金融影响战略性新兴产业企业创新的过程中是否存在中介机制呢？这需要通过中介效应检验来验证。本节选取"融资约束"和"债务约束"作为中介变量进行中介效应分析，认为数字金融可以通过企业融资约束和企业债务约束两个指标来推动战略性新兴产业企业创新。选取这2个指标作为中介变量的原因：第一，数字金融的发展拓宽了企业融资渠道，也在很大程度上优化了现有金融机构的授信流程，有可能在减弱企业融资约束的基础上降低融资费用，从而为战略性新兴产业企业技术创新活动的开展提供便利条件；第二，按照上述逻辑，若数字金融发展能够有效缓解企业"融资难、融资贵"问题，就能够在一定程度上优化企业内部的财务行为，降低不必要的杠杆水平，提升财务稳定性，进而对战略性新兴产业创新形成助益。下面对上述可能的机制路径进行实证分析。

一、减弱企业融资约束效应

战略性新兴产业的特点是技术密集、高风险、高成长性,这类企业在传统金融体系中可能面临更大的融资难题。数字金融发展可以通过提高信息透明度、降低交易成本、扩大融资渠道等方式有效减弱企业融资约束。

表6-9显示了核心解释变量滞后二期的基准回归结果。可以看出,数字金融总指数及3个子维度指数的估计系数均为正,且在1%水平上显著,比核心解释变量滞后一期的估计系数值均有所增加,这说明数字金融发展对战略性新兴产业创新仍然有显著促进作用,且该促进作用存在较明显的滞后性。

表6-9 基准回归解释变量滞后二期的估计结果

变量	战略性新兴产业创新:inn			
	(1)	(2)	(3)	(4)
$L2.lndifi$	0.405*** (0.036)			
$L2.lnbrd$		0.317*** (0.031)		
$L2.lndpth$			0.292*** (0.038)	
$L2.lnpay$				0.250*** (0.020)
_cons	−11.865*** (0.508)	−12.053*** (0.509)	−12.766*** (0.499)	−12.077*** (0.498)
控制变量	控制	控制	控制	控制
城市固定效应	控制	控制	控制	控制
年份固定效应	控制	控制	控制	控制
N	9 414	9 414	9 414	9 414
F	261.97	258.08	251.17	265.44
Adj_R^2	0.066	0.064	0.058	0.069

注:括号内为标准差;***、**和*分别表示在1%、5%和10%水平上显著。

表6-10的列(1)、列(3)、列(5)、列(7)显示了数字金融总指数及3个子维度指数对企业融资约束的估计结果。可以看出,数字金融总指数及3个子维度指数对企业融资约束的估计系数为负,且在1%水平上显著,这说明数字金融极

大地缓解了企业融资约束。表6－10的列(2)、列(4)、列(6)、列(8)显示了数字金融指数与企业融资约束共同作为解释变量对战略性新兴产业创新的估计结果。可以看出,数字金融总指数及3个子维度指数和企业融资约束的估计系数均显著,表明企业融资约束对数字金融影响战略性新兴产业创新具有部分中介效应,数字金融可以通过缓解企业融资约束来达到增加企业研发投入、加速技术转化、推动产业升级等促进战略性新兴产业创新的目的。

表6－10　　　　　　　　融资约束的影响机制检验结果

变量	(1) KZ-index	(2) inn	(3) KZ-index	(4) inn	(5) KZ-index	(6) inn	(7) KZ-index	(8) inn
$L.lndifi$	−1.214*** (0.059)							
$L.lnbrd$			−0.975*** (0.051)					
$L.lndpth$					−0.176*** (0.008)			
$L.lnpay$							−0.633*** (0.034)	
$L2.lndifi$		0.401*** (0.037)						
$L2.lnbrd$				0.311*** (0.032)				
$L2.lndpth$						0.282*** (0.040)		
$L2.lnpay$								0.247*** (0.021)
$L.KZ\text{-}index$		−0.012* (0.006)		−0.014** (0.006)		−0.018*** (0.006)		−0.012* (0.006)
控制变量	控制	控制	控制	控制	控制	控制	控制	控制
城市固定效应	控制	控制	控制	控制	控制	控制	控制	控制
年份固定效应	控制	控制	控制	控制	控制	控制	控制	控制
N	9 157	9 177	9 157	9 177	9 157	9 177	9 157	9 177
F	217.29	346.37	214.07	335.70	208.27	325.56	220.30	334.58
Adj_R^2	0.057	0.130	0.054	0.123	0.049	0.116	0.059	0.122

注:括号内为标准差;***、**和*分别表示在1%、5%和10%水平上显著。

二、减弱企业债务约束效应

战略性新兴产业中的企业通常具有高研发投入、轻资产、高风险等特征,传统债务融资可能导致高杠杆从而限制创新投入。数字金融利用大数据等手段改善了企业的融资环境,企业通过加杠杆的方式来获取资金的需求便会减少。表6—11的列(1)、列(3)、列(5)、列(7)显示了数字金融总指数及3个子维度指数对企业债务约束的估计结果。可以看出,数字金融总指数及3个子维度指数对企业债务约束的估计系数为负,且在1%水平上显著,这说明数字金融极大地减弱了企业债务约束,提升了财务稳定性。表6—11的列(2)、列(4)、列(6)、列(8)显示了数字金融指数与企业债务约束共同作为解释变量对战略性新兴产业创新的估计结果。可以看出,数字金融总指数及3个子维度指数和企业债务约束的估计系数均在1%水平上显著,这表明企业债务约束对数字金融影响战略性新兴产业创新具有部分中介效应。数字金融中的大数据、区块链、云计算等新型技术能够为企业开展技术项目提供必要的支撑条件,企业在经营实力增强的情况下,也会逐步减少对杠杆的主动性需求。这说明数字金融能够帮助企业提升自身管理水平,减弱企业债务约束,减少杠杆需求,进而提升财务稳健性,更能提高战略性新兴产业企业的创新产出水平。

表6—11　　　　　　　　融资约束的影响机制检验结果

变量	(1) Lev	(2) inn	(3) Lev	(4) inn	(5) Lev	(6) inn	(7) Lev	(8) inn
$L.lndifi$	-0.037^{***} (0.003)							
$L.lnbrd$			-0.031^{***} (0.003)					
$L.lndpth$					-0.034^{***} (0.003)			
$L.lnpay$							-0.016^{***} (0.002)	
$L2.lndifi$		0.390^{***} (0.036)						
$L2.lnbrd$				0.303^{***} (0.032)				
$L2.lndpth$						0.277^{***} (0.039)		

续表

变量	(1) Lev	(2) inn	(3) Lev	(4) inn	(5) Lev	(6) inn	(7) Lev	(8) inn
L2.lnpay								0.243*** (0.020)
L.Lev		−0.390*** (0.104)		−0.405*** (0.104)		−0.451*** (0.104)		−0.419*** (0.104)
控制变量	控制	控制	控制	控制	控制	控制	控制	控制
城市固定效应	控制	控制	控制	控制	控制	控制	控制	控制
年份固定效应	控制	控制	控制	控制	控制	控制	控制	控制
N	9 414	11 033	9 414	11 033	9 414	11 033	9 414	11 033
F	234.80	633.06	231.48	630.75	225.83	625.53	238.21	621.59
Adj_R^2	0.068	0.237	0.065	0.236	0.060	0.234	0.071	0.232

注：括号内为标准差；***、**和*分别表示在1％、5％和10％水平上显著。

第四节　门限效应检验

为了进一步判断数字金融指数及3个子维度指数与战略性新兴产业创新是否存在非线性关系，本节分别以数字金融总指数（$lndifi$）、覆盖广度（$lnbrd$）、使用深度（$lndpth$）、数字化程度（$lnpay$）为门限变量来检验数字金融在推动战略性新兴产业创新过程中门限效应的存在性。

表6－12显示了检验4个门限变量的单门限效应结果。可以看出，数字金融总指数及3个子维度指数作为门限变量时，均通过了单门限检验。数字金融总指数在5％水平上通过了显著性检验，覆盖广度、使用深度及数字化程度均在1％水平上通过了显著性检验，这说明数字金融总指数及3个子维度指数在数字金融促进战略性新兴产业创新过程中存在门限效应，门限估计值分别为5.991 5、5.954 9、6.005 5和5.68 4。

表6－12　门限效应存在性检验结果

门限变量	数字金融总指数（$L.lndifi$）	覆盖广度（$L.lnbrd$）	使用深度（$L.lndpth$）	数字化程度（$L.lnpay$）
门限估计值	5.991 5	5.954 9	6.005 5	5.68 4

续表

门限变量	数字金融总指数 ($L.lndifi$)	覆盖广度 ($L.lnbrd$)	使用深度 ($L.lndpth$)	数字化程度 ($L.lnpay$)
P值	0.05	0.000	0.01	0.000
F值	125.56	189.42	147.01	78.45
10%显著性水平临界值	113.249	123.184	111.0897	39.662
5%显著性水平临界值	124.251	133.126	124.984	43.882
1%显著性水平临界值	143.264	157.296	146.720	55.114

在不同门限区间,数字金融总指数、覆盖广度、使用深度及数字化程度影响战略性新兴产业企业创新的效应见表6—13。

表6—13　　　　　　　　　门限效应回归结果

变量	数字金融总指数 ($lndifi$)	覆盖广度 ($L.lnbrd$)	使用深度 ($L.lndpth$)	数字化程度 ($L.lnpay$)
	(1)	(2)	(3)	(4)
$L.lndifi$ ($L.lndifi \leqslant 5.9915$)	0.169*** (0.037)			
$L.lndifi$ ($L.lndifi > 5.9915$)	0.109*** (0.039)			
$L.lnbrd$ ($L.lnbrd \leqslant 5.9549$)		0.115*** (0.032)		
$L.lnbrd$ ($L.lnbrd > 5.9549$)		0.036*** (0.034)		
$L.lndpth$ ($L.lndpth \leqslant 6.0055$)			0.136*** (0.039)	
$L.lndpth$ ($L.lndpth > 6.0055$)			0.062*** (0.040)	
$L.lnpay$ ($L.lnpay \leqslant 5.684$)				0.081*** (0.021)
$L.lnpay$ ($L.lnpay > 5.684$)				0.135*** (0.021)
_cons	−15.161*** (0.499)	−15.381*** (0.499)	−15.572*** (0.486)	−12.442*** (0.545)
控制变量	控制	控制	控制	控制

续表

变量	数字金融总指数 ($lndifi$) （1）	覆盖广度 ($L.lnbrd$) （2）	使用深度 ($L.lndpth$) （3）	数字化程度 ($L.lnpay$) （4）
城市固定效应	控制	控制	控制	控制
年份固定效应	控制	控制	控制	控制
观测数	7 513	7 513	7 513	7 513
Adj_R^2	0.221	0.225	0.224	0.218

注：括号内为标准差；***、**和*分别表示在1%、5%和10%水平上显著。

由表6—13的列(1)可知，数字金融发展在总体上对战略性新兴产业创新存在门限效应。在门限值之下，数字金融发展促进创新的效应为0.169，且在1%水平上显著；跨越门限值后，估计系数为0.109，也在1%水平上显著，但对比门限值之下，效应有所减弱，可能是因为在起步阶段，数字金融发展通过减少信息不对称来减弱融资约束，通过拓宽融资渠道来提高融资可得性等，促进了战略性新兴产业创新投入增加和创新水平提升。在相对成熟后，融资约束对企业创新的影响有所减弱，但仍然有显著促进作用。

进一步分析表明，不同维度的数字金融发展影响战略性新兴产业创新存在门限效应。3个子维度指数在门限值之下或之上均为正，且在1%水平上显著。其中，覆盖广度和使用深度在门限值之下时对战略性新兴产业创新的影响效应比在门限值之上时大，说明随着数字金融发展的逐渐成熟，覆盖广度和使用深度对战略性新兴产业创新的作用在减弱，可能是因为数字金融越来越普遍，数字金融对企业创新的边际效应递减，后续的创新需要更深入的产品、技术或制度突破；而数字化程度在门限值之上的影响效应比在门限值之下大，可能的原因是数字化程度代表的是便利性和低成本性，这让企业更愿意投资高风险、高回报的创新项目。

第五节　研究结论与启示

本章重点检验了数字金融对战略性新兴产业创新的影响及其内部作用机制。本章的主要研究结论有：第一，数字金融能够显著促进战略性新兴产业创新发展,其3个子维度指数中,覆盖广度对战略性新兴产业创新的影响更明显。第二,数字金融对不同地区、不同企业类型以及不同产业的战略性新兴产业企业创新的影响存在差异。首先,数字金融对东、中、西部的战略性新兴产业企业创新均有促进作用,其中对东部地区战略性新兴产业创新的促进作用最大;其次,数字金融对非国有企业的战略性新兴产业创新影响更大;最后,数字金融发展对节能环保企业创新的促进作用最大,之后依次是新材料企业、新一代信息技术企业、新能源企业,而对生物产业的影响不显著。第三,数字金融可通过减弱企业融资约束和债务约束来带动战略性新兴产业创新发展。第四,数字金融总指数及其3个子维度指数对战略性新兴产业创新均存在非线性效应。其中,数字金融总指数、覆盖广度、使用深度在跨越门限值后,对战略性新兴产业创新的影响有所减弱,而数字化程度在跨越门限值后,对战略性新兴产业创新的促进作用明显增强。

基于以上结论,得到以下启示:第一,大力推动数字金融发展,加快推广大数据、人工智能、区块链等创新技术在传统金融发展相对落后的地区的运用,扩大数字金融覆盖面,加强数字金融知识普及,助力战略性新兴产业创新。第二,实施差异化区域政策:在东部发达地区,重点推动数字金融与高端产业的深度融合;在中部和西部地区,通过财政补贴、税收优惠等政策吸引数字金融平台与科技企业落地,以缩小区域间创新能力差异。第三,制定差异化产业政策,针对不同产业制定不同的扶持政策,如对生物产业需加强研发投入和跨学科合作,同时利用数字金融来推动绿色技术发展等。第四,在推动数字金融发展的同时,注重金融服务质量和服务效率的提升,避免边际效益递减。第五,加强对数字金融的监管需要政策协同、跨部门合作和动态监管框架,以确保数字金融健康发展,更好发挥数字金融对战略性新兴产业创新的促进效应。

第七章
数字金融对制造业高质量发展的影响机制验证

制造业是立国之本、强国之基，是加快发展新质生产力的关键支撑。党的二十届三中全会强调，要"健全因地制宜发展新质生产力体制机制"，并"加强对重大战略、重点领域、薄弱环节的优质金融服务"。发展以"高科技、高效能、高质量"为特征的新质生产力，亟须发挥金融的要素引导和资源配置功能，促进各类先进优质生产要素向发展新质生产力顺畅流动。当前，我国正处于制造业加速转型升级的关键期，制造业向高端化、智能化、绿色化、集群化方向加速突破，然而，当前金融资本要素投入组合沿着制造业产业链供应链的优化整合严重不足、资源配置效率普遍不高，金融要素供给广泛暴露出属性错配、领域错配、阶段错配等结构性错配问题，这在很大程度上制约了对制造业新质生产力的培育，亟须创新性的金融模式加以解决。高效低价的金融支持方式则是制造业培育新质生产力的核心要素。

数字供应链金融作为"金融"属性和"供应链"属性的统一体，其对制造业新质生产力的培育有深远影响。大量研究认为，数字供应链金融作为一种自偿性贸易融资，依托供应链交易背景带动了产业链整体融资效率提升，其对制造业的积极作用不仅体现在促进金融要素的供给效率提升上，而且体现在促进新质生产要素在供应链上下游的创新性配置效率提升上。在"金融支持创新体系、服务实体经济"的政策背景下，如何进一步发挥数字供应链金融的要素引导和资源配置功能，更有效地为制造业培育新技术、新动能、新模式提供资金，如何通过相关政策支持进一步提升数字供应链金融对制造业新质生产力的赋能效率，进而加速带动制造业转型升级，成为当下重要的现实问题。

本章选取 2011—2022 年中国沪深交易所 A 股上市的制造业企业作为研究样本，综合运用双向固定效应模型等方法来验证数字供应链金融发展对制造业企业创新的影响及作用机制,旨在解决以下问题:(1)数字供应链金融对制造业企业的新质生产力是否有促进作用?(2)企业、行业和地区等不同维度的异质因素可能产生哪些差异性影响?(3)中介效应和门限效应如何?对上述问题的解答,不仅可以明确数字供应链金融影响制造业企业创新的机制和效应,而且能够为数字供应链金融体系完善、财政和金融政策搭配提供参考依据。

第一节　研究设计

一、模型设计

本章以数字供应链金融为例,通过构建实证模型来考察数字供应链金融对制造业企业创新的影响及其内在机制。本章参考吴非等(2021)、张虎等(2023)和叶永卫等(2023)的研究,构建如下模型:

$$Npro_{it}=\alpha_0+\alpha_1 lnSCF_{it}+\alpha_2 X_{it}+v_i+u_t+\varepsilon_{it} \qquad (7-1)$$

式(7-1)中,下标 i 和 t 分别表示企业和年份。被解释变量 $Npro$ 表示企业的新质生产力水平,用以衡量企业的创新能力。解释变量 SCF 表示企业的数字供应链金融水平,X 表示控制变量集合,包括企业资产规模、总资产净利润率、账面市值比、现金持有量、总负债率、股权集中度(S指数)、两职合一情况、股东规模、企业产权属性及所属行业分类。v_i 和 u_t 分别表示个体固定效应和时间固定效应,用于控制不随时间变化的企业固有特征和不随企业变化的时变宏观经济环境。ε 为随机误差项。

根据上文的理论分析和研究假设,本章有如下基本预期:$lnSCF$ 的估计系数 α_1 显著大于 0,即在数字供应链金融赋能作用下,制造业企业的新质生产力水平会得到提升。

二、变量构建

(一)被解释变量

本章的被解释变量为制造业企业的新质生产力($Npro$)。参照宋佳等(2024)的做法,基于生产力二要素理论,并考虑了劳动对象在生产过程中的作用和价值,采用熵值法衡量新质生产力。该指标数值越大,表明该企业相对于其他企业的新质生产力水平越高,即企业创新能力越强,且更可能有颠覆性的创新技术出现。

(二)解释变量

本章的解释变量为数字供应链金融($lnSCF$)。变量定义参照张黎娜等(2021),并结合 Gelsomino 等(2016)、Chakuu 等(2019)、Huang 等(2022)对供应链金融关键词的不同描述,使用供应链金融关键词词频统计的方法来度量企业供应链金融水平,并做对数化处理,具体关键词如表 7-1 所示。指标数值越大,表明该企业生产经营过程中的数字供应链金融赋能程度越高。

表 7-1 供应链金融关键词

类型	关键词
应收类	应收账款融资、保理融资、反向保理、动态折扣、应收账款证券化
预付类	预付账款融资、未来货权融资、货权质押融资、保兑仓融资
存货类	动产质押融资、存货质押融资、存货融资、库存融资、现货质押融资、仓单融资、采购订单融资、原材料融资
综合类	供应链金融、供应链融资、供应链基金、供应链投资、供应链贷款、供应链管理、贸易信贷、金融供应链、供应商融资、买方融资、供应商管理库存、买方投资、分销商融资、营运资本管理、物流融资、统一信贷融资、金融价值链、营运资本优化

(三)中介变量

根据前文理论分析,供应链金融通过驱动产业链效率变革的渠道赋能企业新质生产力提升。其中,产业链效率变革主要包括三个方面:金融要素配置效率、分工协作效率和创新要素配置效率。第一,金融要素配置效率,参考潘越等(2020)的研究,以非效率投资的对数来衡量企业的产业链金融要素配置效率(Eff);第二,分工协作效率,参照张文哲和左月华(2019)的做法,用存货周转率(Itr)和产业链整合水平(Icc)衡量;第三,创新要素配置效率,参考李万利等(2022)等的做法,采用企业间联合创新(Pat)予以表征,以合作企业联合申请发明专利数量加 1 的对数来衡量。

(四)控制变量

为准确评估数字供应链金融对企业新质生产力的实际影响效果,本章对可能影响被解释变量的主要因素进行控制。参考既有研究成果,本章选取以下控制变量:(1)公司资产规模(size),以公司总资产的对数进行衡量;(2)总资产净利润率(roa),以公司净利润和总资产平均余额的比值衡量;(3)账面市值比(price),以公司每股净资产与每股股价的比值衡量;(4)现金持有量(cash),以 $\frac{货币资金+交易性金融资产}{总资产}$ 来衡量;(5)总负债率(tl),以公司总负债和总资产的比值衡量;(6)股权集中度(shrs),以公司第一至第十大流通股股东持股比例之和衡量;(7)两职合一(dua),衡量董事长和总经理是否为同一人;(8)股东规模(boa);(9)企业产权属性(soe),国企赋值1,非国企赋值0。

表7—2　　　　　　　　　　　变量说明

类型	名称	符号	说明
被解释变量	企业新质生产力	Npro	企业新质生产力
核心解释变量	供应链金融	lnSCF	Ln(企业年报中所有关键词出现的频次+1)
中介变量	产业链金融要素配置效率	Eff	非效率投资的对数
	存货周转率	Itr	存货周转率
	产业链整合水平	Icc	产业链整合水平
	企业间联合创新	Pat	Ln(合作企业联合申请发明专利数量+1)
控制变量	企业规模	size	Ln公司总资产
	总资产净利润率	roa	企业净资产与总资产的比值
	账面市值比	price	年末所有者权益与市值的比值
	现金持有量	cash	$\frac{货币资金+交易性金融资产}{总资产}$
	总负债率	tl	负债合计÷总资产
	股权集中度	shrs	公司第二至第十大流通股股东持股比例之和
	两职合一	dua	若董事长和总经理是同一人,则为1;否则为0
	股东规模	boa	Ln股东人数
	企业产权属性	soe	国企为1,非国企为0

三、数据来源与描述性分析

为研究数字供应链金融对制造业企业创新能力的影响,本章选取中国沪深交易所 A 股上市的制造业企业作为初始研究样本,将时期窗口锁定在 2011 年至 2022 年,以回避 2013 年之前数实融合水平有限的客观事实。在得到初始数据后,本章进行了如下处理:(1)剔除银行、证券公司及保险公司等金融类上市公司;(2)剔除 ST 等经营异常的企业样本;(3)仅保留那些至少连续 5 年不存在数据缺失的样本。经过上述步骤,最终获得 19 062 个观测值。此外,为了避免数据异常值对检验结果的影响,对所有连续变量在前后 1% 的水平上进行缩尾处理。

表 7-3 报告了处理后主要变量的基本情况,$lnSCF$ 的均值是 0.151,最大值是 3.714,最小值是 0,说明我国制造业企业的数字供应链金融赋能水平较低,发展潜力巨大。$Npro$ 的均值是 5.209,最小值为 0.163,最大值为 804.493,其最大值和最小值相差巨大,这说明两点:一是我国制造业整体新质生产力发展水平较低,制造业新质生产力的发展还有较大的提升空间;二是我国制造业企业新质生产力在不同企业之间的发展差异巨大,我国制造业新质生产力的发展水平处于不平衡状态。一系列控制变量的最大值和最小值之间也存在较大差异,这对本章研究能起到较好的控制作用。

表 7-3 变量描述性统计

变量	样本量	均值	标准差	最小值	最大值
$Npro$	19 062	5.209	6.361	0.163	804.493
$lnSCF$	19 062	0.151	0.371	0	3.714
Icc	19 062	2.917	3.138	0	36.871
Itr	19 062	4.201	3.758	0	37.252
Co_Patent	19 062	0.621	1.177	0	9.348
$size$	19 061	0.163	0.448	−0.849	21.316
roa	19 062	0.042	0.086	−2.555	0.759
$price$	18 779	0.585	0.234	0.008	1.468
$cash$	19 062	0.206	0.142	0.002	0.978
tl	19 062	0.379	0.195	0.008	3.93

续表

变量	样本量	均值	标准差	最小值	最大值
$shrs$	19 061	25.12	12.670	0.633	70.778
dua	18 697	0.33	0.470	0	1
boa	19 062	8.362	1.560	0	18
soe	18 654	0.266	0.442	0	1

第二节 实证结果及分析

一、基准回归

根据实证研究的计量模型,本章检验了数字供应链金融对制造业企业新质生产力的影响,表7—4报告了基准回归结果。首先,在列(1)中,我们仅考察了本章重点关注的数字供应链金融水平与制造业企业新质生产力之间的关系,核心解释变量的系数为0.235,且在1%的水平上保持显著,这说明数字供应链金融可以促进制造业企业新质生产力的提升。其次,在列(1)基础上,依次纳入控制变量,以排除其他影响因素差异带来的结果干扰,如列(2)和列(3)所示,所得结果的核心变量仍为正,且通过了1%的显著性水平检验。最后,为减少年份变化和企业个体因素对结果的影响,本章纳入年份固定效应,并对企业个体进行控制,如列(4)所示,核心解释变量的系数为0.191,且通过1%的显著性水平检验。由此得出,无论是从前文的事实统计还是从经济学意义来看,数字供应链金融水平的积累都能有效促进制造业企业新质生产力的提升。

表7—4 基准回归结果

变量	新质生产力:$Npro$			
	(1)	(2)	(3)	(4)
$lnSCF$	0.235*** (0.032)	0.212*** (0.031)	0.191*** (0.031)	0.191*** (0.031)
$size$		−0.228*** (0.025)	−0.194*** (0.025)	−0.205*** (0.025)

续表

变量	新质生产力:Npro			
	(1)	(2)	(3)	(4)
roa		−1.105*** (0.143)	−1.160*** (0.150)	−1.119*** (0.150)
price		−0.483*** (0.059)	−0.490*** (0.059)	−0.487*** (0.059)
cash		−3.505*** (0.102)	−3.436*** (0.104)	−3.474*** (0.104)
tl		0.674*** (0.095)	0.699*** (0.099)	0.721*** (0.098)
shrs			−0.007*** (0.001)	−0.007*** (0.001)
dua			−0.140*** (0.033)	−0.144*** (0.033)
boa			−0.077*** (0.011)	−0.078*** (0.011)
soe			0.206*** (0.071)	0.210*** (0.071)
_cons	5.543*** (0.270)	6.521*** (0.272)	7.298*** (0.293)	6.789*** (0.116)
双向固定	NO	NO	NO	YES
N	19 062	18 778	18 024	18 024
R^2	0.003	0.118	0.129	0.129

注:括号内为标准差;***、**和*分别表示在1%、5%和10%水平上显著。

二、内生性检验

如上文所示,数字供应链金融水平对企业新质生产力的提升产生了积极的促进作用,但该结果仍有待检验。其原因有三点:一是上述回归结果可能存在反向因果关系,即新质生产力的提升可能会反向影响企业数字供应链金融的应用与积累水平;二是遗漏变量问题,即本章回归模型纳入的控制变量及稳健性检验可能仍然不足以涵盖所有影响企业新质生产力的因素;三是样本自选择情况,即本章采用的样本企业可能皆因某个特征使其新质生产力保持提升态势,而数字供应链金融水平与之相关联,由此导致本章关注的数字供应链金融水平与新质生产力产生了显著的因果关系。为此,本章将通过滞后项处理、均值工具变量、外生工具变量(地方政策)三种方法来解决可能存在的内生性问题。

首先,将核心解释变量供应链金融($lnSCF$)做滞后一期处理,回归结果如表7—5列(1)所示,回归系数为0.133,且在1%的水平上显著。这表明数字供应链金融对制造业企业新质生产力产生了显著积极影响,说明原结论比较稳健,与前文结论无明显差异,潜在内生性问题得到了很好的处理。

表7—5　　　　　　　　　　内生性处理结果

变量	滞后项处理	均值工具变量		外生工具变量(地方政策)	
	(1)	(2)	(3)	(4)	(5)
	$Npro$	$lnSCF$	$Npro$	$lnSCF$	$Npro$
$L.lnSCF$	0.133*** (0.034)				
$lnSCF$			2.779*** (0.141)		0.007*** (0.000)
$lnSCF\_mean$		0.983*** (0.029)			
$lnSCF\_policy$				0.007*** (0.000)	
$\_cons$	6.296*** (0.129)	0.006 (0.030)	6.267*** (0.144)	0.160*** (0.031)	0.006*** (0.000)
双向固定	YES	YES	YES	YES	YES
N	14 389	18 024	18 024	18 020	18 020
R^2	0.090	0.076	0.007	0.022	0.002
F值			130.07		50.53

注:括号内为标准差;***、**和*分别表示在1%、5%和10%水平上显著。

其次,采用工具变量法。参照宋华等(2021)的做法,本章选取样本企业所在行业的$lnSCF$年度均值($lnSCF\_mean$)作为工具变量进行回归分析。理论上,行业整体供应链金融水平会影响企业的供应链金融水平,但对企业个体的创新能力不会产生显著影响。统计上,弱工具变量得到的F值为130.07,大于10,说明不存在弱工具变量问题。实证结果如表7—5列(2)所示,$lnSCF\_mean$在1%的水平上显著为正,说明工具变量具有可行性。在表7—5列(3)中,ln-

SCF 的系数仍然显著为正,这进一步说明了本章研究结论的稳健性。

最后,本章参考凌润泽等(2023)的做法,以"供应链金融支持政策"作为工具变量($lnSCF\_policy$),通过搜集各级政府年度出台供应链金融支持政策的关键文本词频获取如"供应链金融""供应链融资""票据融资""应收账款融资"等关键词,然后对词频总数的滞后一期进行对数化处理。回归结果如表7—5列(4)和列(5)所示。通过弱工具变量法计算出的 F 值为 50.53,大于 10,证明了工具变量法的可靠性。列(4)的回归结果证明了地方政策对企业供应链水平有正向影响,列(5)显示 $lnSCF$ 的系数依然为正,并依旧在 1% 的水平上显著,这进一步说明了本章研究结论的稳健性,即数字供应链金融水平对制造业企业新质生产力具有显著的促进作用。

三、稳健性检验

为进一步验证本章基准回归结果的可靠性,本章从增加地区固定效应和行业固定效应、调整回归模型样本等多个维度进行了稳健性测试。所得回归结果如表 7—6 所示。

表 7—6   稳健性检验

变量	企业新质生产力($Npro$)				
	(1)	(2)	(3)	(4)	(5)
	RE 模型	行业固定	地区固定	样本调整	变量替换
$lnSCF$	0.191*** (0.031)	0.167*** (0.033)	0.191*** (0.031)	0.189*** (0.034)	
SCF_v					0.172*** (0.030)
$\_cons$	7.298*** (0.293)	6.997*** (0.124)	6.975*** (0.502)	6.827*** (0.128)	6.792*** (0.116)
双向固定	NO	YES	YES	YES	YES
N	18 024	14 940	18 024	15 025	18 024
R^2	0.129	0.162	0.130	0.134	0.129

注:括号内为标准差;***、** 和 * 分别表示在 1%、5% 和 10% 水平上显著。

(一)使用随机效应模型

本章通过使用随机效应模型来证明前文结果是否保持无偏。从表 7—4 列

(4)的结果可以看出,使用固定效应模型求出的回归系数为 0.191,而从表 7-6 列(1)可以看出,使用随机效应模型求出的回归系数为 0.191,两者都通过了 1% 的显著性检验,且随机效应和固定效应求出的结果基本一致,这可以表明上文的结果保持稳健。

(二)增加行业固定效应

本章通过增加行业固定效应来最大限度地降低行业层面不可观测因素对实证结果的影响。具体来看,在原有的企业-时间固定效应的基础上,加入了行业固定效应。结果显示,经过增加行业固定效应的调整后,如表 7-6 列(2)所示,回归系数为 0.167,其回归结果与表 7-4 列(4)的回归结果接近,表明本章的基准回归结果并未因行业差异因素的干扰而发生改变,本章核心结论保持稳健。

(三)增加地区固定效应

本章通过增加地区固定效应来最大限度地降低地区层面不可观测因素对实证结果的影响。具体来看,在原有的企业-时间固定效应的基础上,加入了地区固定效应。结果显示,经过增加地区固定效应的调整后,如表 7-6 列(3)所示,回归系数为 0.191,其回归结果与表 7-4 列(4)的回归结果一致,表明本章的基准回归结果并未因地区差异因素的干扰而发生改变,本章核心结论保持稳健。

(四)剔除部分样本

表 7-6 列(4)的实证回归仅针对深圳证券交易所 A 股制造业企业,剔除了上海证券交易所 A 股的样本。深圳证券交易所 A 股汇聚了更多创新型和成长型制造业企业,尤其在科技、互联网+制造等新兴领域表现突出,为制造业企业提供了快速发展的融资通道。高技术制造业企业相对于普通制造业企业创新发展程度更高,数字供应链金融的应用更为迅速。本章剔除了上海证券交易所 A 股市场的企业,表 7-6 列(4)报告了所得结果,即在剔除该部分样本后,数字供应链金融水平对制造业企业新质生产力的提升作用仍然保持不变。

(五)替换核心解释变量

为了进一步验证回归结果的准确性,本章通过更换解释变量来进行稳健性检验。参照 Pan 等(2020)等的做法,设置"企业是否开展供应链金融业务"虚拟变量(SCF_v)。若该企业开展供应链金融业务,则定义为 1;反之则定义为 0。

从表7—6列(5)的回归结果来看，SCF_v 的系数为0.172，且在1%的水平上显著，这表明在替换解释变量后，制造业企业供应链水平对制造业新质生产力的发展有显著正向促进作用，从而进一步验证了上述结果的稳健性。

第三节 机制检验与异质性分析

一、机制检验

根据上文的理论分析，数字供应链金融对制造业企业创新的赋能作用可能存在三条实现路径：一是数字供应链金融促进了以金融要素优化配置作为标志的企业间价值生态重构，通过金融要素配置效率的提升带动创新能力提升；二是数字供应链金融促进了以企业内部综合运营效率提升为标志的企业内部价值生态重构，通过优化原有价值创造机制来带动创新能力提升；三是数字供应链金融促进了以组织协同合作创新为标志的企业创新范式"质态"变革，进而带动了企业创新能力的提升。

为了验证数字金融影响企业创新能力提升可能的传导机制，本章借鉴温忠麟和叶宝娟(2014)的做法，构建如下计量模型进行机制检验：

$$Npro_{it}=\alpha_0+\alpha_1 lnSCF_{it}+\alpha_2 X_{it}+v_i+u_t+\varepsilon_{it} \quad (7-2)$$

$$M_{it}=a_0+a_1 lnSCF_{it}+a_2 X_{it}+v_i+u_t+\varepsilon_{it} \quad (7-3)$$

$$Npro_{it}=a_0+a_1 lnSCF_{it}+a_2 X_{it}+a_3 M_{it}+v_i+u_t+\varepsilon_{it} \quad (7-4)$$

其中，式(7—2)与基准模型即式(7—1)相同，M 是中介变量，表示产业链效率变革，其他控制变量与上文释义一致。根据中介效应模型理论，若各方程核心变量的系数均显著，且式(7—4)中核心变量的系数值比式(7—2)中核心变量的系数值小或显著下降，就说明存在中介效应。

(一)检验产业链金融要素配置效率作用机制

如前文的理论分析，供应链金融一方面促进产业链上下游融资主体建立耦合机制，增强链上企业的联动；另一方面为核心企业和上下游企业通过双向选择来降低融资风险溢价水平提供了可能性，进而促进金融要素在产业链上下游的配置效率提升。为了检验供应链金融是否通过优化产业链金融要素配置效率来促进企业新质生产力提升，我们参照潘越等(2020)的研究，以非效率投资的对数来衡量企业的产业链金融要素配置效率(Eff),根据非效率投资模型计算得到的残差进行判断,比值越小表明企业的投资效率越高。随后,我们考察了供应链金融对非效率投资的影响,回归结果见表7—7列(1)和列(2)。从列(1)可以看出,非效率投资的系数估计值为-0.031,且在1%的水平上显著,这表明投资效率的提升有助于提高制造业企业的新质生产力水平。从列(2)可以看出,供应链金融的系数估计值为-0.108,且通过了5%的显著性检验,这表明供应链金融对非效率投资会产生负面影响,即企业投资效率会因供应链金融的投入增加而增强,从而验证了产业链金融要素配置效率作用机制。

表7—7　　　　　　　　　　　　机制检验结果

变量	金融要素配置效率		分工协作效率				创新要素配置效率	
	$Npro$	Eff	$Npro$	Itr	$Npro$	Icc	$Npro$	Pat
	(1)	(2)	(3)	(4)	(5)	(6)	(7)	(8)
$lnSCF$	0.174***	-0.108**	0.174***	0.195***	0.172***	0.196***	0.160***	0.113***
	(0.033)	(0.035)	(0.033)	(0.049)	(0.033)	(0.059)	(0.033)	(0.021)
Eff	-0.031***							
	(0.008)							
Itr			0.015**					
			(0.006)					
Icc					0.025***			
					(0.005)			
Pat							0.156***	
							(0.014)	
_cons	6.316***	-3.254***	6.372***	2.829***	6.299***	4.707***	6.332***	0.535***
	(0.129)	(0.132)	(0.127)	(0.186)	(0.128)	(0.224)	(0.125)	(0.079)
固定	YES	YES	YES	YES	YES	YES	YES	YES
N	15 490	15 490	15 490	15 490	15 490	15 490	15 490	15 490
R^2	0.083	0.040	0.083	0.008	0.084	0.015	0.091	0.008

注:括号内为标准差;***、**和*分别表示在1%、5%和10%水平上显著。

(二)检验产业链分工协作效率作用机制

如前文的理论分析,数据金融有助于企业加强并巩固与供应链上下游合作伙伴的长期合作关系,降低交易成本,提高资金利用效率,还可以带动运营管理模式的转型调整以创造新的价值需求,进而实现企业创新能力与全要素生产率的提升。为了检验供应链金融是否通过提升产业链分工协作效率进而促进企业新质生产力提升,我们参考李颖和周洋(2020)的研究,以存货周转率(Itr)和产业链整合水平(Icc)来衡量。回归结果报告于表7－7列(3)至列(6)。从列(3)可以看出,存货周转率的系数估计值为0.015,且在5%的水平上显著,这表明制造业企业存货周转率越高,企业新质生产力水平也越高。从列(4)可以看出,供应链金融的系数估计值为0.195,且通过了1%水平的显著性检验,这表明供应链金融对存货周转率会产生正面影响,即存货周转率会因供应链金融的投入增加而增强。从列(5)可以看出,产业链整合水平的系数估计值为0.025,且在1%的水平上显著,这表明制造业企业的产业链整合水平越高,企业新质生产力水平越高。从列(6)可以看出,供应链金融的系数估计值为0.196,且通过了1%水平的显著性检验,这表明供应链金融对产业链整合水平产生促进作用,即产业链整合水平会因供应链金融的投入增加而提高。由此判断,数字供应链金融可以显著提升制造业企业的生产要素利用效率,从而验证了产业链分工协作效率作用机制。

(三)检验产业链创新要素配置效率作用机制

根据前文的理论分析,数字供应链金融建立起来的联结渠道可以更加方便地促进供应链上下游企业之间实现信息传递与沟通合作,建立信任关系,带来更加丰富的信息交换,促进供应链企业之间科研资源与技术的合作交流,降低独立研发活动的风险和不确定性,从而提高研发活动的成功率。为判断数字供应链金融能否通过合作创新范式变革带来创新能力提升效应,我们参考金鑫等(2025)的研究,以联合审发明专利数量加1的对数来衡量企业的产业链创新要素配置效率(Pat)。供应链金融对联合审发明专利的影响的回归结果报告于表7－7列(7)和列(8)。从列(7)可以看出,联合审发明专利的系数估计值为0.156,且在1%的水平上显著,这表明企业创新要素配置能力越强,新质生产力水平越高。从列(8)可以看出,供应链金融的系数估计值为0.113,且通过了1%水平的显著性检验,这表明数字供应链金融水平提升有助于增强制造业企业的组织创新能力,即制造业企业的组织创新能力因数字供应链金融赋能而得到提高,从而一定程度上验证了增强制造业企业组织联合创新水平是数字供应链金融促进企业新质生产力提升的重要驱动机制。

二、异质性分析

由于不同类型的制造业企业在价值定位选择、数字金融资源能力等方面存在差异性,数字供应链金融赋能制造业企业新质生产力的实现条件各不相同,继而可能产生不同的影响结果,因此,本章在重点关注数字供应链金融与制造业企业新质生产力之间关系的基础上,从企业、行业和地区三个维度深入讨论一些异质因素对结果可能产生的差异性影响。

(一)企业特征异质性分析

1. 企业规模异质性

企业规模大小直接影响企业的人力资源水平、发展潜力和创新能力。不同规模的制造业企业在供应链金融生态中的地位和作用存在很大差异。从理论上讲,企业规模越大,越可能从上下游供应链生态中获取金融资源,从而越可能有效吸收数字供应链金融可能带来的正向促进作用。如表7-8列(1)和列(2)所示,数字供应链金融对制造业新质生产力的正向作用针对规模大的企业效果更为明显,原因有以下两点:第一,规模大的企业,其数字资源禀赋更为丰裕,数字供应链资源可获得性更高,且更易吸引数字供应链金融合作方来为企业的创新变革赋能;第二,规模大的企业,其战略决策能力更强,在价值定位层面更易于根据自身情况制定准确且独特的数字供应链融资方案,且更易于实施科学的数字供应链融资策略。

表7-8 企业特征异质性分析结果

变量	(1)扩张期	(2)减速期	(3)国有企业	(4)非国有企业
lnSCF	0.183*** (0.035)	0.176** (0.082)	0.274*** (0.083)	0.133*** (0.032)
_cons	6.695*** (0.140)	6.573*** (0.271)	6.978*** (0.263)	6.905*** (0.129)
双向固定	YES	YES	YES	YES
N	14 431	3 593	4 708	13 316
R^2	0.123	0.117	0.051	0.185

注:括号内为标准差;***、**和*分别表示在1%、5%和10%水平上显著。

2. 企业所有制性质异质性

相较于国有企业,民营企业的融资困境更加突出,其对金融环境的利好因素更加敏感。为进一步考察供应链金融对不同所有权性质企业新质生产力的不同影响,本章根据企业的所有权性质,将样本企业划分为国有企业和非国有企业两个子样本展开讨论。表7－8的列(3)和列(4)报告了异质性讨论结果:核心系数估计值都为正,且都具有显著性,这表明供应链金融对两类企业新质生产力的提升作用都存在。然而,相比非国有企业,供应链金融对国有企业新质生产力的核心系数值更高,即供应链金融对国有企业新质生产力的积极影响更加凸显,可能的原因在于:第一,国有企业在政策导向和资源获取上具有先天优势,供应链金融作为深化产融结合的工具,被纳入国企优化布局、服务国家战略的框架中,政策红利(如专项基金支持、试点项目倾斜)为国有企业提供了更稳定的供应链金融实践环境;第二,国有企业因规模优势,往往在产业链中扮演"链主"角色,其信用背书能有效整合上下游资源,形成规模效应,进而更易通过搭建数字化平台来整合物流、资金流、信息流等,构建"产融生态圈";第三,国有企业供应链金融实践往往与培育新质生产力的国家战略深度绑定,非国有企业则可能更关注短期收益,在长周期、高风险的创新项目中投入相对不足。

(二)行业特征异质性分析

数字供应链金融对企业新质生产力水平的影响程度可能与行业竞争程度密切相关。在垄断性行业中,企业的发展欠缺创新性和灵活性,市场化不足可能会抑制新质生产力水平的提升。相比垄断性行业,竞争性行业更易激活生产要素的市场活力,要素投入的边际效率也更高。基于此,我们推断,数字供应链金融对竞争性行业的制造业企业新质生产力提升作用可能会更加明显。以下根据衡量企业竞争程度的赫芬达尔指数,以中位数为划分标准,定义超过中位数的企业归属垄断性行业,反之则归属竞争性行业。分组估计的结果如表7－9的列(1)和列(2)所示。

表7－9　　　　　　　　行业特征异质性分析结果

变量	(1) 垄断性	(2) 竞争性
lnSCF	0.089 (0.118)	0.213*** (0.033)

续表

变量	（1）垄断性	（2）竞争性
_cons	5.763*** (0.432)	6.853*** (0.122)
双向固定	YES	YES
N	1 090	16 949
R^2	0.201	0.123

注：括号内为标准差；***、** 和 * 分别表示在1%、5%和10%水平上显著。

在垄断性行业分组中，核心变量的估计值不具有显著性；而在竞争性行业分组中，核心变量的估计值为正，且在1%的水平上显著。这意味着数字供应链金融对不同竞争程度行业的制造业企业新质生产力的影响存在明显差异，尤其是数字供应链金融对归属竞争性行业的制造业企业新质生产力的提升作用更加凸显。可能的原因在于：第一，竞争性行业企业普遍面临更严重的融资约束，而数字供应链金融通过核心企业信用穿透和数据资产质押机制有效突破传统信贷壁垒；第二，竞争性行业对市场动态敏感度更高，更依赖数字供应链金融通过全链条数据整合来实现精准资源匹配；第三，竞争性行业企业更依赖产业链生态优势来建立"护城河"，更依赖以数字供应链金融为纽带，通过构建数字化产业平台来增强企业协同效率。

（三）地区特征异质性分析

1. 地区信息化水平异质性

信息化建设是供应链金融得以快速发展的基础，供应链金融的应用也依赖地区信息化水平的发展程度。我们预判供应链金融在信息化水平高的地区可能会产生更加明显、深刻的积极外部性，对新质生产力的影响也更加明显。为验证信息化水平产生的影响，我们以地区互联网普及率为标准进行分组，定义高于普及率均值的地区为信息化水平高的组，反之则为信息化水平低的组。分组研究的结果如表7—10列（1）和列（2）所示。在信息化水平高的组中，核心变量的系数估计值为正，且在1%的水平上显著；在信息化水平低的组中则并未表现出明显效果。供应链金融对企业新质生产力的积极影响，在信息化水平高的地区表现得更加突出，可能的原因在于：第一，信息化水平高的地区具备更完善的数据基础设施，能够通过区块链、物联网等技术实现供应链全链条的物流、资金流、信息流多维度整合;第二,信息化水平高的地区通常集中了技术资源和创新主体,供应链金融的智能化工具能够以更低的成本规模化应用;第三,信息化水平高的地区往往具备更成熟的产业生态网络,核心企业、金融机构、科技服务商等主体可通过数字平台来实现深度协同,进而能够更好地促进供应链金融杠杆作用的有效发挥。

表7—10　　　　　　　　　地区异质性分析结果

变量	(1) 信息化水平高	(2) 信息化水平低	(3) 市场分割程度高	(4) 市场分割程度低
$lnSCF$	0.190*** (0.035)	0.126 (0.090)	0.170*** (0.054)	0.213*** (0.042)
_cons	6.756*** (0.144)	7.106*** (0.289)	6.671*** (0.192)	6.499*** (0.166)
双向固定	YES	YES	YES	YES
N	10 736	2 506	7 263	10 761
R^2	0.176	0.218	0.127	0.131

注:括号内为标准差;***、**和*分别表示在1%、5%和10%水平上显著。

2.地区市场分割程度异质性

供应链金融的市场效率与市场分割程度密切相关,对市场割裂程度大的地区,供应链金融的市场效率可能作用有限;而对于市场统一程度高的地区而言,供应链金融可能会发挥更高的市场效率,继而带动企业新质生产力的提升。为检验该推断,我们以市场分割程度指标作为分组标准,定义高于均值的分组为市场分割程度高的地区,反之为市场分割程度低的地区。分组研究的结果如表7—10的列(3)和列(4)所示。从系数估计值来看,两组都为正,且都具有较好的显著性,这表明供应链金融对新质生产力的作用受市场分割因素的影响较为有限。然而,从系数大小来看,在市场分割程度低的地区,供应链金融对新质生产力的积极影响更加显著,可能的原因在于:第一,在市场分割程度低的地区,供应链金融能够充分发挥跨区域资源整合能力,如统一市场通过打破行政壁垒和制度障碍,使物流、资金流、信息流得以在更大范围内高效流通;第二,统一市场通过数据要素的跨域共享机制,显著改善信息不对称问题,透明化环境以促使金融资源向科技创新项目精准倾斜,特别是长周期、高风险的颠覆性技术研发获得稳定支持;第三,统一市场为供应链金融生态圈构建提供沃土,更有利于核心企业通过供应链金融平台连接上下游数千家企业,形成创新协同网络。

第四节　业务模式与门限效应讨论

一、业务模式讨论

不同类型的制造业企业因其所处供应链节点、业务内容、信用额度等不同而对数字供应链金融业务模式的选择偏好存在差异,进而不同的数字供应链金融业务模式对制造业企业新质生产力的影响可能存在差异。例如,上游企业因核心企业账期压力大,应收账款占比高,更倾向于通过保理融资或应收账款质押来快速回笼资金;而核心企业凭借其高信用等级,倾向于通过反向保理将自身授信额度分配给上游供应商。企业主体的供应链金融偏好本质上是对风险、收益、效率权衡的结果,上游企业聚焦账款变现效率,核心企业追求生态控制权,下游企业则侧重于流动性管理。

为进一步细化探究不同的数字供应链金融业务模式对制造业企业新质生产力的差异性影响,以下将数字供应链金融业务模式细分为"预付类""存货类""应收类""综合类",分别展开讨论。四类数字供应链金融业务模式的差别在于融资标的各有不同,具体来说,"预付类"是以提货权为标的的抵押融资,"存货类"是以货物为标的的抵押融资,这两类本质上属于传统的抵押物获取资金;"应收类"是以订单为标的的信用融资,区别于传统抵押融资;"综合类"是基于供应链各个节点核心业务模块的组合融资,兼具信用融资和抵押融资的优势,表现出更强的灵活性、匹配性和及时性。四类模式的差异化表现本质上是"物的信用"与"数据信用"的融合递进:"预付类"强化货权控制能力,"存货类"深化动产数字化能力,"应收类"拓展信用穿透边界,"综合类"则通过生态整合来实现供应链金融生态圈"1+1>2"的协同效应。未来,随着产业互联网平台的崛起,"综合类"模式将成为数字供应链金融的主流形态。

以下采用实证模型分组讨论各类模式对制造业企业新质生产力的影响。回归结果如表7—11所示。传统融资类的"预付类"和"存货类"模式对制造业企业新质生产力的影响并不显著,"应收类"和"综合类"模式则对制造业企业新质生产力发挥了显著的正向作用,其中"综合类"模式的正向作用最为显著。该结果表明:(1)"预付类"与"存货类"模式对制造业企业新质生产力的带动作用具有局限性,"预付类"与"存货类"模式高度依赖实物资产抵押,其资金用途多局限于短期采购或库存周转,难以支持企业的技术研发等长期投入与创新活动;(2)"应收类"与"综合类"模式对制造业企业新质生产力的驱动力在于,"应收类"模式通过核心企业信用穿透,使中小企业凭交易数据获得融资,突破了抵押物限制,"综合类"模式整合物流、资金流、信息流,通过智能合约自动匹配融资需求,进而带动全链条协同效应;(3)数字供应链金融对制造业企业新质生产力的培育需要从"物的信用"向"数据信用"跃迁,"综合类"模式通过技术融合与生态重构,实现了生产要素的"创造性破坏",而传统模式受限于短期性和碎片化,难以支撑系统性创新。未来政策需重点突破数据孤岛,完善数字信用基础设施,推动供应链金融从"输血工具"升级为"创新孵化器"。

表 7—11　　　　　　　　　基于业务模式区分的回归结果

变量	(1) $Npro$	(2) $Npro$	(3) $Npro$
存货类、预付类	0.028 (1.209)		
应收类		0.177** (0.073)	
综合类			0.057*** (0.012)
_cons	6.828*** (0.116)	6.823*** (0.116)	6.807*** (0.116)
固定	YES	YES	YES
N	18 024	18 024	18 024
R^2	0.127	0.127	0.128

注:括号内为标准差;***、**和*分别表示在1%、5%和10%水平上显著。

二、供应链金融的门限效应讨论

上文的分析表明,数字供应链金融对制造业企业新质生产力具有正向作用。从现实情况来看,数字供应链金融对制造业新质生产力的促进作用并非无条件线性传导,其作用发挥需依赖一定的前置条件。例如,数字供应链金融需依托企业信息化水平来实现数据互联互通,若企业缺乏数据采集、存储和分析能力,金融工具就难以穿透产业链从而形成有效信用评估;再如,供应链金融的"链式赋能"依赖核心企业信用穿透及生态协同,若产业链缺乏强主导者或协同机制,金融资源就易碎片化,数字供应链金融的正向溢出效应就难以发挥。

为了判断企业新质生产力是否会在供应链金融投入强度的不同阶段与之呈现非线性关系,以下借鉴了 Wang(2015)的方法,使用 Bootstrap 自抽样法来进行门限效应验证。验证结果如表 7-12 所示。供应链金融单门限检验的 F 值为 46.87,P 值为 0.05,证明显著通过了单门限测试,且门限值为 1.386。

表 7-12　　　　　　　　门限效应检验结果

Threshold	F 值	P 值	Fstat	门限值	BS 次数	Crit10	Crit5	Crit1
Single	46.87	0.05	6.39	1.386	300	4.87	6.01	9.29

采用单一门限模型进行回归检验的估计结果如表 7-13 所示,当数字供应链金融水平小于 1.386 时,影响系数为 -0.008,且在 95% 的置信区间内不显著;当数字供应链金融水平跨过门限值 1.386 时,对制造业企业新质生产力的影响系数为 0.697,在 10% 的水平上保持显著。

表 7-13　　　　　　　　门限效应的估计结果

被解释变量:新质生产力	估计值	95%置信区间	R^2	控制变量
供应链金融(<1.386)	-0.008	[-0.081,0.066]	0.066	YES
供应链金融(≥1.386)	0.697*	[-0.036,1.431]	0.603	

注:* 表示在 10% 的水平上显著。

这一结果表明,在制造业企业投入初期,供应链金融对企业新质生产力的带动作用较为有限,而随着企业供应链金融建设发展水平的提高,数字供应链金融对企业新质生产力的带动作用更为明显。对新质生产力的促进作用会随着企业供应链金融建设发展水平的提高而逐渐增强,可能的原因在于,当数字供应链金融发展水平较低(<1.386)时,企业尚未形成完整的数据资产积累和技术穿透能力,在低水平数字供应链金融下,核心企业的生态主导能力不足,难以实现信用穿透与资源协同;当数字化水平突破临界值(≥1.386)时,企业通过物联网实时监控和区块链多级穿透形成全链条数据闭环,核心企业依托数字平台构建"链主+链上"协同网络,数据规模效应触发技术应用的边际成本递减,

生态协同的乘数效应在此阶段显现,进而使生产要素创新性配置的带动作用明显增强。数字供应链金融对制造业企业新质生产力的门限效应本质上是技术、生态、政策三重杠杆协同作用的结果:低水平阶段受限于数据孤岛、生态碎片化和政策适配性不足;跨越门限后,规模效应、协同网络和政策精准性形成共振,推动生产要素从"量的积累"向"质的跃升"转变。该结论的政策意义在于,需重点突破区域数字化均衡,如中西部基建补短板,并兼顾长周期金融工具创新,鼓励如投贷联动等长期政策安排,进而推动内生式、渐进式地突破变革,助力更多企业跨越临界值,逐步增强其对企业新质生产力的提升作用。

第五节 研究结论及启示

本章重点检验了数字供应链金融对制造业企业新质生产力的影响及其内部作用机制。实证结果表明,数字供应链金融可以有效促进制造业企业新质生产力的提升,在进行了增加地区固定效应和增加行业固定效应、调整回归模型样本等维度的稳健性测试后,该结果依然稳健。进一步通过滞后项处理、均值工具变量、外生工具变量(地方政策)三种方法解决对应可能存在的内生性问题后,研究结论仍显著稳健。

机制检验显示,数字供应链金融对制造业企业创新的赋能作用存在三条实现路径:一是数字供应链金融促进了以金融要素优化配置为标志的企业间价值生态重构,通过金融要素配置效率的提升带动企业创新能力提升;二是数字供应链金融促进了以企业内部综合运营效率提升为标志的企业内部价值生态重构,通过优化原有价值创造机制来带动创新能力提升;三是数字供应链金融促进了以组织协同合作创新为标志的企业创新范式"质态"变革,进而带动企业创新能力提升。

从企业特征异质性来看,数字供应链金融对制造业新质生产力的正向作用,针对规模大的企业效果更为明显;相比较非国有企业,供应链金融对国有企业新质生产力的积极影响更加凸显。从行业特征异质性来看,数字供应链金融对不同竞争程度行业的制造业企业新质生产力的影响存在明显差异,数字供应链金融对归属竞争性行业的制造业企业新质生产力的提升作用更加凸显。从地区特征异质性来看,供应链金融对企业新质生产力的积极影响在信息化水平高的地区表现得更加突出；在市场分割程度小的地区，供应链金融对新质生产力的积极影响更加显著。

针对不同业务模式的讨论显示，传统融资类的"预付类"和"存货类"模式对制造业企业新质生产力的影响并不显著，"应收类"和"综合类"模式则对制造业企业新质生产力发挥了显著的正向作用，其中"综合类"模式的正向作用最为显著。

门限效应讨论显示，数字供应链金融对制造业新质生产力的促进作用并非无条件线性传导，其作用的发挥需依赖一定的前置条件，表现出单一门限特征。对新质生产力的促进作用会随着企业供应链金融建设发展水平的提高而逐渐增强。

本章实证分析的政策启示在于：一是需重点突破区域数字化均衡，如中部和西部基建补短板，并兼顾长周期金融工具创新，鼓励如投贷联动等长期政策安排，进而推动内生式、渐进式地突破变革，逐步增强其对企业新质生产力的提升作用；二是避免传统供应链金融模式受限于短期性与碎片化，难以支撑系统性创新等弊端，未来政策需重点突破数据孤岛、完善数字信用基础设施，推动供应链金融从"输血工具"升级为"创新孵化器"，通过政府主导的产融合作平台来整合税务、海关、物流等多方数据，构建去中心化信用网络，鼓励供应链企业从"物的信用"向"数据信用"跃迁；三是通过专项创新基金或创新补贴等政策，鼓励链主企业开展数字化平台建设，推广"综合类"供应链金融模式，实现生产要素的"创造性破坏"，全面孵化以供应链金融平台为载体的创新合作生态圈，以强化产业生态协同效应。

第三部分

实 践 篇

本书的第三部分为实践篇,包括第八章至第十二章,在对数字金融支持产业发展的政策框架分析梳理的基础上,分别对数字金融支持产业发展的创新实践案例、数字金融支持产业发展的政府性平台案例、数字金融支持产业发展的瓶颈问题进行实践调研分析,并对相关案例的现存挑战、经验启示进行总结分析,最后对政府性数字金融服务平台提出发展建议。

第八章主要对我国数字金融支持政策体系及支持产业发展的重点领域与路径进行框架分析。第九章主要围绕数字金融支持产业升级的创新实践及瓶颈问题进行案例调研分析。第十章主要围绕数字金融支持产业发展的政府性平台定位与功能以及具体案例进行调研分析并研究其在区域协同生态构建方面的经验启示。第十一章主要围绕数字金融支持产业发展面临的基础设施建设、生态建设、科技创新及监管等瓶颈问题进行调研分析。第十二章主要对政府性数字金融服务平台的数据融合与生态培育路径进行对策分析。研究表明,数字金融对构建科技、产业与金融一体化协同生态,破解数据壁垒和政策联动瓶颈具有关键作用。

第八章
数字金融支持产业发展的政策框架分析

本章首先聚焦数字金融支持政策的演进特征,分别从金融科技创新、数字金融基础设施建设、金融科技监管水平建设、金融服务数字化升级和数字化金融生态建设五个方面全面梳理数字金融支持产业发展的政策框架;然后,以重点产业场景聚合创新、金融服务模式创新以及金融数字化风控体系创新为目标,探讨数字金融支持产业发展的重点领域,构建"科技-产业-金融"协同发展的数字金融体系的具体实现路径。

第一节 我国数字金融支持政策的演进特征

一、我国数字金融支持政策整体框架

数字金融作为技术驱动的金融创新,是深化金融界供给侧结构性改革,增强企业金融服务实体经济能力的重要引擎。近年来,我国针对数字金融发展的政策频频出台。数字金融政策重点聚焦推进金融科技创新、加快数字金融基础设施建设、提升金融科技监管水平、推动金融服务数字化升级和打造数字化金融生态五个方面,一系列前瞻性的数字和科技金融制度与政策落地,为我国金融科技和数字金融发展奠定了坚实基础,并指明了发展方向。2019年,金融科技业首份顶层文件——《金融科技(FinTech)发展规划(2019—2021年)》发布,为金融科技发展指明了道路。自2022年以来,《金融科技发展规划(2022—2025年)》《"十四五"数字经济发展规划》《关于银行业保险业数字化转型的指导意见》《金融标准化"十四五"发展规划》等相继发布,数字金融自上而下的顶层

设计逐步完善。2023年10月召开的中央金融工作会议提出,做好数字金融等五篇大文章,这也是数字金融首次被写入中央文件,数字金融的重要性日益凸显。与此同时,针对数字金融中的重要生产要素——数据要素,我国相继发布《"十四五"大数据产业发展规划》《中共中央 国务院关于构建数据基础制度更好发挥数据要素作用的意见》(数据二十条)、《"数据要素×"三年行动计划(2024—2026年)》等纲领性文件,推进数据要素市场化,激活数据要素潜能,促进我国数据要素高质量发展,为我国数字金融发展提供支撑。表8-1为我国数字金融发展相关政策汇总。

表8-1　　　　　　　　我国数字金融发展相关政策汇总表

政策名称	颁布部门	颁布时间	主要内容
《国务院关于积极推进"互联网+"行动的指导意见》	国务院	2015年7月	首次提出"互联网+普惠金融"概念,鼓励金融机构利用互联网技术拓展服务边界,支持移动支付、网络借贷等新业态发展
《网络借贷信息中介机构业务活动管理暂行办法》	银监会、工信部等	2016年8月	规范网络借贷业务,划定P2P平台合规边界,防范互联网金融风险
《金融科技(FinTech)发展规划(2019—2021年)》	中国人民银行	2019年9月	我国首份金融科技顶层规划,提出"四梁八柱"发展框架,推动人工智能、区块链等技术在金融领域的应用
《中共中央 国务院关于构建更加完善的要素市场化配置体制机制的意见》	国务院	2020年3月	首次将数据列为生产要素,明确数据要素市场化改革方向,为金融数据流通奠定基础
《"十四五"大数据产业发展规划》	工信部	2021年11月	推动金融领域大数据应用,支持数据采集、治理、分析技术研发,助力信贷风控和普惠金融
《"十四五"数字经济发展规划》	国务院	2021年12月	统筹数字经济整体布局,提出加快金融领域数字化转型,推动数字人民币试点,建设安全高效的基础设施
《关于银行业保险业数字化转型的指导意见》	银保监会	2022年1月	要求银行、保险机构制定数字化转型战略,强化数据能力建设,完善数字金融服务体系,防范数字化风险
《金融科技发展规划(2022—2025年)》	中国人民银行	2022年1月	提出"数字驱动、智慧为民"等发展原则,推动金融机构数字化转型,加强数据安全与隐私保护

续表

政策名称	颁布部门	颁布时间	主要内容
《金融标准化"十四五"发展规划》	中国人民银行、市场监管总局	2022年2月	建立数字金融技术标准体系,覆盖支付清算、区块链、云计算等领域,强化风险防控能力
《中共中央 国务院关于构建数据基础制度更好发挥数据要素作用的意见》(数据二十条)	中共中央、国务院	2022年12月	明确数据产权、流通交易、收益分配等基础制度,提出探索数据资产入表、数据信托等金融创新模式
中央金融工作会议"五篇大文章"部署	国务院、中央金融委员会	2023年10月	首次将数字金融列为国家战略重点,与科技金融、绿色金融等并列,强调其在经济高质量发展中的核心作用
《"数据要素×"三年行动计划(2024—2026年)》	国家数据局等十七部门	2023年12月	推动数据要素与金融服务深度融合,支持跨领域数据应用,提升实体经济金融服务水平
《推动数字金融高质量发展行动方案》	中国人民银行等七部门	2024年12月	提出到2027年建成适应数字经济的金融体系,明确金融机构数字化转型目标,强化数据安全与监管协同,推动数实融合
2025年政府工作报告(数字金融部分)	国务院	2025年3月	将数字金融纳入货币政策工作重点,强调数实融合与普惠金融创新,提出加快数字人民币推广和产业数字金融发展

纵观近十年来我国针对数字金融发展的政策趋势,政策重心从推动互联网金融发展逐步转向深化金融科技应用、完善监管体系、促进数实融合和高质量发展,顶层设计逐步完善。在技术层面,从早期的互联网技术应用转向人工智能、区块链、大数据等前沿技术深度融合;在监管层面,从风险防范转向构建标准化、智能化的监管体系,强调"守正创新";在数据要素赋能层面,通过数据要素市场化改革(如数据资产入表、数据信托)激活金融创新潜能。根据我国数字金融相关支持政策重点的演变特征,我国数字金融支持政策的演进过程可分为以下四个主要阶段:

2015—2018年为数字金融起步探索阶段,政策重点以"互联网+"为切入点,推动金融与互联网技术初步融合。《国务院关于积极推进"互联网+"行动的指导意见》提出"互联网+"普惠金融行动,探索推进互联网金融云服务平台建设,鼓励金融机构利用互联网来拓宽服务覆盖面,拓展互联网金融服务创新的深度和广度,数字金融概念逐渐形成,相关政策开始关注金融科技在支付、融资、投资等领域的应用,鼓励金融机构与互联网企业合作创新,推动金融服务的数字化和普惠化。在此期间,监管部门发布多项文件来规范互联网金融行为,如《网络借贷信息中介机构业务活动管理暂行办法》(2016年),初步划定互联网金融业务的合规边界。

2019—2021年为数字金融支持体系初步形成阶段,政策重点是制定金融科技顶层规划,构建数字金融政策框架。2019年,中国人民银行发布首份金融科技专项规划——《金融科技(FinTech)发展规划(2019—2021年)》,明确了金融科技在金融机构数字化转型中的重要地位,提出"四梁八柱"发展框架,强调技术驱动金融创新,重点推进人工智能、区块链等技术在金融领域的应用,推动金融机构加强科技能力建设,提升金融服务的效率和质量。2020年,《中共中央国务院关于构建更加完善的要素市场化配置体制机制的意见》首次将数据列为生产要素,为金融数据流通和数字金融发展奠定基础。2021年,数字人民币试点范围扩大,数字金融基础设施建设持续深入,支付环境优化,征信与信用系统联通,数字金融监管体系不断完善,在风险防范、监管规则、监管数字化水平以及消费者权益保护等方面都取得进展。另外,在地方政策实践层面,地方试点政策加速落地,如深圳、北京等地启动数字人民币试点,探索法定数字货币的应用场景。

2022—2023年为数字金融政策顶层设计完善阶段,政策重点是完善政策体系,强化监管与数据要素支撑,更加注重金融服务的数字化升级和生态打造。2022年,中国人民银行发布《金融科技发展规划(2022—2025年)》,提出"数字驱动、智慧为民、绿色低碳、公平普惠"的发展原则,明确推动金融机构数字化转型,并加强数据安全与隐私保护。2023年,中央金融工作会议首次将"数字金融"列为"五篇大文章"之一,提升至国家战略高度;国家数据局联合多部门发布《"数据要素×"三年行动计划(2024—2026年)》,强调数据要素在金融服务中的融合应用。此外,关于数字金融的监管体系不断完善升级,出台《金融标准化"十四五"发展规划》,建立数字金融技术标准体系,强化风险防控能力。

2024年至今为数字金融政策深化阶段,政策重点是推动数字金融与实体经济深度融合,推动经济高质量发展。我国数字金融发展取得明显成效,呈现头部金融机构引领数字化转型、重点领域金融服务数字化提质增效、数字金融治理体系不断完善、数字金融基础设施建设持续深入等特点,数字金融政策更加注重数据要素的应用和保护,推动金融数据的合规使用和创新。2024年,中国人民银行等七部门联合印发《推动数字金融高质量发展行动方案》,提出构建适应数字经济发展的金融体系,明确加快数字人民币跨境支付、产业数字金融、数据资产金融化等方向。2025年政府工作报告进一步强调数字金融在"五篇大文章"中的核心地位,聚焦数实融合与普惠金融创新将延续"技术＋数据"双轮驱动,强化风险防控与普惠服务,助力经济高质量发展。另外,在地方政策实践层面,地方数字金融创新实践进一步深化。例如,深圳提出到2025年形成5个以上数字金融园区,推动金融机构与科技企业(如腾讯、华为)的合作,强化AI大模型等技术应用；北京发布数字经济促进条例,完善金融支持政策；上海提出《上海高质量推进全球金融科技中心建设行动方案》等支持政策,建设安全高效的金融基础设施,支持在沪金融基础设施探索金融科技应用和数字化转型升级,利用相关技术构建安全可控、开放兼容、性能优良的金融核心系统。

二、数字金融科技创新相关政策

金融科技创新是数字金融发展的重要推手和基石。2019年中国人民银行印发的《金融科技(FinTech)发展规划(2019—2021年)》提出了建立健全我国金融科技发展的"四梁八柱",这是我国金融科技的第一份科学、全面的规划,影响深远。2022年1月中国人民银行印发的《金融科技发展规划(2022—2025年)》对新时期金融科技发展提出了指导意见。与上一轮相比,本次规划更加顺应数字经济发展的趋势,重点任务更加明确,关键技术更加前沿,实施方向更加清晰,为金融科技发展提供了顶层设计和统筹规划。

在国家政策层面,数字金融科技创新的相关政策主要聚焦人工智能、大数据、云计算、物联网等信息技术与金融的全面融合,以金融科技手段不断优化和创新金融产品,经营模式业务流程再造,从而降低资金融通边际成本,缩小数据鸿沟,实现金融精准滴灌,进一步推动金融机构盈利模式改革,开拓服务边界,为金融业转型升级不断赋能。通过数字化转型提升金融服务的精准性和效率。例如,利用大数据和人工智能优化信贷风险评估,推动普惠金融覆盖中小微企业。政策强调夯实数据治理基础,推动公共数据向金融机构开放,同时要求加强数据安全与算法风险管理。国家层面还多次提及"稳妥推进数字人民币研发和应用",并将其纳入数字支付服务体系的核心目标。数字人民币旨在提升支付便利性和安全性,降低跨境交易成本。政策要求探索其在零售支付、跨境结算等场景的应用,并通过试点逐步扩大适用范围。

在地方政策层面,数字金融科技创新的相关政策主要聚焦区域科技创新中心试点。例如,在18个试点地区(如北京、上海、粤港澳大湾区等)放宽科技企业并购贷款政策,贷款比例上限从60%提升至80%,期限延长至10年;上海市深入推动数字人民币研发应用,持续扩大其在消费、交通、政务、医疗等重点领域的覆盖面和使用规模,同时推动数字人民币在金融市场、航运贸易数字化、跨境支付等领域创新应用。

三、数字金融基础设施建设相关政策

数字金融基础设施包括数字基础设施以及数据要素市场建设。在数字基础设施方面,《金融科技发展规划(2022—2025年)》和《数字中国建设整体布局规划》等政策中皆提到要完善数字基础设施建设、打通数字基础设施大动脉。在数据要素市场方面,我国颁布了《"十四五"大数据产业发展规划》《"十四五"数字经济发展规划》《中共中央 国务院关于构建数据基础制度更好发挥数据要素作用的意见》(数据二十条)、《"数据要素×"三年行动计划(2024—2026年)》等一系列指导政策,提出要畅通数据资源大循环,建立公共数据资源库,建立数据产权制度,建立数据要素流通、交易和收益分配制度,加强数据要素治理,从而建立健全我国数据要素市场。

在国家政策层面,数字基础设施建设相关政策主要聚焦两方面:一是5G网络与千兆光网协同建设,推进IPv6技术的规模部署和融合创新应用,推进移动物联网全面发展,结合区块链技术为金融服务场景提供安全支撑,从而架设安全泛在的金融网络;二是进一步优化算力基础设施布局,打造绿色高可用数据中心,加快云计算等技术的推广应用,促进东部和西部算力高效互补和协同联动,构建起分布式与集中式相融通、云联动的算力支持体系。数据要素市场建设相关政策主要聚焦数据要素市场化,推动金融数据依法合规共享流通,加大公共信用信息向金融领域开放的力度,同时建立数字金融治理体系,通过打破数据孤岛,提升金融机构对小微企业的信用评估能力(如"信易贷"模式),充分发挥数据要素潜能,发挥我国海量数据规模和丰富应用场景优势,为我国数据经济及数字金融发展提供新动能。

在地方政策层面,数字金融基础设施建设相关政策主要聚焦地方数据基础设施建设、数据开放与场景创新。例如,上海市围绕重点领域实施若干示范工程,支持有条件的龙头单位建设一体化数字平台和行业大数据基础设施;深圳

市鼓励金融企业联合腾讯、华为等科技企业,增强AI大模型等技术在金融领域的应用;北京市推进数字金融基础设施建设,完善精准服务中小微企业数字金融体系,探索开展数据资产质押融资、保险、担保、证券化等金融创新服务;杭州市支持"两地四中心"建设,支持国家金融管理部门依托杭州金融产业优势,设立清算中心等重要机构,并形成一批金融服务跨场景应用示范。

四、金融科技监管相关政策

在提升数字金融科技水平的同时,监管水平也要与时俱进,才能有效防范和化解新发展背景下的金融风险。《金融标准化"十四五"发展规划》《金融科技发展规划(2022—2025年)》和《数字中国建设整体布局规划》等政策针对金融科技监管提出,要与时俱进地完善法律法规、技术标准等体系,不断适应数字化发展需要;要加强数字化监管能力建设,利用大数据、机器学习、模式识别等技术,监测数字金融运行状况,深化数字技术全场景应用体系的合规监测,构建金融与科技风险之间的防火墙,提升金融监管效能;要加强金融科技创新监管,加快金融科技创新监管工具应用,坚持将所有金融活动依法依规纳入监管,厘清金融科技创新边界,从源头防范金融与科技融合所带来的潜在风险。总体而言,在国家层面,金融科技监管政策以顶层规划+能力建设为核心,通过立法、统计、考核和跨部门联动强化监管框架;在地方层面,金融科技监管政策则通过试点创新+区域适配,在风险可控的前提下探索灵活的政策工具。

在国家政策层面,金融科技监管相关政策主要聚焦监管顶层设计与统筹规划、监管能力与技术升级,以及风险防控与合规要求完善。在顶层设计与统筹规划方面,《国务院办公厅关于做好金融"五篇大文章"的指导意见》明确提出,要健全数字金融治理体系,依法将数字金融创新业务纳入监管,并提升数字化金融监管能力。在监管能力与技术升级方面,国家层面通过央行等机构推动数字化金融监管能力建设,如建立金融"五篇大文章"统计制度和综合考核评价制度,强化数据信息共享和监管联动;运用结构性货币政策工具(如再贷款)引导金融机构合规开展科技金融业务;加强金融科技与产业、财税政策的衔接,如在知识产权金融领域建立登记、评估、处置全流程规范。在风险防控与合规要求方面,要求金融机构在数字化转型中完善风险管理体系,强化贷款资金用途监控,防范科技企业并购贷款等业务风险。

在地方政策层面,金融科技监管相关政策主要聚焦金融科技监管创新试点探索,以及区域特色化监管支持。例如,金融监管总局在18个试点地区(如北京、上海、粤港澳大湾区等)开展科技企业并购贷款政策放宽试点,将"控股型"并购贷款比例上限从60%提至80%,贷款期限从7年放宽至10年;知识产权金融试点在北京市、江苏省等8省市落地,重点优化登记、评估和处置流程,设立商标权及版权质押登记绿色通道,探索以知识产权整体评价替代单一价值评估,降低中小企业融资门槛。上海市提出探索更加灵活的金融科技监管沙盒机制,争取国务院金融管理部门等的支持,为金融科技创新探索提供监管建议和政策支持,并持续完善基于金融科技创新监管工具等的金融科技监管框架。

五、金融服务数字化升级相关政策

金融服务数字化升级是金融行业在数字经济时代的重要转型方向。金融服务数字化升级不仅是技术迭代,更是金融业态的全面革新。其核心在于通过技术与数据的双轮驱动,重构服务模式、提升效率并赋能实体经济。这一进程既顺应了数字经济全球化的趋势,也为金融强国建设提供了关键支撑。《金融科技发展规划(2022—2025年)》《关于银行业保险业数字化转型的指导意见》等政策提出,要科学制定数字化转型战略,改善组织架构和机制流程,以明确的顶层设计统筹金融机构数字化转型工作,以创新、扁平化的组织架构,快速响应数字化转型进程;同时,推进业务经营数字化建设,依托人工智能、大数据、区块链、物联网、5G、云计算等数字技术,拓宽线上渠道,加强线上线下业务协同,丰富服务场景,打造个性化、特色化金融产品,拓宽服务边界,建立前、中、后台协同的数字化交易管理体系,有效提升投资交易效率和风险管理水平,强化数字风控能力建设。总之,要将数字金融深度融入生产生活场景,使其成为经济高质量发展的核心引擎。

在国家层面,金融服务数字化升级的相关政策主要聚焦技术驱动的业务重塑和金融运营模式的系统性变革,通过搭建多元融通的服务渠道,建立无障碍服务体系,从而提供更加数字普惠、绿色、人性化的数字金融服务。一方面,国家统一部署科技金融、绿色金融、普惠金融、养老金融等重点领域的数字化提质增效,强调数字人民币的"积极稳妥推行",并推动智能体(AI Agent)在金融风控、营销等场景的应用;另一方面,通过搭建全国中小微企业资金流信用信息共享平台等国家级平台,制度化共享资金流信用信息,优化中小微企业融资环境,依法推进金融数据共享,加大公共信用信息开放力度,完善数字金融治理体系。

在地方层面,金融服务数字化升级的相关政策主要聚焦区域创新平台建设、试点工程与标准化实践。例如,上海市支持资产管理机构在交易、风控、客服等方面提升科技赋能水平,完善服务流程,提高运营效率和风险防范水平;江苏省试点区域创新平台建设,成立江苏省数字金融重点实验室,整合量子科技、南京大学等资源,开展数字金融前沿技术研究,推动金融科技标准制定与技术转化,形成数字金融产业集聚效应。

六、数字化金融生态建设相关政策

数字化金融生态是由多元主体共同构建的复杂网络系统,金融机构、技术提供商、企业及个人等主体通过数据共享、技术协同和业务整合,形成跨界融合的服务生态圈。数字化金融生态的本质是通过技术来重构金融服务的生产关系和运营模式,其意义不仅在于效率提升和风险可控,更在于推动金融与实体经济的深度融合,成为新质生产力培育和金融强国建设的关键支撑。在打造数字化金融生态方面,《关于银行业保险业数字化转型的指导意见》《金融标准化"十四五"发展规划》《数字中国建设整体布局规划》等政策都提出了相应规划和指导意见,旨在打破传统金融的物理边界,实现金融资源的高效配置,实现金融与个人、企业、政府建立数字连接、共建开放生态,将优质金融服务延伸至经济社会的方方面面,赋能数字经济高质量发展。

在国家层面,数字化金融生态建设的相关政策主要聚焦三个方面:一是针对国家重点产业和新兴产业,加强生态对接和场景聚合,打造数字化产业金融服务平台,实现"一站式"金融服务;二是通过开放银行,与政府、企业、高校、医院等进行跨界合作,加强与第三方公司的业务服务对接,进行金融服务场景化建设,推进业务线上化,将数字金融服务与场景生活、办公生活、社区生活相结合,一站式满足不同客户群体的金融及非金融需求;三是进一步推进金融服务数字化,拓展数字人民币应用场景,丰富数字金融服务体系,依托平台生态和开放银行,以"金融+"服务模式构建智能便民生活圈和平台数字经济体系。

在地方层面,数字化金融生态建设的相关政策主要聚焦数字化金融产品创新试点与模式创新试点。例如,北京市、上海市等 8 个省市开展知识产权金融生态综合试点,针对优化金融机构服务机制,发挥"政府+平台+金融"三方合作模式作用,实现信息、数据互联互通,从而提升综合服务水平。上海市、江苏省等多地推进金融科技产业高地建设,吸引金融科技企业集聚,形成"实验室+

研究院＋企业"的生态链；江苏省发布《银行业科创金融专营组织建设与管理规范》等团体标准，以规范科创金融、绿色金融等领域的服务流程。上海市强化数字金融产业集聚生态，打造"两城、一带、一港"空间布局，以吸引央行数研所、头部金融机构科技子公司落户，形成国内重要金融科技集聚地。

第二节　数字金融支持产业发展的重点领域与路径分析

一、数字金融支持产业发展的重点领域

数字金融作为技术驱动的金融创新，是深化金融供给侧结构性改革，催生行业新业态、新模式、新产品、新服务，助力产业高质量发展，增强金融服务实体经济能力的重要引擎。数字金融通过技术创新与制度完善，重点支持制造业转型、战略性新兴产业、绿色产业、普惠经济、科技创新等领域，推动产业转型升级和高质量发展，具体措施涵盖基础设施建设、数据共享、产品创新及风险管理等多个维度，旨在实现金融与实体经济的深度协同。数字金融支持产业发展的重点领域主要有以下几个方面：

（一）制造业转型与高质量发展

数字金融作为制造业转型升级与高质量发展的重要推动力，通过技术创新、数据驱动和生态协同，正在重塑制造业的融资模式、生产效率和产业生态。通过供应链金融、数字保理等模式，覆盖产业链上下游融资需求，利用区块链技术实现供应链金融的透明化和高效化，优化中小企业融资服务，提升产业链整体效率和竞争力。支持制造业智能化改造和低碳转型，通过数字技术推动碳交易、环境信息披露等绿色金融产品创新，支持低碳转型和可持续发展，如《关于银行业保险业数字化转型的指导意见》鼓励开发绿色信贷产品，助力降低能耗。

（二）战略性新兴产业与科技创新

在战略性新兴产业与科技创新领域，数字金融通过风险分散机制创新、知识产权资本化、技术转化加速等方式，能够有效解决"高风险、轻资产、长周期"的融资难题，推动技术研发、成果转化和产业规模化发展。一方面，数字金融高

效便捷,可以加快资金流转,缩短科技创新项目从概念到市场的周期,加速创新成果的商业化进程。例如,针对新一代信息技术、生物医药、高端装备等产业,依托数字金融开发研发贷、创新贷、知识产权质押贷款等特色产品,通过数字化工具优化科技型中小企业和专精特新企业的贷款服务,探索"贷款+外部直投"等多样化融资模式,实现全生命周期金融支持。另一方面,数字金融有助于加速产业数字化转型,通过数据要素流通与全产业链赋能功能,以数字技术创新驱动融资模式变革、产业生态协同优化、智能风控体系构建及政策资源整合,激发创新精神和创业活力,吸引更多创新者和投资者加入战略性新兴产业的技术创新与发展,进而为战略性新兴产业与科技创新提供核心支撑,推动科技向生产力转化。

(三)绿色产业与低碳经济

数字金融通过技术赋能与制度创新,正在重构绿色经济的金融基础设施,其价值不仅在于解决融资难题,更在于推动产业全链条低碳转型,助力实现"双碳"目标与经济高质量发展协同并进。促进碳金融与ESG融合发展,基于企业碳账户和ESG评分,开发绿色债券、碳配额质押贷款等产品,以及碳期货、碳中和挂钩债券等金融产品,满足多元化融资需求;运用数字金融大数据分析技术构建绿色项目数据库及评估模型,精准识别具有环境效益的项目优化资源配置,精准匹配绿色项目需求;运用大数据风控系统,通过整合企业碳足迹、税务数据等,利用区块链来追踪供应链碳排放数据,为绿色认证企业提供低成本融资,在减少产业链整体碳足迹的同时,降低融资门限与成本,激活中小微企业参与;通过区块链来记录绿色资金流向,确保资金专用于低碳项目,实时披露绿色债券、碳交易等产品信息,增强市场透明度与公信力。

(四)普惠金融与中小微企业服务

在普惠金融与中小微企业服务领域,数字金融通过数据穿透信用壁垒、场景化产品设计、生态协同服务,能够破解传统金融"信息不对称、服务成本高、风险难量化"的痛点,实现金融服务"下沉、精准、可持续"。运用数字化手段提升融资可得性,降低服务门限,推广"主动授信、随借随还"等模式,以解决小微企业融资难问题。推广数据驱动的信用评估,通过大数据和人工智能技术构建企业信用画像,以解决中小微企业"缺抵押"难题,并通过大数据和人工智能技术来完善信用评估体系,提升风险定价能力,扩大普惠金融覆盖面。政府主导搭建产融平台,实现面向普惠金融的场景化服务延伸,整合产业链需求与金融资源,提供"一站式"服务。

(五)数字金融基础设施与智能监管

在数字金融基础设施方面,完善5G、区块链、云计算等技术支撑,构建安全高效的支付清算体系,如《金融科技发展规划(2022—2025年)》强调优化算力布局,建设绿色数据中心。在支付体系与数字人民币方面,加快构建应用便利、安全高效的数字支付服务体系,稳妥推进数字人民币的研发和应用,提升支付清算领域的数字化能力。在数据共享与流通方面,依法合规推进金融数据共享,加大公共信用信息对金融领域的开放共享力度,打破数据孤岛,赋能产业链上下游协同发展。在智能监管与风险防控方面,通过人工智能和大数据来监测市场异常交易,如《金融标准化"十四五"发展规划》明确支付、区块链等领域的技术标准,从而防范系统性风险。

二、数字金融支持产业发展的路径分析

数字金融支持产业发展的路径在于,通过重点产业场景聚合创新、金融服务模式创新和金融数字化风控体系创新,构建"科技-产业-金融"协同发展的数字金融体系,为产业转型与创新提供全面支撑。

(一)加强数字金融与重点产业场景聚合创新

数字金融的技术优势主要体现在三个方面:一是大数据和人工智能技术,通过收集、分析整理海量数据,金融机构可以准确分析用户行为和偏好、评估企业信用、预测市场趋势、提高金融服务的效率和准确性;二是区块链技术,以其去中心化、不可篡改的特征,提高数字金融的透明性和安全性;三是云计算与移动互联网,通过云端部署,金融服务将更加便捷、普及。必须充分发挥数字金融的数字技术优势,及时将数字金融科技创新成果应用到具体产业和产业链上,促进科技创新与产业场景深度融合,为产业转型升级与创新提供金融支撑,并通过重点产业场景聚合和生态对接,促进重点产业场景培育。

针对战略性新兴产业,应重点推进新一代移动通信、下一代网络技术、信息安全、半导体、新型显示、电子元器件、云计算、边缘计算、操作系统与软件、人工智能、大数据等的发展。围绕战略性新兴产业"高风险、轻资产、长周期"的融资难题,数字金融将重点推动技术研发、成果转化和产业规模化发展。一是推动

知识产权金融化,将专利、技术秘密等无形资产打包为标准化金融产品,通过区块链技术确权、AI估值模型定价,以实现技术资产的流动性释放,破解技术资产估值与流通难题。二是强化全生命周期融资支持,通过科研众筹＋风险补偿基金、投贷联动等模式,利用数字平台汇聚社会资本参与早期研发,政府设立风险补偿池来分担失败成本,以"股权估值＋技术成熟度"双模型驱动"贷款＋期权"组合融资,针对战略性新兴产业的重点发展方向,如新一代信息技术、生物医药、高端装备等产业,鼓励金融机构推出创新积分贷、知识产权质押贷款等特色产品,以实现金融服务覆盖"从实验室到市场"全链条。三是风险缓释与生态共建,应充分强化技术与资本的协同作用,加强金融生态对接和场景聚合,通过构建"科技－产业－金融"协同发展的数字金融体系,打造数字化产业金融服务平台,构建"政金企、产学研"生态圈,通过开放银行,与企业、政府、高校及医院等跨界合作,将数字金融服务与场景生活相结合,进行金融服务场景化建设,从而促进战略性新兴产业的培育与升级。

针对制造业,应发挥数字金融的技术优势,依托产业生态体系中的资金流、信息流、商品流,支持企业实现生产、管理、营销等各环节数字化升级,通过供应链金融、数字保理等模式,覆盖产业链上下游融资需求,提升企业的竞争力和市场适应能力。一是发展智能化供应链金融,基于区块链、物联网技术追踪产业链上下游交易数据,提供动态授信和实时融资,并针对制造业企业数字化、智能化升级需求,设计长期低息贷款产品,通过数据替代抵押物、流程自动化降低融资成本来提升资金周转效率,突破制造业企业资金瓶颈。二是推广数据驱动决策,提升生产与运营效率,通过工业数据资产化,将企业生产数据(如设备运行效率、订单履约率等生产数据)转化为可评估的信用资产,利用人工智能和大数据实时监控企业运营风险(如库存积压、订单波动等风险指标),为产业链供应链平台内的制造业企业提供"数据增信",基于工业场景推广"专精特新贷""智改数转贷"等差异化产品,以实现精准适配。三是生态协同赋能,在工业互联网平台嵌入支付、保险、融资等金融服务,构建产融结合新范式,打破制造业与金融业的数据孤岛,推动"制造－服务－金融"一体化发展,通过提供全链条的转化孵化服务来实现交易信息实时共享,提高供应链的可信度,降低资金供需双方的搜寻和匹配成本,更好地满足产业培育和转型的资金需求,进而促进传统制造业结构优化,支持制造业智能化改造和低碳转型。

(二)加强数字金融服务模式创新

数字金融服务模式创新的优势主要体现在三个方面:一是金融跨界合作,如开放银行、数字金融平台等;二是多场景数字金融服务,如个性化定制服务、自动化和智能化服务、去中心化金融、跨境支付和外汇服务、数据驱动的决策支持等;三是金融协同服务,如推进风险投资和股权众筹、绿色金融和可持续金融等。数字金融通过搭建数字金融服务平台,为企业科技创新提供"一站式"金融服务,包括融资、支付、结算和保险等。通过平台将金融服务与电子商务、社交网络整合,形成生态系统,促进跨界合作与创新,从而实现金融资源的有效整合与高效配置。数字金融利用人工智能进行风险评估,提高金融服务的效率与准确性,为科技产业提供知识产权质押贷款、研发贷款的专项金融服务。推广数字支付、智能合约等新型金融工具,以降低交易成本、提高资金使用效率。数字金融连接投资者和创业者,可以促进创新企业的成长。通过提供绿色金融产品和服务,还可以支持环境友好型项目和企业,推动可持续发展的技术创新。

1. 强化数字技术应用,驱动服务模式创新

(1)人工智能、大模型在数字金融服务模式中的创新应用。例如,工商银行等金融机构已探索 AI 大模型并应用于智能风控和客户服务,在风险评估效率和客户满意度上取得了显著效果。应鼓励金融机构利用 AI 大模型来优化客户服务、风险管理和投资决策。

(2)区块链与物联网技术融合应用。例如,海尔集团的供应链金融平台已探索通过区块链数据共享来降低融资成本,并取得了显著效果。应鼓励区块链技术应用于供应链金融,以实现订单、物流、资金流的全程可追溯,并鼓励物联网金融创新,借助物联网设备实时采集生产数据,动态调整授信额度,进而优化实现物联网金融模式。

2. 强化数据要素赋能,构建高效金融生态

(1)优化数据治理与数据交易市场,推动数据资产入表与交易,鼓励企业数据资产确权、估值和交易,普及政府、金融机构及企业用户通过隐私计算技术实现数据"可用不可见",激活金融数据价值。

(2)推动公共数据开放共享,建设全国一体化融资信用服务平台网络,整合税务、社保等公共数据,助力金融机构精准评估中小微企业信用风险,促进金融机构通过整合企业交易数据、物流数据、信用数据等多维度信息来构建更精准的风险评估模型。

3. 开放银行与跨界合作，拓展服务边界

(1)开放 API 生态构建，支持银行通过标准化的 API 接口，将账户管理、支付结算、信贷服务等核心功能开放给第三方合作伙伴，推广金融机构通过 API 接口将便利金融服务嵌入产业场景，结合区块链、物联网等技术，实现金融服务与实体场景的深度绑定，如浦发银行推出的 API Bank 开放平台已发布超过 200 个 API 服务，覆盖电商、房产、跨境贸易等多个场景。

(2)推广生态协同模式，通过跨境贸易与政务平台整合、民生与公共服务渗透、文化与消费场景融合等多种场景化合作模式，鼓励金融机构与科技公司、地方政府合作共建数字金融生态。例如，江西中行对接省级"单一窗口"政务平台，提供跨境汇款全流程线上化服务，企业可一站式完成身份认证、交易申请与进度查询，这不仅优化了企业操作流程，而且通过数据共享强化了银行与政府的协同能力。

(三)加强金融数字化风控体系与监管科技创新

数字金融的数字化风控优势体现在实时监测与预警能力、大数据分析、人工智能预测、可扩展性和灵活性、全过程数字化管理等方面。利用这些优势，数字金融能够为产业提供全面的风险管理与安全保障，以促进产业的高质量发展。

1. 强化金融数字化风控，完善风险管理体系

鼓励金融机构充分发挥数字化风控的优势，运用区块链等新技术建立数字化风控体系，通过实时收集、分析企业生产经营和交易数据来提高风险识别的精度和效率，实现对风险的动态监控。借助数字金融深入分析数字化经营环境下客户群体的行为，加强对与新产品、新业务、新模式相关的资金流动的监测，有效识别流动性风险新特征。数字金融平台通过对接政府部门，建立风险补偿专项资金项目筛选、评估和监管机制来确保资金使用的透明度和有效性。在风险发生后，及时启动风险补偿机制，对受损企业进行快速补偿，以增强企业科技创新的信心和动力。

2. 设立风险补偿机制，加强数字金融风险防控与监管

在全球化背景下，科技产业的发展面临着更加复杂多变的市场风险、政策风险和技术风险。通过风险防控和监管，识别、评估和控制潜在风险，对于保障产业安全至关重要。数字金融平台利用大数据、人工智能等技术，能实时监测、分析各类风险因素，及时发现潜在风险并预警。数字金融通过设计合理的风险

补偿机制和保险产品,为科技产业投资提供风险保障,从而降低了投资风险。数字金融平台可以与政府部门紧密合作,对接相关政策措施,为设立产业专项资金提供支持。应引导更多社会资本关注科技产业发展潜力,积极参与设立产业专项资金和风险补偿专项资金的活动。

第九章
数字金融支持产业发展的创新实践案例分析

本章首先以小米生态链金融、海尔卡奥斯工业互联网平台、比亚迪数字化融资生态及上海银行绿色金融为样本,通过制造业与战略性新兴产业两大领域的典型案例,详细研究了数字金融赋能产业升级的实践模式与成效,并系统分析了数字金融在优化资源配置、赋能产业升级中的差异化模式;然后以京东供应链金融、微众银行"微业贷"、蚂蚁集团 Trusple 平台为典型案例,聚焦区块链、人工智能等前沿技术与数字金融场景融合的创新应用模式;最后从数据要素流通、风险补偿机制、政策协同三个维度分析了数字金融支持产业发展的瓶颈问题,并从政策层面归纳了相关案例启示。

第一节 数字金融赋能制造业升级的创新实践

一、小米生态链金融创新实践[①]

(一)案例背景

在全球制造业加速数字化演进的过程中,小米集团在构建其生态链战略的

---

① 案例来源:小米集团 2018—2024 年年度报告,中国信息通信研究院《中国金融科技生态白皮书(2022年)》,工业互联网产业联盟《工业互联网平台赋能产业链供应链白皮书(2021)》,万联网《十大数字供应链案例之七丨从服务小米生态企业金融1.0,到服务新制造企业金融4.0,小米全链金融的三级跳!》《现场直击丨小米金融供应链金融岳凯:深耕产业链场景 科技赋能产融生态》《小米金融100亿元供应链金融ABS成功获批 两板斧闯出一片天》,新浪财经《小米金融,能给产业金融的下半场带来哪些启示?——独家专访小米金融科技总经理姜永强》等。

同时，也在建立以数字金融为枢纽的产业融资服务体系，以更好地巩固其在产业中的地位。由于这一体系涵盖其产业链上下游合作伙伴在合作发展过程中的诸多场景，因此小米集团运作模式的历程值得作为数字金融赋能制造业升级的创新实践案例。

小米生态链金融的发展基于其独特的产业基础。传统制造业，尤其是中小微企业，在其转型升级的道路上普遍会遭遇资金瓶颈。银行传统贷款冗长的审批周期和严苛的抵押品要求难以匹配制造业短、频、急的资金需求。小米自身生态链体系的核心为智能硬件，并广泛覆盖消费电子、智能家居及智能制造等诸多领域，该生态体系需通过金融工具实现产业链资源整合，进而为技术加速迭代和市场扩张提供资金动力。在此背景下，小米金融应运而生，通过对大数据、人工智能、区块链等前沿技术的融合，构建起了一个多元化的数字金融服务平台，其服务范围覆盖供应链融资支持、知识产权的质押变现、基于数据的企业信用价值评估等，以全面激活生态链内企业打通从技术研发至规模化生产的完整链路，实现整体跃升。

（二）实践模式

小米生态链金融的实践模式可以从技术驱动的供应链金融创新、知识产权质押与创新资源对接、产业生态协同与风险共担机制三方面来总结。

1. 由技术驱动的供应链金融创新

小米生态链金融创新的关键内涵在于"数据＋场景"的二元驱动，在此基础上构建其智能供应链金融服务体系。小米区块链技术的特色运用使得供应链上下游企业的交易数据得以上链，企业经营信息的透明度与全程可追溯性有了基础保障。系统对生态链企业伙伴的订单履约能力、库存周转率等经营动态指标进行大数据深度解析与监测，并建立了科学的信用评估模型，为资质良好的企业提供了无抵押信用贷款服务。譬如对某智能家电伙伴的扶持，小米金融借助信用模型评估其历史订单、销售预测等多维数据后，便能授予其融资信用额度，从而提升其融资对接效率。相较银行传统冗长的审批流程，该模式将审批周期显著压缩，生态链整体资金周转效率得到了提升。

2. 知识产权质押与创新资源对接

小米生态链金融协同第三方专业评估机构推出了知识产权质押融资服务。创新主体的专利权、商标专用权等无形资产得以通过数字化估值模型被有效盘活，获取快速发展所需的资金支持。以某机器人研发公司为例，其凭借拥有的核心算法专利,成功获取小米金融百万元专项贷款,有力推动了其生态链基础产品的研发进程。此外,小米金融平台进一步整合了行业专家智库以及技术孵化资源储备,为各生态伙伴提供覆盖创新成果转化的综合性支撑,形成前沿技术研发、金融资本赋能、终端市场验证的完整创新链条。

3. 产业生态协同与风险共担机制

小米金融在生态链服务探索过程中构建的"产融平台+政府引导基金"模式形成了引入政府支持后的多方风险共担新局面。在具体运作中,该模式联合地方政府设立智能制造专项基金,为生态伙伴的技术改造升级提供贴息贷款,保险公司也被纳入合作体系,针对供应链融资设计违约保险产品,帮助金融机构化解部分放贷顾虑。这种机制缓解了生态链中小企业的融资难题,政策协同效应也拓展了数字金融的普惠覆盖面。

(三)成效评估

小米生态链金融持续为合作企业的创新注入活力。小米供应链金融的客群从小米集团的生态链等不断扩展到电子产业链、中小智能制造企业群、高新技术创业企业群、日用消费企业群,并且已累计为生态链超过1 000家企业提供了超过500亿元的资金支持。小米生态链金融立足于"以链主带链条"的核心理念,触动产业链协同升级,其数字化平台已成功赋能、整合上下游数千家中小规模供应商伙伴。以某传感器供应商为例,该企业接入小米构建的区块链供应链体系后得以实现与核心企业即时的数据互通共享,订单响应效能获得了显著跃升,其产品合格标准也有大幅提升。小米集团发布的2024年财报数据显示,其研发费用投入已从2018年的几十亿元持续增长到2024年的241亿元,年复合增长率超过25%,此比例显著超越了同行业平均水平。

在小米生态链金融的带动下,小米生态的资源配置效能得到显著优化。在战略级供应商方面,小米与三星、索尼等建立联合实验室,屏幕采购成本较竞品低12%,并实现技术共享与风险共担;在核心级供应商方面,小米与长江存储、汇顶科技等国产厂商深度协同,存储芯片交付周期缩短30%,推动国产化率从2018年的25%提升至2024年的68%;在长尾级供应商方面,小米通过IoT生态链孵化了超过100家企业,米家扫地机器人BOM的成本较行业平均水平低18%,库存周转天数仅28天。这种"金字塔式"管理使小米在2023年芯片短缺危机中,旗舰手机机型交付量逆势增长23%。

(四)启示与挑战

小米生态链金融的实践为数字金融赋能制造业升级提供了较有价值的借鉴:数据治理强化与标准体系建设的进程亟待加速,行业内的数据分类分级管理机制应着力推动,构筑一个合规、高效的跨平台数据共享框架至关重要;知识产权金融领域的配套支持措施也需优化完备,政府部门可考虑联合第三方专业评估机构,共同探索制定国家层面的专利价值评判基准,设立专门的风险补偿基金,用以缓释创新融资过程中的潜在风险。区域性产业与金融的深度融合互动值得鼓励和深化,地方政府立足于本地的特色产业基础,与具有行业影响力的领军企业合作共建数字化产融服务平台,能够有效降低信息不对称性,这有助于弥合不同区域在产业数字化转型过程中的发展鸿沟。

总的来说,小米生态链数字金融将技术赋能、生态协同与政策引导形成合力,有效攻克了制造业升级过程中的部分融资难点并解决了部分创新资源错配的问题。其为构筑科技、产业、金融良性循环提供了示范,也为政策制定者优化数字金融监管、健全产融服务生态提供了经验证据。同时,随着数据要素市场化改革的持续深化,数字技术赋能的金融服务将进一步驱动产业的高质量跃升。

小米生态链数字金融虽然取得了显著成果,但仍面临以下几方面的挑战:首先,企业间跨平台数据的顺畅流转面临现实的体制性障碍,部分生态链伙伴出于数据隐私敏感的考量,其核心经营数据的开放共享仍存在一定壁垒;其次,知识产权这类无形资产的价值如何公允评估,一套各方认可的标准体系如何有效构建,这些问题在一定程度上制约了相应质押融资服务的规模化运作;最后,数字金融服务的普惠性也有待加强,地域覆盖呈现显著的不均衡态势,相比之下,中西部地区生态链企业获得的金融支持在覆盖范围和服务深度上略显不足。

二、海尔卡奥斯平台创新实践[①]

(一)案例背景

当前,全球新一轮科技革命与产业变革加速演进,工业互联网作为信息技

---

① 案例来源:卡奥斯官方网站,李志刚等《裂变创业如何促进数字平台生态系统构建与治理?——基于海尔卡奥斯的案例研究》,王水莲等《工业互联网平台主导的创新生态系统价值共创机制——以海尔卡奥斯为例》,工业和信息化部《2023年跨行业跨领域工业互联网平台名单》,中国信息通信研究院等《工业互联网平台白皮书2021(平台价值篇)》,中国工业互联网研究院等《中小企业"链式"数字化转型典型案例集(2023年)》等。

术与现代制造业深度融合的产物构成了推动制造业"大规模通用定制化"演进的关键驱动力。我国制造业体系正处于从"制造大国"向"智造强国"升级转型的关键阶段,技术赋能与金融支持对于突破传统制造业长期存在的融资渠道狭窄、数据信息孤岛化、产业链协同水平低下等发展瓶颈具有现实意义。

海尔集团于2017年推出了卡奥斯平台(COSMOPlat)。此平台首次将用户全流程参与体验融入工业互联网领域。该工业互联网实践聚焦于"大规模通用定制化"的核心运作范式,精密整合了物联网、人工智能、区块链等前沿科技,用以构建一个覆盖研发创新、柔性生产、智慧供应链、精准营销的全价值链数字化协作生态。参照工业和信息化部颁布的跨行业跨领域工业互联网平台名单,卡奥斯已连续五年稳居"双跨"平台榜首,成为我国工业互联网创新发展的排头兵。根据卡奥斯官方信息,截至2025年1月,卡奥斯工业互联网平台已连接90万家企业,服务企业16万家,成为我国工业互联网发展的代表性案例。

针对中小企业在融资过程中面临的渠道单一、信用评估难、资金周转效率低等挑战,卡奥斯平台在赋能制造业中小企业的实践过程中,将平台积累的产业数据资源作为金融创新的基础,积极开拓数字金融的融合道路,牵头金融机构创设场景化的金融服务。卡奥斯平台以数据驱动的信用评价和供应链金融创新为抓手,切实纾解制造类企业的资金压力,最终加快了产业生态圈的整体数字化步伐。

(二)实践模式

卡奥斯平台广泛采集企业经营活动中的各类数据,生产制造环节的动态、物流仓储的周转以及市场销售的表现都被纳入其采集范畴,从而实现了对企业全景式信用画像。物联网技术实时监测工厂设备运行状态和订单履约情况,区块链则为这些原始信息的真实可靠加上了一道安全锁,共同塑造了企业的立体信用评分体系。基于多维度的信用评分,金融合作机构得以更迅捷地评估风险并批复贷款,对传统抵押模式的依赖也相应有所降低。海尔卡奥斯显著降低了制造行业平台的准入门槛,不同资质和不同规模的制造企业都可以链接到卡奥斯平台与上下游企业合作交易,截至2023年其已链接制造企业超90万家。此外,2020年浦发银行青岛分行借助总分联动机制,凭借卡奥斯平台的数字化优势,成功落地海尔卡奥斯平台首个在线供应链融资项目,共同打造数字金融产品"海浦e贷"。该产品以平台所积累的客户交易数据作为授信审批参考依据,取代传统抵质押担保模式开展融资业务,通过线上融资模式覆盖不同区域的客户。此项目自启动至落地仅历时3周,上线未满一年浦发银行青岛分行已服务超800家科技型企业,授信客户达355户,表内外授信总额超130亿元。

在场景化供应链金融创新实践方面,卡奥斯平台携手银行和保险机构,为供应链中小企业提供了"订单贷""应收账款融资"这类紧密贴合业务场景的金融服务方案。以家电产业链为例,平台将海尔这类核心企业的信用传递给上下游合作方,智能合约的应用使得融资环节得以自动化触发和执行。某个零部件供应商一旦完成订单并交货,其应收账款的相关信息便经由系统记录于区块链,金融机构据此能够迅速审批并划拨资金,整个资金到账周期显著缩短。

此外,卡奥斯平台还致力于构建一个开放的"产业与金融"融合生态,以吸纳第三方服务机构加盟。为有效盘活中小企业票据资产,卡奥斯相继推出"票付通"和"汇付通"产品,并与银行展开合作以推动票据融资业务,这使得资金周转效率得到显著提升,助力中小企业以近乎零金融成本的方式满足采购及持续经营的需求。此外,在青岛市民营经济局的主导推动下,卡奥斯携手众多银行及担保机构组建了服务中小企业融资联盟,各合作方针对卡奥斯平台企业,制定并提供了涵盖优惠利率、便捷通道等内容的专属融资方案,凭借全新商业模式,助力企业在实现技术升级改造的进程中获取低成本的融资契机。同时,不少地方政府也参与进来,促成了区域性产融服务分支的设立,如全国首创的"工赋青岛"平台。

(三)成效评估

卡奥斯平台凭借其数字金融工具不断创新供应链金融、优化票据融资与支付、协同政银企融资生态、改善数据增信与订单融资,有效缓解了制造业中小企业的融资约束,使得制造业的融资局面迎来改观;同时,卡奥斯平台通过开放式的创新生态和技术赋能建立了用户参与的协同创新机制、深度赋能行业垂直场景,优化数据驱动的研发,协同激活开放生态,推动了企业从生产流程到商业模式的全方位创新,进一步提升了企业创新活力。

资源配置优化与产业链韧性的强化是卡奥斯平台运作的核心特征。其供应链金融的"链式赋能"特色有效驱动了家电、汽车等行业核心企业联结上下游形成深度协同。通过全流程数据驱动的动态调度、跨行业资源整合与共享、能源与设备管理效率提升等举措,优化了产业资源配置;又通过提升大规模定制模式的灵活性、构建供应链抗风险能力、促进技术标准化与生态协同等举措,增强了产业链韧性的核心机制。从《工业互联网平台白皮书2021(平台价值篇)》

公布的数据可知,以围绕冰箱制造全流程工序建设的信息化为例,其实现了生产线效率提升40%、降低生产运营成本25%、设备维修效率提升55%、设备停机时间减少30%的资源配置优化和产业链韧性增强。

此外,卡奥斯平台在山东省的工业互联网"千亿品牌"与新旧动能转换、在长三角的G60科创走廊与跨区域协同创新均有效促进了区域经济协同发展与产业升级;同时,通过轻量化解决方案降低区域企业转型门槛、全流程赋能与产业集群联动等举措为中小企业数字化转型与降本增效夯实了基础。根据中国工业互联网研究院2023年在《中小企业"链式"数字化转型典型案例集(2023年)》中公布的案例,卡奥斯与海螺新材合建的型材行业平台实现设计、生产、物流全流程可视化,协同效率提升50%以上。

(四)启示与挑战

卡奥斯平台的实践探索表明,工业互联网与数字金融深度融合发展的根基在于真实的产业场景支撑,并依赖于数据要素的有效赋能以及产业生态各方的协同共进。该融合模式的成功落地离不开政策层面的引导与规范,政府部门亟须完善与数据相关的法律法规体系,健全标准规范。金融机构也应积极响应产业侧的真实诉求,研发更具适配性的创新金融产品与服务,设立专项风险补偿机制等举措可为探索提供保障。着眼于未来发展,构建高效的跨区域协同联动机制显得尤为关键,可考虑以国家级工业互联网平台作为核心枢纽,促进区域性平台、全国性信用信息网络的互联互通,从而逐步形成由点及面、由局部试验到全国范围应用的良性发展格局。

海尔卡奥斯平台将工业互联网力量融汇数字金融,开辟出一条可供制造业借鉴的升级新道路。平台实践立足于特定场景,运用数据作为贯通各方的关键脉络,此举颇见成效,企业融资难的问题得以纾解,产业链条运转效率也获得提升,形成了科技、产业与金融协同发展的良性生态。未来发展趋势值得进一步探索。随着数据治理规范持续完善、政策协同配合更为顺畅,这类融合模式有望在更广泛的应用场景中实现规模效应。

当前,依托于工业互联网信息平台的数字金融发展依然面临不少阻力,跨平台、跨行业的数据整合共享,隐私保护与权属厘清问题尤为突出,部分市场主体顾及商业机密与安全,不愿开放核心数据,客观上形成了信息壁垒,地方性产融服务体系同全国融资信用服务平台等国家级信用基础网络的有效衔接尚显不足,数据流通复用的瓶颈效应限制了整体效能的发挥,获取融资支持后的部分中小企业在发展过程中可能出现的冒进倾向也对贷后动态监管、风险预警机制的健全和完善构成了现实考验。

第二节　数字金融支持战略性新兴产业生态的创新实践

一、比亚迪数字化融资创新实践[①]

（一）案例背景

新能源产业作为战略性新兴产业体系的重点之一，在推动全球能源转型和促进绿色能源发展中发挥着重要作用。我国明确"双碳"目标，客观上促进了该领域产业链走向纵深，规模扩张同技术创新齐头并进。该产业具有技术密集、资本需求大和投资回报周期长等特点，传统融资途径往往难以匹配其发展需求。特别体现在产业链上下游企业的协作配套、尖端技术的研发攻关、生产能力的跃升扩张等多个场景，相关市场主体常常受困于融资渠道的局限性和信用评估体系的不完善。

比亚迪股份有限公司在全球新能源车及动力电池行业中占据显著地位，并已构建起覆盖整车制造、电池核心技术研发、储能系统集成及光伏发电诸多领域的垂直一体化产业生态体系。自2020年以来，比亚迪加速铺展其全球业务网络，在智能化、电动化技术方面的研发投入持续加码，企业资金需求也随之持续增长。传统金融服务范式在评估信贷资格时，往往过度依赖固定资产抵押及过往财报解读，这种框架面对比亚迪这类高研发投入、资产结构更趋动态的企业形态，便显露出其局限性，难以完全契合其特殊的资金融通需求。这一矛盾推动比亚迪与金融机构合作开展数字化融资创新，在数据分析的深度洞察与信息技术的加持下，双方试图重塑新能源产业资金融通的既有格局，该探索为数

[①]　案例来源：比亚迪2018—2024年年度报告，新浪财经《迪链4 000亿！》，深圳新闻网《供应链票据再贴现业务在深落地 有效提升供应链金融服务效能》，国泰君安微信公众号《国泰君安助力比亚迪汽车金融绿色金融ABS成功发行》《2024年度国泰君安证券股份有限公司可持续发展报告》，深圳新闻网《工行深圳市分行大力发展数字供应链金融 助力实体经济高质量发展》，人民日报《稳健的货币政策要灵活适度、精准有效 大力提高金融服务实体经济质效》等。

字金融支持战略性新兴产业发展提供了典型案例。

(二)实践模式

比亚迪在数字化融资领域的创新实践立足于数据资源的有效整合、应用场景的精准适配、整体商业生态的协同运作,从三方面构成了其基本实践框架。

1. 数据资源的有效整合

比亚迪凭借区块链技术优势构筑了"迪链"供应链金融平台。该平台旨在实现供应链全流程数据的透明化与可追溯性,核心功能是将比亚迪对供应商的应付账款转化为可拆分、可流转的数字债权凭证,供应商可凭此凭证向金融机构申请融资,以缓解资金压力。这一机制突破了传统融资的物理凭证限制,实现了供应链信用的多级传递。例如,比亚迪将其上游企业的 1 000 万元应付账款作为债务凭证,在比亚迪做出付款承诺的条件下,若其上游企业(一级供应商)自身资金充足,便可对该应收票据进行切分,分别流转给其上级供应商,如二级供应商、三级供应商乃至 N 级供应商。此方式使得这笔资金的运用更为灵活高效且覆盖范围更广。自 2018 年 11 月首张"迪链"凭证签发以来,其签发金额持续增长,截至 2023 年 5 月 18 日,"迪链"数字债权凭证的累计规模已突破 4 000 亿元。由于比亚迪资金实力雄厚且资信优良,其"迪链"凭证于市场中逐步收获广泛认可,且未出现任何违约或兑付困难情形,因此诸多公司择取比亚迪的"迪链"支付方式以结算货款。

2. 应用场景的精准适配

比亚迪着眼于新能源产业的绿色特质,携手金融机构开发数据驱动的绿色资产证券化产品创新。2022 年,国泰君安担任主承销商及簿记管理人,推动了比亚迪汽车金融"盛世融迪 2022 年第三期个人汽车抵押贷款绿色资产支持证券"在银行间债券市场的顺利发行,该证券产品获得中国人民银行批准的 140亿元注册额度。为积极响应国家节能减排和环保政策,比亚迪汽车金融以新能源汽车个人贷款作为基础资产,成功发行了其第三期绿色车贷资产支持证券,该期资产支持证券对应的基础资产每年可减少二氧化碳排放量约 6.9 万吨,节约标准煤约 4.63 万吨,在 2022 年 8 月 2 日的簿记日,该项目 2% 的发行利率创下了自 2021 年以来车贷资产支持证券产品最低票面利率的新纪录。

3. 整体商业生态的协同运作

比亚迪还积极与商业银行一起探索产融协同的数字化生态圈。例如,在2022 年,工商银行深圳坪山支行与比亚迪携手开展的上游数字供应链融资合作项目顺利投产,其中,"迪链"供应链信息平台作为比亚迪集团核心企业应付账款的线上流转平台,工商银行深圳市分行借助系统对接成功入驻该平台后,为比亚迪上游制造业供应商提供融资支持。在此过程中,在数字供应链场景下,融资全流程于"迪链"平台达成一站式处理,切实有效提升了供应商的操作体验,有力助推了比亚迪供应链上众多中小微企业的平稳运营,持续推动以比亚迪为代表的新能源汽车产业链稳定发展,同时加大了对先进制造业的金融服务支持力度。

(三)成效评估

比亚迪围绕其产业链推行的数字化融资举措提高了资金融通效率,增强了各参与方的协同性,取得了多方面的显著成效。比亚迪运用"迪链"供应链信息平台及配套数字化转型措施优化了新能源产业链融资生态,在显著降低融资成本的同时融资流程效率有突破性提升。例如,2022年1月,中国人民银行深圳市中心支行顺利完成了深圳地区首单供应链票据再贴现业务的实施工作,此次业务由招商银行深圳分行作为承办机构,成功将央行1 442万元优惠资金精准投放至比亚迪的上游供应链企业,通过央行再贴现政策的支持,该票据贴现业务的融资利率较市场同类票据产品降低了约100个基点,有效实现了企业融资成本的优化。又如,2023年4月,兴业数金所研发的兴业银行供应链金融平台顺利达成与比亚迪集团反向保理融资业务系统的成功对接并上线运行,首笔业务成功落地,达成了全业务流程的线上化目标。系统上线后,业务办理时间由线下7~14天大幅缩短至线上1天以内,双方借助数字化手段,显著提升了新能源产业链的融资效率,增强了金融服务实体经济的能力。

比亚迪通过数字化融资创新实践,在增强产业链韧性方面取得了显著成效,主要体现在供应链效率的全面提升、运营成本下降、风险抵御能力增强三个方面。例如,比亚迪通过在"迪链"平台嵌入上上签API,解决了合同管理难题,通过合同在线签署提升了供应链效率,业务效率提升了50%以上,合同签署周期从原本的5~10天缩短至几分钟。再如,比亚迪借助VMI供应商管理库存模式,使得原材料周转天数减少了13.5天,其西安智慧工厂更是达成了零库存目标。在物流环节,通过整合41%的华南供应商与34%的华东供应商,并配合京东物流的智能调度系统,使运输成本相较于行业平均水平降低了18%。当竞争对手面临电池价格上涨压力时,比亚迪凭借70%的锂矿自供率,在2024年锂价暴跌的形势下依然保持稳定。

此外,比亚迪通过产业链生态协同深化促进了资源共享与能力互补、技术创新与生态扩展。"迪链"平台有效整合金融机构、供应商以及经销商等多方资源,成功构建起资金流、物流与信息流的闭环体系。在此体系下,下游经销商得以获取融资支持,终端消费者借助专属信贷场景,其购车体验得到显著提升。比亚迪所开展的数字化实践,不仅聚焦于自身供应链,而且进一步拓展至光伏、轨道交通等诸多领域。比如,其在巴西市场与桑坦德银行携手,为光伏经销商提供融资服务,有力地推动了新能源解决方案在全球范围内的落地。

(四)启示与挑战

比亚迪的数字化融资探索表明了数字金融对于突破新兴产业融资瓶颈、优化产业生态建构方面的核心价值。这种以数据为核心要素、以特定场景为依托的运作模式,为新能源产业的高质量攀升注入了新动力,也对构建科技、产业、金融良性循环体系提供了宝贵范例。

比亚迪的数字化融资案例对数字金融服务战略性新兴产业的启示在于:一是构筑坚实的数据基座尤为关键,政府部门应主动扮演协调人的角色,确立行业内统一的数据技术规范,一个整合了政务、产业与金融信息资源的数据共享与流通平台的建立显得尤为必要;二是建立完善的风险共担机制,探索构建融合政府引导基金效能和市场化担保功能的复合型支持工具组合,针对前沿技术研发特有的高风险特征,专门设定相应的风险缓冲资金池可提供额外保障;三是监管创新试验田的开辟不容忽视,可以考虑在部分重点区域启动区块链金融应用的监管沙盒实践,此举意在为金融监管体系的迭代优化累积宝贵的实证依据。

虽然比亚迪在数字金融赋能新能源产业方面的实践成效显著,但仍面临若干发展挑战:首先,供应链上下游参与方的数据治理标准尚未形成统一规范,各种数据格式、接口协议的差异化制约了跨平台信息的顺畅整合与高效利用;其次,新能源产业本身技术发展路径多变,迭代风险天然较高,而现有的风险缓释安排,如政策性担保的覆盖范围尚显不足,一些具备创新性的项目仍难以摆脱融资难题;最后,区块链技术在金融领域的应用场景,特别是涉及跨境支付与智能合约的实践,其合规性和法律效力亟待相关监管制度提供明确指引和适配框架。

二、上海银行"绿色金融＋"创新实践[①]

(一)案例背景

在全球气候治理和我国"双碳"目标背景下,绿色产业成为推动经济高质量发展的重要动力。风光储氢产业链作为绿色能源体系的核心组成部分,涵盖光伏发电、风力发电、储能技术、氢能制备与应用诸多层面。这条产业链技术高度密集,资本需求巨大,投资回报周期偏长,传统金融工具往往难以满足此类融资需求。数字金融凭借其技术驱动力及模式革新性,正为绿色产业融资探索全新的解决之道。

在此背景下,上海银行将绿色理念融入日常经营管理,构筑起一套"绿色金融＋"服务框架,借助数字金融的力量,为风光储氢这类新兴绿色产业链提供融资支持。随着2021年"绿树城银"专属品牌的问世,上海银行在绿色金融的服务之道上不断求索精进,至2023年其绿色信贷规模已跃升了58.12个百分点,绿色债券的持有量也同步增长了36.31%。至2024年,"绿色金融＋"已迭代至3.0版本,重点布局新能源、新材料等"五新"领域的十大关键产业,上海银行为风光储氢产业链科技型企业的完整发展历程打造了周全的服务网络,并成功实践了全国首单出表型绿色资产支持票据这类金融创新,其绿色债务融资工具的承销业绩更是连续两年居于城商行前列。

(二)实践模式

上海银行"绿色金融＋"的实践探索,以数字技术作为基础,并关注风光储氢完整产业链在不同阶段的特定需求,从而形成了"三维一体"的服务格局。

1. 建立数字化绿色认证与风险评估体系

上海银行以数字化绿色认证及风险评定体系为风光储氢产业链提供支持,其建立的动态ESG评价框架在充分考量产业链特性的基础上设定了碳排放强度、氢能技术成熟度等量化尺度,又基于全球性的碳核算金融联盟规范研制了环境效益核算工具,自动计量光伏与氢能等项目的减排实效,达成与授信审批的智能化对接。同时,银行风险管控机制也有革新,绿色产业供应链风险监测

[①] 案例来源:上海银行2021—2024年年度报告,《上海银行2023年度环境信息披露报告》,中国金融新闻网《上海银行发布"绿色金融＋"服务方案3.0版》,新浪财经《上海电气与上海银行签署总对总战略合作协议》,上海银行公告《关于2024年度"提质增效重回报"行动方案执行情况的评估报告》,中国上市公司协会《2023中国上市公司ESG最佳实践案例》等。

预警系统的应用通过碳足迹及资金流等数据密切追踪风险节点，大数据技术还被用于构建设备价值评估模型，提升了对氢能储运这类特定环节资产的评定精确性。2024年"绿色金融＋"3.0方案实施后，成效显著，截至当年11月末绿色贷款余额攀升13%，风光储氢相关领域投放增幅达到29%，其中，风电光伏融资增长超过四成。

2. 构建定制化的金融产品矩阵

上海银行为风光储氢产业链新能源装备领域量身打造融资方案，对上海电气等核心企业从研发、生产直至销售给予全链条的资金支持，绿色供应链金融工具箱内包含应收账款融资等创新模式。此外，上海银行推出碳排放权质押贷款这类环境权益产品，联合上海环境能源交易所共同激活企业的碳资产价值，早在2021年即成为业内首批碳金融实践的标杆。在园区场景的定制化金融产品领域，上海银行打磨出"零碳园区"综合服务包，其中包括绿色建筑专项贷款、碳管理动态追踪以及产业集群扶持基金，实现了从园区规划设计、建设施工到后续运营管理的全周期服务覆盖。其创新研发的"电碳惠企贷""能源管理贷款"等专属金融产品有效地将企业的用电信息与碳效表现挂钩，辅以政策性担保工具，有效缓解了产业链中小企业面临的融资贵、融资难的问题。这一产品矩阵经由产业链的纵向整合与场景化的细致布局，塑造出融资渗透、碳市场服务、产业集聚的多维赋能体系。

3. 通过风险补偿与政策联动机制有效降低绿色金融业务风险

上海银行主动衔接市财政局、市地方金融监督管理局等为科技型和小微企业设立的信贷风险补偿政策，利用市、区两级财政构筑的风险共担屏障，为涉足风光储氢等绿色低碳产业供应链的中小经营主体注入资金支持。倘若对应放款形成的不良资产比例突破阈值，政府机构便会依约补偿银行净损失的35%。此设计显著增强了金融机构向环保导向项目投放信贷资源的意愿。

(三) 成效评估

上海银行实施的"绿色金融＋"创新模式的核心价值在于同步促进产业链经济增益及环境优化等外部效益，实现多维度效益的融合与提升。

在经济效益方面，上海银行实现了融资规模与产业链协同双提升。截至2024年11月，该行绿色贷款余额较去年同期攀升了13%，对风光储氢等新兴领域的信贷投放增长达29%，其中，风力发电、光伏发电细分方向的贷款增幅更是超过四成。精准的资金支持有力地扶持了新能源产业链的深化布局。该行适时推出"绿色普惠担保贷款"一类创新产品,为博氢新能源这类中小规模的产业链科技企业提供流动性支持,此举不仅助力其生产基地建设,而且推动了产品迭代升级。

在环境效益方面,上海银行实现了碳减排的有效量化。《上海银行2023年度环境信息披露报告》披露其"绿色金融＋"实践所实现的环境效益提升,系统性量化了具体的减排贡献。该机构参照碳核算金融联盟国际认可方法体系,拓展了碳排放核算边界,完成了对八大类高耗能产业投融资活动的碳排放量化工作。绿色项目贷款发放促进了受资方能源结构的转型升级,支持了一批风力、光伏、储能及氢能等清洁能源项目的建设部署,显著降低了碳排放强度。

在社会效益方面,通过绿色贷款投放实现了就业拉动。上海银行在其2023年年度报告中披露了绿色金融业务的蓬勃发展,年内新投放的绿色贷款高达830.05亿元,较前年增长了54%,年末绿色信贷余额随之跃升至1 033.63亿元,较上年年末增幅达到58%。该行服务绿色发展的客户群体显著扩大,服务客户数量实现130%的大幅增长。凭借在环境、社会及治理领域的持续深耕,上海银行在中国上市公司协会主办的首届"中国上市公司可持续发展大会"上赢得了"2023年上市公司ESG最佳实践案例"的荣誉。

(四)启示与挑战

上海银行有关"绿色金融＋"的探索案例的启示在于,数字金融已非单纯的技术工具迭代,更是重塑产业与金融结合形态的推动力量。金融机构能够将区块链、人工智能这类前沿科技深度植入绿色产业的各种场景,此举有助于其敏锐把握产业发展的痛点难点、显著提高各类资源的配置效率。

风光储氢全链条数字金融业务的开展高度仰赖能源、气象及环境等多维度信息的交融汇通,跨部门数据壁垒的消解尚待实质性突破,各地财政扶植与绿色信贷门限标准存在的差异无疑加大了企业在跨区域发展时需承受的合规开销和成本投入。在氢能产业这类长周期领域,当前主要还依靠政策性银行的支持。商业银行体系因多重制约因素,其参与广度与深度均未达到预期水平。基于此,深化"政银企"协作机制刻不容缓。地方政府可尝试绿色金融绩效与考核关联的治理模式,借此激励金融部门联手产业界,针对具体应用场景共同打造新型金融服务产品。在创新长期资本供给渠道方面大有可为,绿色不动产投资信托基金与碳中和债券等金融工具的应用前景广阔,有望撬动社保基金、保险资金这类资本定向投入风光储氢一体化等长周期项目建设。

第九章　数字金融支持产业发展的创新实践案例分析

第三节　区块链与人工智能技术面向数字金融场景应用的创新实践

一、京东"供应链金融+区块链技术"创新实践[①]

(一)案例背景

全球产业链数字化转型加速推进,传统供应链金融暴露出信息模糊、信用流转梗阻、流程过于复杂的短板,中小微企业的融资需求往往难以得到充分满足。世界银行 2018 年的研究数据显示,中国此类企业的融资缺口高达 1.9 万亿美元,现有金融服务网络未能覆盖近四成的合理需求。在该背景下,区块链技术凭借分布式记账技术、数据防篡改的安全性、智能合约的自动化执行等独特优势,为攻克供应链金融面临的一系列难题提供了新的技术方案。

京东凭借其庞大的电商体系积累的巨量交易记录与物流动态,为其探索区块链在供应链金融应用的实践奠定了坚实基础。从《京东区块链技术实践白皮书》可知,该公司科技板块在 2018 年推出了专门的区块链赋能供应链金融方案,目的在于运用区块链的技术力量构筑一个值得信赖的产业与金融结合的生态圈,期望以此突破中小微企业长期面临的融资瓶颈。这一系列举措积极响应了国家"十四五"规划中关于推动供应链金融创新的明确指引,这本身就是数字金融催化产业结构调整与升级的典型案例。

(二)实践模式

京东在其供应链金融实践中融合区块链技术,其模式着眼于数据的链上确权流转、信用的层层穿透核验、业务流程的高度自动化,这种设计构成了其独特的实施框架。京东的技术实践基于其自主研发的区块链底层平台 JD Chain,该平台的核心优势体现在对多节点共识机制的支持以及跨链交互能力的实现上。

[①] 案例来源:京东链(JD Chain)官方网站,京东 2020—2024 年年度报告,《京东区块链技术实践白皮书(2018)》《京东区块链技术实践白皮书(2019)》《京东区块链技术实践白皮书(2020)》,2022 年 5 月京东云产业融合新品发布会,2022 京东供应链金融科技峰会,中国经济新闻网《京东发布 供应链金融科技战略 助力企业数字化转型》,央广网《京东科技首发供应链金融科技平台服务全景图 "双十模型"助力产业强链固链补链》,京东云城市峰会·上海站——供应链金融科技论坛,证券时报网《全力输出供应链金融科技 京东科技发布三大客群解决方案》等。

基于此平台构建了统一的供应链协作网络，吸纳了核心企业、上下游供应商、金融机构及物流伙伴等多方参与者，交易信息、合同契约、物流凭证等数据随即在全流程中上链记录与传递。智能合约的应用实现了关键业务环节的自动化，如融资审批放款、按期归还款项等操作均可自动执行，从而大幅降低了对人为干预的需求。

传统供应链金融业务的显著局限在于，核心企业的信用难以有效传导至下游企业。京东探索运用区块链技术，将核心企业的应付账款转换为名为"京保贝"的数字债权凭证，这种凭证支持在区块链上进行拆分、流转乃至融资等多种操作，使金融机构能够依据链上记录的真实性与完整性直接评估中小供应商的信用状况，这实质上推动了授信过程的"去中心化"，从而提升了风险管控的精度。

京东产品创新的核心逻辑在于场景驱动，企业深入探查产业链上各异的需求痛点，并以此为基础展开针对性布局。金融服务实践展现多维度创新探索，对于动产质押融资普遍存在的确权难题，企业采取了将存货仓单等有形资产转化为数字形态，再运用区块链技术固化信息权属的手段，提升票据流通速率。为此，京东专门研发了构建于区块链技术上的专业票据融资系统，电子商业承兑汇票的贴现流转周期被显著压缩。视线转向国际贸易场景，京东致力于整合跨境贸易的大数据资源和国际贸易单一窗口系统，此举实现了海关、税务等多个部门数据的有效互联和交叉验证，继而为众多跨境经营的参与者构筑了一套便捷高效的综合金融服务框架。

京东持续推进区块链技术在多方协作领域的应用。2022年5月，在金融科技专场活动中，京东云正式发布供应链金融科技平台，意在构建"政企银"三方数字交互通道，破解产业端与资本端融合困境。该系统深度融合产业资源与智能技术，通过场景化解决方案重塑金融生态格局，在优化中小微企业融资效率、维护金融链安全运行方面形成创新实践。上述平台创新地构建出 $3+N^3$ 的集成模式，其设计思路显著超越了传统 $1+N$ 架构的固有界限，创新之处在于将服务视野拓宽至三大领域，深入金融机构的合作网络，着力于企业主体的平台构建，也将政府部门纳入服务范围。针对企业层面的建设，平台集中资源打造核心企业的数字化基石，其影响力贯穿企业内部业务流程，并进一步辐射至供应链上下游的中小商户群落。在金融合作层面，平台联合区域银行、信托等伙伴，凭借资本的力量促进产业链深度整合，同时输出科技实力以提升实体经济的运营效率。面向政府的服务则聚焦于搭建高效的交易平台和产品管理体系。至于 N^3 所蕴含的深意，则指向一种多维度的协同共生，平台的设计理念摒弃了僵化的中心化格局，赋予核心企业、供应商及分销商同等的网络节点身份，以此激发弥足珍贵的网络协同潜能。这般革新的分布式网络生态正日益成为推动企业供应链运作效能跃升的关键力量。

(三)成效评估

京东在其业务体系中引入区块链技术，在提升融资效能、管控潜在风险及赋能实体经济发展等方面效果显著。其运营实践不仅优化了融资流程，而且降低了业务拓展过程中的不确定性，对实体产业的助益尤为突出。

京东对供应链金融与区块链技术的整合开拓出一种显著提升融资效率的新模式。此运作依托特定区块链平台执行智能合约，审批流转趋向自动化处理，供应商订单、发票一类关键信息完成上链存证，系统随即依据预设规则快速执行风险权衡及放款指令，由此超越了人为干预的诸多限制。"京保贝"业务正是此效能的典型体现，企业从申请递交到款项实际入账，全程耗时仅需 3 分钟，对比传统融资途径，效率增益十分可观。智能化审批的价值远不止融资时间的大幅缩短，数据保真性与操作环节的高度透明也为金融风险的管控建立了更有效的机制。

京东融合供应链金融与区块链的实践探索，在产业协同领域取得了显著成效，其"京保贝"服务至 2024 年已达到商业保理市场逾一成的渗透率，累计投放资金规模超两千亿元，广泛联结了逾十万家供应商伙伴，其服务网络延展至上千商品品类，切实缓解了众多中小微企业的融资瓶颈。京东还着眼于生态体系的构筑，于 2022 年供应链金融科技峰会上牵头交通银行、民生银行等 15 家金融机构，共同发起成立了京东供应链金融科技生态合作联盟，该联盟将成为整合金融机构专业能力、科技公司创新技术以及产业资本力量的关键枢纽，打造开放互助的产业生态格局。这种创新的业务范式显著扩大了供应链金融服务的运营规模，区块链技术的深度嵌入成为关键驱动力，催化产业链各环节企业间资金流、信息流与物流的高效整合与顺畅流转。

此外，京东在供应链金融领域的风险管控效能也同步增强。借助链上信息对企业运营的实时洞察，动态化的风险控制模型也获得持续优化。京东据此开发基于人工智能技术的风险侦测机制，该机制能在潜在违约发生前进行更高时效的预警。

（四）启示与挑战

京东融合供应链金融与区块链实践案例的经验启示在于：一是技术融合被视为破局的关键路径，区块链技术的潜力释放有赖于其同人工智能、物联网等前沿科技实现深度整合，构建超越单点应用的技术簇，以此突破发展中的瓶颈问题；二是一个协同共建的产业生态显得尤为关键，政府引导、企业主体与金融支持需形成有效互动，联手制定数据资源共享流通的标准规范，从而为"政产融"一体化新生态的培育奠定坚实基础；三是富有弹性的政策创新提供了重要的制度保障，监管部门对监管沙盒等创新机制的探索与应用能够为前景可期但风险未明的区块链金融创新活动开辟一片审慎包容、风险可控的试验场。

京东融合供应链金融与区块链实践案例的挑战则体现在以下方面：一是数据交互层面存在隔阂，区块链技术虽提升了链内数据的透明度，但跨越不同链条实现信息顺畅往来仍旧遭遇标准化缺失和隐私保护设计考虑不周全等现实阻碍；二是中小企业接入相关平台的系统转化开销颇为可观，经济成本构成一道门限，致使部分市场主体的参与意愿和实践程度受到限制；三是现行金融管理规范对于如何界定区块链资产的所有权以及怎样处理数据信息的跨境流通等崭新课题尚未给出明确的法规指引，这种不明朗状态或将限制技术探索的发展空间。

二、微众银行"微业贷"大数据风控技术创新实践[①]

（一）案例背景

微众银行作为国内首家互联网银行，依托腾讯生态的科技积累和场景资源，于2017年推出专为小微企业设计的全线上信用贷款产品——"微业贷"，重点服务银行传统产品难以顾及的长尾小微企业。"微业贷"通过无抵押、全线上、分钟级审批的特点，有效解决了传统小微金融服务中存在的征信数据不足、审批流程缓慢和风险定价不精准等问题。至2023年年末，"微业贷"的服务已

---

① 案例来源：微众银行官网，金融时报《微众银行董事长顾敏：坚持以科技创新服务普惠客群定位》，深圳银行业协会《深圳银行业小微企业金融服务指南（2020）》，中国银行保险监督管理委员会、中国人民银行《中国普惠金融创新报告（2019）》，2024年12月微众银行和财新智库联合发布的《中国数字普惠金融发展报告》，新浪财经《地方征信的"深圳样本"：600万元无抵押贷款从申请到获批要多久？》，证券时报网《微众银行首次亮相第二十六届中国国际高新技术成果交易会》，金融界《微众银行：基于互联网与大数据的全线上小微企业智能贷款产品——微业贷》，对外经贸大学、国际商报社《2022数实融合发展研究报告》等。

延伸至逾450万家小微经营主体,累计发放授信额度超1.5万亿元。微众银行"微业贷"的实践是大数据风控技术在数字金融领域应用的代表性范例,为破解普惠金融"不可能三角"的难题①提供了新方案。

(二)实践模式

"微业贷"设计了一套多维数据采集框架用于征信评估,这套框架深入探查企业主体状况、交易活动轨迹、产业链依存关系和企业主的社会关联信息四大层面。该体系借由标准化数据接口实时汇聚银商互动、银税互动与司法等部门的权威政务信息,企业自身的 ERP 系统及供应链平台所沉淀的产业数据也被整合纳入。一个值得注意的尝试是"微业贷"的风控模型吸纳了经权利主体明确授权的企业主个人信用数据。微众银行对联邦学习技术的应用为实现这一切提高了效率,微众银行首席人工智能官杨强曾公开表示针对中小微企业信贷评审数据稀缺、不全面、历史信息沉淀不足等问题,通过联邦学习机制可在确保数据提供方数据安全以及隐私保护的情况下为银行融汇企业多源信息并丰富建模特征体系。

"微业贷"服务小微企业之所以卓有成效,是因为其高度依赖其构建的全流程风险联防屏障。"微业贷"产品在贷前与贷中环节对此尤为关注,其审批漏斗可以总结为"3210"模式,其中囊括了内部分流、风险筛选与外部准入三项风控规则,塑造了企业及个人二维综合评判模型,形成了主辅相成的风险审视视角,设立了关键节点的一票否决权,供人工在模型判定不明时介入,申请流程设计力求简便,客户在多数情况下无须递交文件。在贷后预警环节则由一套"微业贷"专属智能风控体系支撑,这套体系不断升级风险预警引擎与企业评分标准,增设的预警处置模型使得监测到最终处理的全流程自动化得以实现,微众银行凭借自身丰厚的多维数据沉淀,应用行为评分模型及策略决策树分析方法,构筑了扫描全客户、多维多层级的贷后预警监控机制。

"微业贷"产品还将大数据洞察与人工智能算法应用于风险评估定价机制,有效延伸了金融服务的触角,顾及了市场下沉端的小微企业群体,年化利率区间设定在 3.6%~18.25%,这既消化吸收了服务该类客群所需承担的风险溢价,其内含的动态调节机制也能对资质优异的客户形成正向激励,这一在监管

---

① 普惠金融的"不可能三角"是指金融机构在服务普惠群体时,提高信贷可得性、控制风险和降低融资成本三个目标难以同时实现的结构性矛盾。

合规框架内构建的风险收益平衡策略无疑是一条智能驱动下的风险量化及定价新路径。

(三)成效评估

"微业贷"凭借其大数据风控技术的深度应用驱动了服务效能的根本性变革。全线上自动化审批流程的构建压缩平均审批时长至3～5分钟,高峰期系统承载力达到每分钟处理200笔申请的水平,资金最快可在30分钟内划拨到账,整体审批响应速度已步入"秒级"行列。其普惠金融服务范围截至2022年已拓展至全国30个省级行政区,超过半数的服务对象属于首次获得企业征信记录的群体,信用类贷款余额在结构中占据了98%的主导部分,显著延展了金融服务的可触达性。智能风控系统的高效运转使得仅需十名员工便能支撑起面向全国小微企业的服务体系,运营效益的优化直接反映在2018年成本收入比降至35.84%这一指标上,业务体量增长与集约化运营呈现同步提升的良好态势。

同时,"微业贷"依托大数据风控技术实现了风险管控能力的结构性跃升。在纯信用放贷的运作逻辑下,该产品的风控效能引人瞩目,2018年的不良率低至0.36%,经过风险暴露期后于2019年稳定于1%水平线附近,彼时表现相较于网商银行同期约1.3%的数据,已显现出比较优势。步入2023年,即便行业不良率整体有所抬头,"微业贷"的这项指标仍控制在1.46%～1.65%,相较民营银行平均水平持续保有优势。其基于大数据的智能风控系统有效运作,风险识别精确、定价公允合理,达到了业务规模增长与资产质量维护间的动态结构平衡。

此外,微业贷对实体经济也产生了显著的辐射带动效应。其信贷资源明显倾向于制造业领域的发展,制造业企业在超过百万的授信客户中占比达24%,这些资金有效地缓解了企业在技术升级、设备添置方面的资金需求。观察其客户的行业分布,七成集中于制造业、高科技产业及批发零售行业,这在客观上加速了新技术转化为生产力以及商品在市场上的流通循环。业务聚焦国家倡导的大消费、大基建、大健康、高端制造等方向,面向生鲜冷链、新能源等特定行业场景提供定制化的金融服务。在供应链金融领域探索去核心化的新范式,不再依赖大型核心企业的信用背书,转而凭借对小微企业自身数字化经营表现和信用状况的独立评估发放贷款。截至2023年年底,此模式已成功渗透至各个国家级重点产业链,涵盖了链条上逾30万家小微企业,累计投放的资金融通量已超5 000亿元,显著增进了产业链各环节的协同发展。

(四)启示与挑战

"微业贷"的实践案例启示在于,政府层面的引导对打造数据汇聚的基础设施具有关键作用,公共数据平台需要有效整合政务资源和产业信息,借此实现数据的双向流动与增值,进而打破信息壁垒。健全风险补偿的制度设计亟待完善,"微业贷"项目与地方政府合作的经验值得参考,设立区域性质的风险补偿资金池可有效缓解金融机构服务中小微企业面临的潜在压力。同时,强化科技运用与监管政策的协调联动成为必然趋势,处理好金融创新活力释放与潜在风险管控的关系至关重要,将监管沙盒作为能为新兴数字金融业务预留的合规试错的空间不失为一种有益探索。

此外,"微业贷"的实践案例也为数字金融理论框架提供了实践支撑依据,数字金融借由三大途径激发了产业变革:一是优化创新资源的配置,显著提高了信贷投放的精准度;二是促进技术要素的广泛应用,大数据模型有效缓解了信息不对称问题;三是加强产业生态的协同效应,特别体现在供应链场景的深度融合方面。"微业贷"的实践为相关理论的深化奠定了实践基础。

微众银行"微业贷"的实践探索并非一帆风顺,其也面临多重现实挑战:首先,在人工智能应用方面,模型可解释性的要求与现有监管体系存在潜在冲突,其"黑箱"运作模式制约了风险事件的溯源和处置效率;其次,在数据治理环节,跨政府部门数据协同共享依然存在体制机制障碍,政务信息资源开放共享的深度和广度也有提升空间;最后,产业适配层面值得关注,部分传统制造业数字化基础相对薄弱,源头数据采集的完整性、准确性受到影响,这无疑为后续数据价值的深度挖掘带来挑战。

三、蚂蚁集团跨境贸易金融平台智能风控与区块链双轮驱动[①]

(一)案例背景

在国际贸易体系中,跨境流转长期受到若干痼疾困扰,存在资金流转效率

---

① 案例来源:蚂蚁集团官网,中国证券报《蚂蚁集团Trusple平台25日发布》,宋奇《蚂蚁用区块链技术做"国际贸易支付宝"》,中国经济周刊《金融科技这5年:从刷脸支付到数字人民币》,中国金融信息网《渣打银行在新区块链交易平台Trusple上完成首笔实时交易》,amz123.com跨境卖家导航网站"Trusple支付"介绍,新浪科技《蚂蚁集团蒋国飞:蚂蚁链将全面推进"区块链+X"融合技术》,界面新闻《蚂蚁集团蒋国飞:单一的区块链技术无法承接产业需求》等。

低、信任机制不完善、信息不对称等问题。巨大的融资鸿沟阻碍着全球贸易潜能的释放，尤其对于缺乏完善信用记录或有效抵押物的中小型市场参与者而言，获取必要资金支持面临较大困难。沿袭已久的传统贸易金融作业模式高度依赖实体单证流转与人工核验环节，这不仅造成流程冗长、效率低下，更容易在各个节点诱发欺诈行为，技术革新驱动的范式转换显得尤为迫切。

蚂蚁集团于2020年适时启动了名为"Trusple"的跨境贸易金融平台，该平台通过区块链与人工智能技术的深度融合，重构跨境贸易金融生态。平台运行秉持信任链这一核心理念，其业务范围囊括订单撮合、交易存证、智能风控及融资结算等多个环节，属数字金融助推跨境贸易实体经济发展的实例。设计本身直接回应了中小企业于跨境贸易活动中普遍遭遇的信任难题，金融机构服务实体经济运作的效能与安全保障也获得了相应提升。

（二）实践模式

Trusple底层技术架构立足蚂蚁链，运用分布式账本技术保障了交易数据的实时记录及不可篡改特性。平台内嵌的智能合约可自动执行既定交易条款，引入的人工智能算法则专注于构建动态风险评估模型，体现了技术的实际应用考量。

其区块链技术的运用场景之一是存证，区块链将订单确认到货物送达的整个流转数据悉数上链固定证据，建立可追溯、透明的信任机制，供应商的付运单证、海关的清关文件乃至具体的运送轨迹信息等均借由哈希值加密技术进行固化存储，原始数据的准确度和公开性因此得到保障。此外，其衍生场景包括智能化合约的应用探索，智能合约担当了预设条件下的自动执行机制角色，据此可以驱动融资款项的发放并完成结算，显著降低人为介入的必要性与潜在偏差，一旦采购方完成收货确认动作，合约便能自主触发指令，将约定款项划转到供货商账下，交易的具体信息也会被同步到银行方面形成授信评估参考。以平台首笔交易案例来看，浙江义乌的某商户依托Trusple顺利完成了对墨西哥市场的水晶饰品出口，该笔交易的货款于次日便已收讫，显著提升了交易时效性。

人工智能技术将企业历史交易、供应链上下游关联乃至海关与税务一类的第三方征信信息多维融合，其目标在于精细刻画企业的整体信用面貌。通过机器学习算法则可持续审视交易行为的动向，譬如物流交付的延缓、产品价格的非正常波动，风险评分随之动态更新，重要的预警信号也同步传递至金融机构。

Trusple平台的设计促成了一种企业、金融机构及第三方服务商携手并进的协同生态，使中小企业能够借助平台高效接洽跨境买家，其链上积累的信用记录则成为获取便捷融资支持的重要凭证。譬如一家中国纺织公司利用Trusple对接东南亚市场后，银行依据其交易历史发放预付款融资，显著缩短了账期，回款时间也比常规有了显著压缩。在金融机构方面，银行能够利用链上提供的透明数据实现对企业资质的深度审核。渣打银行在接入Trusple系统后，处理中小企业授信审批的效率有显著提高，也降低了先前较为烦琐的尽职调查成本。2021年10月，蚂蚁集团副总裁蒋国飞介绍Trusple平台正式推出之后已经与来自13个国家和地区的41家贸易生态伙伴达成合作，服务网络触达大量跨境中小商户群体。

（三）成效评估

Trusple跨境贸易金融服务依托智能风控及区块链技术，为行业带来了显著的效率飞跃与成本降低。传统跨境贸易结算动辄一周的周期，在Trusple体系下可大幅缩短至一天内。浙江义乌某商户出口墨西哥的水晶饰品货款次日迅速到账即为明证。在成本优化层面，区块链驱动的自动化交易流程有效削减了冗余的中间环节开销。据蚂蚁链相关人士介绍，商户交易费用有望自百元大幅下调至20元，实现高达八成的节约，而平台仅从中计收少量服务费用。此种模式革新不仅加快了国际贸易的运转节奏，更借助技术力量重新塑造了价值链的分配方式，达成了商户与平台双方的互利共赢。

依托智能风控设计和区块链底层构架，Trusple平台使得风险管理效能得到体系化的提升。贸易背景真实性考证的工作受益于平台区块链技术不可篡改的优点，金融机构由此可以直接查阅存储于链上的订单详情、物流路径、资金动向等记录，告别了老旧的纸质凭据审核流程，其在贸易融资业务中的反欺诈水平得到长足进步。平台信用评估方面取得的突破在于一套动态评判模型，每一笔交易完结的数据都会即时加载上链，用以不断充实企业的信用画像。金融机构在面对融资请求时便能参照企业积累的交易记录，信贷额度的智能化估算由此变为可能，审批工作的速率也大为提升。数据增信与智能识别融合后构建的多元化风控体系显著缩小了金融机构潜在的风险敞口，区块链技术全程可溯的特点又让风险管理过程能够可视化追溯，为跨境贸易金融服务构筑了稳健的风险防控保障。

蚂蚁集团Trusple平台深度融合了区块链与智能风控技术，其"技术、信用、流程、合作"四维协同机制已是跨境贸易生态系统演进的一股变革动力。此平台促成了若干关键突破,使中小企业信用数据能够资产化运作,为中小企业参与全球贸易创造了融资可能,金融机构的风控职责也从人工核验转向智能决断,不仅提升了服务效能,更构建起了一个全链路数字协同网络,有力推动了行业标准的统一化。平台的实践效用显著突破了地域的藩篱,普惠经济的发展由此得到促进。从更深层次看,其基础设施级别的数字化方案正逐步瓦解旧有国际贸易的信任壁垒并重塑价值生成逻辑。这一切都为数字经济驱动下全球贸易体系的转型提供了可借鉴的范本。

(四)启示与挑战

蚂蚁集团于 Trusple 平台运营中所展现的实践,深刻揭示了数字金融领域创新的若干核心路径:一是技术研发需秉持市场需求导向,Trusple 模式的特点之一在于区块链技术与智能风控体系的结合,着力化解跨境贸易的信任赤字及效率难题,绝非技术的随意堆砌;二是平台价值的生成高度依赖生态圈的共生效应,Trusple 平台构建起一个融合企业用户、金融伙伴、官方担保等多方力量的"数据流通、场景适配、服务集成"的价值网络,辅以风险共担设计以有效管控全局风险;三是长效发展离不开制度架构的革新,可行的探索包括创设跨境数据传输的分级管理体系,促成区块链应用国际规范的互通互认,为数字金融走向世界培育健康的政策环境。

蚂蚁集团 Trusple 平台的国际征途依然面临技术标准化的挑战。全球区块链技术体系尚未统一,各国技术路线图的迥异成为数据跨境通行的天然障碍。欧美市场青睐的 Hyperledger 架构与亚洲流行的蚂蚁链等技术方案在底层设计上大相径庭,直接影响了跨国信息同步的速度。这种按地域划分的技术标准壁垒,一方面推高了系统对接的额外成本,另一方面拖慢了全球贸易数字化基建的整体进程。平台目前的工作重心集中于技术适配方案,既要解决跨链互操作的技术难题,又得满足国际合规要求,即应对数字贸易新基建领域全球技术规范统一与区域监管政策协调的挑战。

第四节 数字金融支持产业发展的瓶颈问题调研分析

数字金融作为驱动产业变革的新兴引擎,其技术创新与生态协同的实践为提升金融服务实体经济的效能提供了新的解决方案。审视小米生态链金融运作、海尔卡奥斯平台赋能、比亚迪数字化融资探索、上海银行"绿色金融＋"实践、京东区块链供应链金融、微众银行"微业贷"模式和蚂蚁集团 Trusple 平台等典型案例可以看出,数字金融在深化产业支持方面依然面临一系列系统性的发展瓶颈问题。不同案例所反映的普遍性难题较为集中地显现在数据治理的规范性、风险分担与补偿机制的有效构建、相关政策间的协同效果、技术应用与产业场景的适配难题,以及现有监管框架的适应性不足等方面,这些因素共同构成了制约数字金融进一步赋能产业发展的主要障碍。本节将从实证案例总结入手,归纳不同案例的共性问题,为未来政策优化与制度设计提供参照依据。

一、数据要素流通壁垒有待进一步打破

数据是驱动数字金融发展的核心要素,数据能否高效流通,直接影响金融体系内资源配置的最终成效。业界实践与案例分析反映了在不同平台系统间和各职能部门内部流转数据并非易事,如何有效打通数据要素流通壁垒,克服数据碎片化与孤岛效应,依然任重道远。

(一)数据格式与接口协议的统一有待规范

供应链各环节数据格式与接口协议普遍缺乏统一规范,这一点在小米生态链金融、海尔卡奥斯平台的实践中均得到印证。以小米生态链企业为例,其生产作业数据与金融机构风控模型之间往往存在对接壁垒,从而显著推高了信息融合的成本。再如,海尔卡奥斯平台在汇聚工业网络数据时,针对多样化的行业定制数据梳理规范,流程效率难免受到制约。京东区块链供应链金融的应用案例也显示,即便区块链技术提升了单一链条内部的数据可信度与可见性,跨链信息互通也常因协议不一而受阻,从而限制了全产业链数据的协同增效价值。

(一)数据共享的制度、安全、场景三重壁垒

上海银行在推动其"绿色金融＋"实践时,风光储氢全产业链条对能源、气象、环保等多部门数据高度依赖,而现实情况却是政务数据开放程度相当有限,严格的隐私保护法规使得跨部门数据流动需要烦琐的层层审批。蚂蚁集团倾力打造的 Trusple 平台虽成功接入海关的单一窗口数据,但一旦试图对接更为核心的信息资源,就面临难以逾越的"安全壁垒"。比亚迪绿色车贷资产支持证券这类创新业务要求同时贯通碳排放监测和金融信贷这两个原本独立的系统,

应用场景之间的这种隔阂状态直接抑制了数据融合所能产生的潜在价值,形成了所谓的"场景壁垒"。

(三)数据要素的权属界定与隐私保护始终面临现实挑战

微众银行"微业贷"项目应用联邦学习技术探索了数据可用不可见模式,中小企业却顾虑核心经营数据的外泄风险,因而实际参与积极性不高。海尔卡奥斯工业互联网平台的一项调研揭示了类似困境,部分中小制造企业并不愿意开放设备运行的详细数据,此举无疑影响了平台对其建立全面信用画像的准确性。围绕数据确权、隐私计算等关键技术的现实应用瓶颈问题,当前实践中尚未形成广泛适用的成熟对策。

二、风险补偿等配套机制的适配性有待提升

金融机构在数字金融领域的服务成本无疑需要借助风险共担机制加以疏导、化解,现有的担保配套与长效资金匹配机制尚不能充分满足数字金融服务于产业发展的内在需要。

(一)政策性风险补偿等措施仍需提高适配性

比亚迪案例揭示了新能源产业技术快速迭代内含的风险,政策性风险补偿基金的覆盖范围常局限于基础研发环节,导致氢能等长周期项目的融资瓶颈依旧明显。上海银行在其"绿色金融+"实践探索中,虽尝试借助地方政府设立的信贷风险补偿池,但该资金池的规模仅能消化不良贷款的三点五成,面对风光储氢这类大规模综合项目的风险缓释需求,现有机制的支撑作用仍有不足。

(二)风险定价的市场化机制尚未健全

微众银行的"微业贷"产品虽然已将大数据洞察与人工智能算法应用于风险评估定价机制,但多数中小银行受限于自身技术瓶颈,难以摆脱对传统抵押品、质押品的路径依赖。另一个案例可见于京东的区块链供应链金融探索,部分中小微主体可能得为应用新技术而支付系统改造费用,短期内综合融资成本不降反升,普惠金融的"降本增效"功能未能完全实现。

(三)长期资本的对接机制仍存在堵点

上海银行的案例揭示了氢能项目对政策性银行的过度倚重,商业银行面对期限错配风险往往持谨慎态度,参与度不高。蚂蚁集团 Trusple 平台的跨境贸易融资的现实景象也是短期流动性支持占据主导地位。如何引入保险资金、

养老金等真正的长期资本活水,仍需探索建立相应的对接机制。

三、跨区域、跨部门的政策协同效能有待提升

数字金融赋能产业发展,仰赖政策扶持、市场驱动与技术革新的良性互动。纵观当前实践层面的具体案例,现有政策的设计与执行仍存在制约之处。

政策协同在跨部门执行层面往往暴露出协调性的缺失,为具体实践设置了障碍。海尔卡奥斯平台在青岛市联合金融界力量组建中小企业融资服务联盟,旨在打通融资脉络,但实际运作中却面临阻碍,地方金融监管的具体要求、工信部的工业互联网标准体系乃至央行征信系统,彼此间数据标准存在显著差异,这种不统一割裂了信息流通,导致构建跨区域产业信用信息互通共享机制的进程缓慢。小米生态链金融实践案例显示,知识产权的价值认定与其在金融机构的质押规则不匹配,科技部门的专利认证体系与金融监管侧重的风险控制标准未能充分对接协同,无形资产融资业务规模做大就显得颇为困难,两者在具体衔接上存在明显的错位现象,客观上制约了产融结合向纵深发展的步伐与成效。

京东区块链供应链金融的应用实践凸显了现行监管规则面对智能合约法律地位界定、跨地域数据流动管理等议题时的模糊地带,这种不确定性限制了技术应用的发展空间。蚂蚁集团 Trusple 平台在国际化业务拓展过程中面临各国区块链底层协议标准差异化的现实。例如,蚂蚁链与 Hyperledger 框架体系的兼容性问题成为制约其国际化业务布局的瓶颈。人工智能模型内在的"黑箱"困境,以微众银行的动态风险评估算法为例,其决策逻辑难以完全透明化,这与监管机构强调的可解释性原则形成矛盾关系,间接形成金融机构满足合规要求的成本压力。

第十章
数字金融支持产业发展的政府性平台案例分析

本章首先聚焦政府性平台在数字金融支持产业发展中的定位与功能，从公共信用数据赋能的视角分析了相关理论框架、实践案例、政策协同效应以及政府性平台的战略价值与未来方向；然后以全国融资信用服务平台为典型案例，探究地区平台在数据整合与共享中的具体创新实践做法；最后从数据金融区域协同生态构建的层面，以长三角和粤港澳大湾区为典型案例，剖析跨区域联动的实践模式、成效评估，以及挑战与启示。

第一节 政府性平台的定位与功能：基于公共信用数据赋能的逻辑

一、全国融资信用服务平台的实践探索

（一）构建背景：国家战略驱动与系统性需求响应

全国融资信用服务平台的创设，根植于应对现实诸多挑战与满足国家层面战略部署的双重考量。国务院办公厅于 2019 年发布指导意见明确了完善信用信息共享平台的要求，推进"信易贷"模式创新实践成为关键政策指向。国家发展改革委牵头负责平台的具体构建事宜，其核心任务在于实现公共信用信息的

深度整合与应用共享,破解长期困扰中小企业融资的"麦克米伦缺口"[①],缓解融资供需间存在的结构性矛盾。

我国企业信用信息曾长期处于割裂状态,相关数据分散在工商、税务、海关及司法等四十余个部门,形成数据孤岛。金融机构评估企业信用因此困难重重,拼凑完整的信用画像不仅耗时甚巨,而且数据覆盖面不尽如人意,信息获取效率低下成为常态。全国融资信用服务平台的构建思路在于,它直接对接国家数据共享交换系统,尝试归集亿级市场主体的多维度公共数据,内容涵盖了工商注册、纳税记录、社保缴纳、知识产权等关键领域,实现跨部门信息的便捷调用。

科技型企业具有轻资产、高风险的特点,传统金融机构倚重抵押物与财务报表的授信模式,针对科技型企业的适用性明显不足。从 2019 年中国中小企业融资境况来看,名义上的平均贷款利率在 5.2% 左右,但众多企业的资金需求与实际获得贷款之间存在较大差距,58.4% 的中小企业贷款申请率背后是大量融资需求未能有效对接支持的现实。针对该困境,全国融资信用服务平台探索以各类数据算法驱动打造动态信用评价体系,旨在优化金融服务流程,降低金融机构的数据搜寻成本与尽职调查开支,并缩短授信决策的流程周期。

地方性信用平台的建设显露出标准不一、重复建设之类的弊病。长三角、珠三角等地的区域性系统虽已形成体系,但其跨省份数据的互认效能尚不达理想预期,跨省数据互认率仍有提升空间。全国融资信用服务平台基于国家标准——《公共信用信息数据元》的指引,期待通过统一数据字段定义与接口规范,打通信息孤岛,实现跨区域信用报告更为顺畅的互认流转,进而切实削减制度性交易成本,这正是实施该措施的主要目标。

(二)功能设计:技术创新与场景适配的双轮驱动

全国平台架构的设计紧扣"数据赋能"与"场景深耕"的融合思路,其功能核心体现为信用评价体系、数据接口功能以及风险预警机制三个方面。各种技术手段的组合运用支撑着平台功能,使其能灵活适应各类产业金融应用场景。

1. 构建动态信用评价模型是全国融资信用服务平台的主要功能

动态信用评价模型的构建旨在突破传统财务指标的限制,其创新性地融合

---

① "麦克米伦缺口"由英国金融产业委员会于 1931 年在《麦克米伦报告》中首次提出,是指中小企业在融资需求与资金供给之间存在结构性缺口的现象,揭示了经济危机背景下中小企业因信息不对称等因素而难以获得匹配条件的融资支持。

了非结构化信息与企业行为轨迹数据,进而拓展了评判企业信用状况的指标维度。这些指标维度涵盖了企业基本经营状况、合同履约信誉、企业创新能力、环境社会治理责任承担等不同方面。对于战略性新兴产业这类特别关注对象,该评价体系调高了研发投入强度、专利被引用频率等非传统财务指标的权重。例如,浙江省利用平台融合湖州市监局、湖州市发展改革委以及金融机构内部企业相关信息,开发了 ESG 评价体系、企业授信评分逻辑、融资需求探测机制等动态信用评价模型。

2. 全国融资信用服务平台致力于数据接口标准化与 API 生态建设

全国平台承担了一体化融资平台网络接入标准化与管理规范性的强化职责,已制定了涵盖平台对接、数据接口规约、授权管理范式、数据安全屏障等一系列管理办法和技术指南。省级节点与地方接入平台接受合规经营、规范服务、安全管理的整体性指导,这是一体化融资平台网络标准规范体系建设的关键所在。此外,该一体化融资平台网络支撑着国家层面"总对总"归集数据的全网共享机制,即数据"一处录入、全网可达",信息供给方与金融需求方之间的数据流通瓶颈得到突破,使获取必要授权的金融机构能够调用信用信息查询服务,进而使以往多头对接、成本高企的数据获取模式得到有效改观。

3. 全国融资信用服务平台致力于风险预警监测一体化服务功能建设

全国平台依托一体化融资平台网络资源,详尽评估企业的具体信用风险,并对相关企业信用状况的变化予以动态跟踪监测。金融机构能够据此获得融资业务的风险预警评价反馈,平台更致力于逐步培养并建立覆盖区域、产业、产业链供应链乃至宏观经济维度的风险甄别能力与决策辅助体系。

(三)运行机制:政府主导与市场协同的生态共建

平台运行遵循立法保障、数据整合、生态共建的三层递进逻辑,构建了政府与市场协同治理的多方协作可持续发展机制。

在立法保障与数据治理框架构建层面,数据安全法、个人信息保护法的出台为平台数据共享奠定了法律基石。平台实践探索了如"授权获取+最小必要"等原则的应用,企业主体需要签署专门的数据使用授权书,其内容明确了数据使用范畴以及相应的隐私保护承诺条款。国家发展改革委联合中国人民银行发布《全国公共信用信息基础目录(2024 年版)》这一举措,意在明确各部门数据开放共享的义务清单与权力边界,从制度层面尝试厘清长期存在的"数据主权"观念争议。

在数据整合的技术路径创新层面,全国平台采取了"国家总枢纽、省级节点、地方平台"这种分层设计思路,其关键在于借由标准化接口实现跨部门、跨区域数据的汇聚整合,最终目的是保障数据的安全共享及其智能化应用。上海市子平台即设立了专门的"数据模型实验室",允许银行等金融机构利用联邦学习方式共同训练风控模型,实现了信息资源的"可用不可见",针对如何破解信息整合共享的普遍性难题提供了颇具启发意义的探索模式范本。

在市场主体多元化合作生态层面,一个繁荣的数据生态离不开市场各方的深度参与,全国平台及各省级子平台主动引入第三方征信机构与技术服务商正是为了共同培育这一生态。其中,知识图谱可以作为技术赋能的典型应用之一,它能够支撑金融机构有效厘清供应链中核心企业对供应商的信用辐射网络。

(四)实践成效:数据赋能与产业赋能效应

该平台的运行实践深刻地作用于金融资源的配置格局,其效率获得了质的飞跃,整个产业的生态面貌也随之发生结构性的积极演变。

1. 全国融资信用服务平台显著改善融资可得性与成本

近年来,中小企业融资困境依旧是经济发展绕不开的议题,国家对此高度重视,财政政策、金融手段协同发力,采取多种措施,力求破解这一难题。全国融资信用服务平台也在实践中积极探索。《2023年度中小企业发展环境评估报告》显示,政府性融资担保扩面工作取得进展,增量显著,普惠型小微企业贷款规模随之持续扩张。数据显示,2023年年末余额攀升至29.06万亿元,同比增速达23.3%,超出各项贷款增速13.1个百分点。新发放普惠小微贷款融资成本显著下降,缓解了企业经营压力,结构性货币政策工具精准发力,滴灌实体经济,"随借随还"等模式创新迭出,提升金融服务灵活性,更贴合企业需求,多层次资本市场也为优质企业开辟加速上市通道。值得关注的是,2022年参评城市普惠小微贷款占比均值达到10.1%,增速高达25%,融资覆盖面与可得性同步提升,中小企业融资环境实现"量增价降"的优化格局。

2. 全国融资信用服务平台构建了多层次的产业协同服务网络

标准化数据接口的广泛应用改变了产业金融赋能的运作逻辑,全国平台及相关政策引导下的"网络授信"模式正逐步取代原有的"单点授信"格局,重塑了整个产业金融的信任基础。这一趋势在上海市地方平台的实践中得到了充分体现,其"虹口批次贷"项目是"网络授信"模式的典型代表。

3. 全国融资信用服务平台有效放大了多方政策协同效应

全国平台成为政策协同效应的放大器,其关键作用在于充当政策落地的载体,促成数据资源、金融服务与产业需求间的精准联动。例如,2022年发布的《国家发展改革委办公厅 银保监会办公厅关于加强信用信息共享应用推进融资信用服务平台网络建设的通知》明确要求地方政府因地制宜建立中小微企业信用贷款市场化风险分担补偿机制、出台贷款贴息和融资担保补贴等优惠政策,并通过地方平台落实落地。可见,全国平台体系的建成将对政策的实施效果产生显著影响。通过对全国融资信用服务平台及其子平台的观察,一个融合了科技、产业、金融的新型协作生态圈已成形,此创新范式既体现了制度设计的突破,又彰显了数字技术的赋能价值,还诠释了"数据即信用"的数字金融思维。

二、全国融资信用服务平台的政策协同效应

(一)政策背景与战略导向:构建"数据-金融-产业"协同体系

随着建设数字中国成为国家重要战略之一,数据作为关键生产要素的角色定位成为重要的战略高地。国务院2022年的《要素市场化配置综合改革试点总体方案》明确提出了探索建立数据要素流通规则的过程需从完善公共数据开放共享机制、建立健全数据流通交易规则、拓展规范化数据开发利用场景以及加强数据安全保护四个方面改革,只有通过运用数据贯通融合之力打破数据孤岛,金融活水才能更有效地支持实体经济,产业的数字化转型、生态体系的迭代优化才有基础支撑。该政策与数字金融赋能产业迭代的思想不谋而合,其意义在于:一方面其是制度层面的设计突破;另一方面其依靠技术力量的持续注入,最终目标指向塑造"数据整合、金融创新、产业升级"的紧密互动与良性循环。

政府性平台的角色演变须置于全国统一大市场建设的宏观环境中加以考量,此类平台正是政策理念转化为现实效能的关键枢纽。根据国务院《"十四五"数字经济发展规划》蓝图,2025年数字经济核心产值将触及国民生产总值10%的高位,此目标背后潜藏着数据自由流动的制度藩篱与技术瓶颈亟待突破的现实挑战。全国融资信用服务平台实践的战略价值在于,不仅在国家层面实现了包括企业登记注册、纳税、社保、住房公积金等74项关键涉企信用信息的机制化归集,而且建立了配套机制化共享,为金融资源的高效流转奠定了坚实的数据基石。类似探索体现了政策导向的趋势,未来的数字金融生态系统构建的核心动力源自数据的深度融合,由此告别以往碎片化服务的局限,迈向系统

性赋能的新台阶。

(二)数据融合的实践路径:技术驱动与制度协同

首先,数据融合的关键在于突破行政区划和行业固有的壁垒。我国企业信用信息分散于工商、税务、司法等几十个机构体系中,跨体系共享面临较大障碍。政府主导构建的专门系统则试图采用法规层面的保障与技术层面的赋能相结合的路径来解决这个难题。全国融资信用服务系统可算是一个代表,其运行讲究"授权获取"并严守"最小必要"的理念,在地方试点借助区块链等技术促进信息的跨地域、跨领域贯通。

其次,数据要素的融合利用必须以安全合规为基石,才能长效释放潜能,联邦学习、多方安全计算等前沿计算范式为实现数据"可用不可见"的目标提供了新的解决方案。企业税务资料经由同态加密技术的守护,金融机构无须碰触源数据即可展开建模分析,显著缓解了敏感信息外泄的顾虑。这类隐私增强计算的实践探索,其意义不止于满足信息安全保护的硬性规定,更深远地看,它驱动着信用评估的视角从固化的静态指标迈向了更加灵活、深刻的行为动态洞察。

最后,区域间差异化的数据标准业已成为数据汇聚融通的壁垒,政府主导型平台则需运用顶层设计智慧推动制度整合,构筑公共信用信息的共享准则体系,厘定统一的数据字段释义与接口规范,此类举措将促成跨地域企业信用互认水平的提升。

(三)数字金融生态升级的机制协同

1. 从单一服务到生态协同的转型

数字金融的发展路径,过往常常局限于产品本身的迭代创新,难以充分满足产业端的深层次需求。一种新的范式正在政府性平台引导下显现,其致力于建立信用共同体,促使生态内的各个参与方摒弃旧有的竞争思维,拥抱共生理念。全国知识产权质押信息平台的实践颇具代表性,该平台直接打通了企业专利信息和金融机构风控体系之间的壁垒,构建起一个从技术到信用再到资本顺畅流转的协同生态。

2. "科技-产业-金融"循环的强化

数字化金融生态的迭代升级离不开技术创新的催化作用,产业与金融的深度交织融合也由此获得坚实纽带,该生态致力于运用信息流贯通产业网络各个节点,其目标在于实现各类生产要素的高效率流转,以及对潜在风险更为精准的度量与定价。

3. 风险补偿机制的优化迭代

政府性平台通过风险补偿机制的优化构建,动态风险定价模型与多元化风险分担安排的应用能显著减小金融机构承担的信贷风险。全国融资信用服务平台在这方面展现了其作用,通过整合企业信用信息并结合实时风险预警体系向金融机构输出风险评估结果及相应补偿方案。这种机制设计的持续精进正为数字金融生态的长远健康发展建立必要的制度基础。

三、政府性平台的战略价值与未来方向

政府性平台作为数字金融生态的核心枢纽,其战略价值远不止优化当下的金融资源配置效率,更在于驱动产业长远变革的重要影响。公共信用数据的赋能逻辑贯穿其间,制度的革新、技术的迭代与生态的协同多种因素共同影响,重塑了科技、产业、金融固有的循环模式。本节系统阐述政府性平台战略价值的多重维度,并且构想未来发展路径。

(一)政府性平台的战略价值解析

从经济维度来看,政府性平台依靠整合多维度的公共信用信息,能够有效缓解信息不对称所造成的市场运行障碍。其建构的动态信用评价体系在纳入企业创新潜力等非财务类评估要素后,可以促使金融资源更精准地配置到战略性新兴产业。此种机制安排一方面印证了信用信息公开透明在克服逆向选择难题上的价值,另一方面为技术密集型企业创设了相对宽松的融资环境,这对促进区域创新发展将起到关键作用。

从社会维度来看,政府主导的平台借公共信息资源的开放共享特质构建覆盖产业长尾客户群体的普惠金融服务网络,将显著扩大金融服务的覆盖面。通过深度整合不同维度实时动态数据,构建起一套有效的风险侦测预警机制,社会信用体系的监管调控能力将获得显著提升。这些机制在阻断潜在系统性风险传导链条中承担起关键稳定器功能,金融科技的力量由此深度融入社会治理脉络,将有力促进治理能力的现代化跃升。

从技术维度来看,隐私计算、区块链等前沿技术具体的场景化运用正驱动信用评估由静态授信向动态穿透深刻转型,此类技术实践不仅能革新既有信任机制,而且能为跨地域数据合作提供技术载体,促使算力资源匹配产业需求,为国家战略落地夯实数字基础。

(二)政府性平台的未来发展方向

政府主导的数字金融服务平台的战略意义体现在由制度、技术、生态三元融合的新型基建角色,这种角色将为数字金融促进产业升级提供新的实践范式。同时,技术穿透力对于突破数据壁垒至关重要,应用场景的适配能力又是激活产业潜力的核心要素,资源的优化配置则有赖于政策的精准协同,而开放包容的生态系统构建是实现可持续发展目标的重要保障。这一路径选择不仅契合了国家推动数据整合与生态演进的宏观导向,而且为在全国统一大市场格局下健全数字金融服务体系提供了理论支撑和实践蓝本。

1. 深化数据要素与前沿技术融合

当前亟待攻克隐私计算、人工智能等领域的技术瓶颈,唯有如此方能构建起兼顾安全与运行效率的新型数据应用架构。基于语义分析构建供应链信用网络模型,此类探索有助于提升风险预警的敏锐度与实时性。分布式账本技术在打通跨域数据壁垒方面的应用前景同样广阔,深入挖掘其潜力定能实质性强化技术对信用生态的赋能。

2. 聚焦重点产业定制服务体系,提升场景适配力

战略性新兴产业具有独特性,亟须信用评价标准突破既有范式,如此产业园区和政府性平台的协同运作才能显现价值。研发、审批与融资等信息的贯通融合将构筑起产业资本深度契合的支持结构,这使得金融资源能够精准支持产业发展。

3. 构建全国一体化信用网络,提升政策协同力

跨区域制度的衔接贯通势在必行,公共信用信息共享标准的体系一仍有待完善,目标在于消融数据流通的行政壁垒。政府性平台的角色定位也需进一步思考是否将其纳入科技、产业、金融循环的政策工具箱范畴,对工具间配合效能的提升是否有正向价值。例如,将产业指导目录与金融扶持措施有机结合,就是一种高效的资源定向配置方式。

4. 培育多元主体共治机制,提升生态包容力

塑造政府引领方向、市场踊跃加入、社会从旁监督的协同治理模式,鼓励行业协会在此间扮演重要角色,其深度参与将显著增进各类标准与现实模型的适配融通。此外,为求公共利益与商业效益的合理平衡,引入独立的第三方合规审计机制不可或缺,设计恰当的正向激励措施将有效激发市场主体共享数据资源的积极性。

第二节　数据整合与共享的实践探索：
　　　　以全国融资信用服务平台为例

在数字金融驱动产业变革的浪潮中，融资信用服务平台作为一项关键基础设施，其建设清晰地展示了从地方性多元探索迈向全国统筹整合的发展路径。早期涌现的众多地方"信易贷"平台及各类中小企业融资服务平台，确实在一定程度上缓解了银企信息不对称问题，但普遍存在的数据孤岛效应、标准各异状况、服务碎片化等现实制约也限制了这些初步尝试的成效。2024年，《统筹融资信用服务平台建设提升中小微企业融资便利水平实施方案》和《关于进一步提升融资信用服务平台服务质效深入推进"信易贷"工作的通知》相继落地，标志着融资信用服务建设进入由顶层设计引导的系统性整合阶段，先前的地方实践由此被纳入"全国一盘棋"的宏观战略性高度进行重塑与提升。

在此背景下，上海、浙江、江苏等地的区域数据平台实践，在特定的政策整合与区域创新服务实践中呈现一系列共性特征及地方性差异化特征。这些平台均以数据整合的主轴，致力于构建"公共＋市场"数据的融合体系，区块链、隐私计算等技术普遍成为保障安全共享的有效工具，其治理架构多呈现政府搭台、数据筑基、技术赋能、生态联动的格局。同时，各地的探索路径又各有特色。例如，上海平台凸显其公益属性与枢纽定位，看重同国家级平台的顺畅对接以及数据模型实验室的创新探索；浙江省模式则显示突出的市场驱动特征与产业适配特征，深度挖掘了电商、产业集群的数据潜能；江苏省实践采取差异化策略，看重技术流评价并实现分层普惠，以实现精准支持先进制造业发展。

实践层面已印证了数字金融借助数据要素重塑产业金融生态的内在逻辑，信用数据基于特定场景的应用促进了资源配置效率的提高。例如，浙江省将行业数据转化为信用资产，有效降低了科技创新企业的融资门限，通过技术赋能驱动金融服务流程的革新；上海市运用智能风控模型可将审批时效大幅缩短到分钟级别，政策引导与市场力量相互协调，共同促进了生态系统的发展；江苏省借助风险补偿与分层授权相结合的机制，试图平衡普惠性与可持续发展目标。现实中跨区域数据共享存在壁垒、技术工具应用成本偏高等若干瓶颈尚待突破，未来将持续深化数据要素的市场化改革进程并加强制度层面的协同配合。

第十章 数字金融支持产业发展的政府性平台案例分析

本节案例表明,政府性平台需在顶层设计与地方创新间寻求动态平衡,通过制度、技术、生态三重创新来释放数字金融的产业驱动力。这为构建科技、产业、金融协同发展的数字金融体系提供了实践范本,也为政策优化与理论深化提供了新的解决方案。

一、上海市融资信用服务平台[①]

(一)案例背景

上海作为我国经济金融的枢纽,向来处于金融改革与创新的前沿。上海市融资信用服务平台的运作是在借鉴其他省市信易贷平台运行模式经验教训的基础上,采取了事业单位管理实体形式,以上海市公共信用信息中心作为牵头管理单位,并联合多家共建银行探索联盟组织管理机制以解决运营资金的可持续性问题。上海市在积极呼应国家数字金融服务实体经济的战略规划的同时改善了当地中小微企业的融资生态。上海信易贷综合服务平台作为上海市融资信用服务平台的前身于 2020 年 5 月正式发布,其核心目标直指长期困扰中小微企业融资的信息不对称瓶颈。平台启动后由上海市公共信用信息服务中心牵头整合了市发展改革委、市公积金中心等多个部门的关键资源,平台功能也随之跃升,实现从单向数据开放向双向融资对接服务的升级。

2024 年上海落实国务院《统筹融资信用服务平台建设提升中小微企业融资便利水平实施方案》精神,启动平台改造升级,将原上海信易贷综合服务平台系统升级为"上海市融资信用服务平台"。此项建设蕴含了制度层面的多重考量,该平台的新定位指向了全国一体化融资信用服务网络的"地区枢纽",肩负起连接国家平台、贯通区级节点的枢纽使命。平台被定位为跨部门信用信息发布的单一窗口,同时构建覆盖前、中、后的协同服务构架,集成政策导航与风险监控

[①] 案例来源:上海市融资信用服务平台官网,国务院办公厅《统筹融资信用服务平台建设提升中小微企业融资便利水平实施方案》,上海市人民政府办公厅《优化上海市融资信用服务平台建设提升中小微企业融资便利水平实施方案》,信用中国《上海信易贷平台 重磅!中小企业融资综合信用服务平台(上海)正式开通》,第一财经《长三角数据模型研究实验室开通 上海信易贷授信息额破 6 000 亿》,上海市公共信用信息服务中心《统筹整合 持续迭代 上海信易贷不断提升实体经济高质量发展服务效能》,上海市虹口区财政局《虹口区"虹企贷"批次担保业务实施意见》,交通银行上海市分行微信公众号《上海金融官微:多措并举落实营商环境 8.0 方案,交行上海市分行助力小微企业高质量发展》,信用中国《上海信易贷不断提升实体经济高质量发展服务效能》,《上海中小微企业政策性融资担保发展报告》(2023 版),余文凯《推进上海信易贷平台建设的认识和实践》等。

195

等功能。此番转型标志着上海数字金融基建思路的跃升,即不再局限于单一融资服务,转而致力于系统性信用生态的营造,为全国范围内的制度探索贡献了上海样本。

上海平台的演进轨迹体现了地方政府在数字金融领域的前瞻视野与顶层设计实力。政策指引、技术赋能两相融合,此举不仅大力推动了金融服务的普惠进程,而且为区域内产业迭代升级筑牢了关键性的基础设施平台。

(二)实践模式

探究上海市融资信用服务平台的实践模式,其核心支撑可以归纳为多元数据融合贯通、现代技术驱动赋能、模式创新便银惠企、服务生态协同构建四位一体的架构模式。

1. 多元数据融合贯通

上海平台依托省级节点,联通国家平台、信用长三角平台、市大数据中心和市信用平台,形成规范立体的数据归集体系,较好地满足了联合建模数据需求。在国家层面,上海平台接入全国信易贷平台数据,支持实时调用企业欠税查询、企业纳税非正常户查询、市场主体登记、海关注册、海关信用登记、纳税信用登记等二十余项信用信息。在区域层面,上海平台对接信用长三角平台,可实时调取江苏省、浙江省、安徽省授权查询版公共信用报告。在上海市层面,上海平台对接大数据中心,引入税务、社保、公积金等四十余项数据资源,构建了基于年收入、负债率、稳定性等维度共计五十余项指标;联通上海信用平台,打通公积金中心、税务局等八十余个数据源,将本市工商登记、税务行政处罚案件、法院判决等八千余个数据项、几十亿条信用信息纳入共享范围,重点用于企业信用综合评价。

2. 现代技术驱动赋能

上海平台通过创新融合隐私计算与区块链技术破解数据安全共享难题,依托"长三角数据模型研究实验室",探索建立"数据可用不可见、用途可控可计量"的创新实践机制,支持跨域联合建模。例如,通过实验室实现上海、嘉兴、杭州、金华、苏州、湖州、宣城、芜湖、合肥9个城市公共数据互联互通,围绕重点产业集群深化布局,支持金融机构开展G60科创贷、园区贷等特色产品创新和跨域授信;以大数据和人工智能技术驱动精准服务:基于多源已整合数据,通过数据标准化、固有特征提取等,得到"经营状况、财务状况、信用状况、组织背景、创新能力、纳税状态"企业六大维度评分,结合逻辑回归算法得到企业评级模型,为企业分类和防范融资风险提供便利。应用人工智能技术,开展智能信贷服务;此外,平台依托大数据、人工智能技术,持续优化融资智能匹配服务,按照需求额度、经营规模、营收能力和服务范围等指标对企业进行精准画像,按照服务类别、授信额度和担保期限等对产品进行精准分类,辅助融资主体快速定位适合的融资产品,并开发上线"智能客服"机器人,以解答用户的各类问题。以杨浦区子平台为试点研发"政策智能匹配"功能,对区内惠企政策细化标签分类,配置政策原文、政策解读等核心要素,绘制政策"全景图"和"导航图",实现对政策信息的自动化分析、智能匹配以及个性化的借贷需求对接,得到了融资服务企业的广泛好评。在此过程中,上海平台应用区块链技术积极探索金融场景安全应用。按照上海市以市大数据中心为统一通道,依清单归集数据的要求,上海平台接入的信用信息依次经过区级部门→市级部门→市大数据中心多级流转,数据链路较长,传输过程存在数据篡改和操控风险。为解决这一安全问题,平台采用区块链技术建立多层次网络节点,记录数据从产生到流转的全过程,利用共识机制实现各节点之间数据的一致性,确保数据不可篡改,提高可信度,有效保护企业数据的安全性和隐私性,防止数据被恶意攻击或泄露。

3. 模式创新便银惠企

上海平台创新性地构建了"并联审批、模型预警、政策优惠"三位一体的担保模式,并与市政策性融资担保中心协作,为各区提供"批次担保"的线上自动化贷款审批服务。以虹口区为示范,企业可线上多途径提交融资担保申请,产业部门基于企业信用信息进行风险评估,并通过线上审核流程建立"担保白名单"。市担保中心运用上海平台法人担保评价模型对白名单企业进行分类管理,将符合条件的企业自动推送给合作银行。合作银行利用自动化预警模型对符合条件的企业进行筛选,对授信额度低于 1 000 万元的企业进行自主审批和放款,以实现快速担保贷款。该产品首期额度为 20 亿元,提供 90% 的担保费补贴和 50% 的贷款贴息,实际利率降至 1.8%。

4. 服务生态协同构建

上海平台首创"长三角数据模型研究实验室",率先引入隐私计算技术,汇聚多维数据源,建设指标库、样本库、模型库、算法库,以支撑长三角区域平台服务金融机构定制化灵活配置建模策略,批量化生产贷款产品。目前已有几十家银行通过实验室进行大批量模型训练,支持创新产品超 50 个。构筑了"公共数据+市场数据"合作生态,建设第三方服务专区,一方面,满足合作金融机构呼呼公共数据和市场信用数据加速融合、叠加支持企业精准画像的现实诉求；另一方面，激发公共数据和市场数据化学反应，有利于市场化数据场景拓展和增值变现，促进释放数据要素价值。当前，多个第三方数据源单位合作积极性较高，正联合区级子平台、合作银行共建若干个分行业、分领域、分区域的专业子模块，已打造了科创金融、供应链金融、园区整体授信、绿色金融、G60科创金融服务等专业子模块。

此外，上海平台还与普惠金融顾问强化联动，构建线上线下互为补充的服务渠道。2024年8月，上海市发展改革委、上海市公共信用信息服务中心、静安区发展改革委、市北高新（集团）有限公司相关负责人共同启动全市首个"融资信用服务线下工作站点"，这也是融资信用服务走进园区的一次新的尝试。工作站点具有固定服务场所，为企业提供预授信服务，帮助周边企业实现融资申贷、获贷全流程办理，打通融资服务"最后一公里"。站点通过让数据多跑路，银行和企业少跑腿来扮演好融资服务"店小二"角色，有效节约企业时间和商务成本，从而进一步提升企业融资的便利度。

（三）成效评估

在区域节点连通与功能强化方面，上海平台建立了国家、市、区三级纵向贯通体系，实现了与全国平台及16个区级子平台的全面对接，同时横向整合了长三角一体化示范区平台和"信用长三角"平台资源。创新"整园授信"服务模式、建设2022年国家级普惠金融发展示范区，提升了对重点区域和行业的服务精准度，确立了在长三角区域信用融资服务体系中的关键节点地位。

在数据治理与共享机制创新方面，上海平台构建了涵盖政务、市场与信用的多元数据资源体系，并对接市大数据中心，以授权运营模式联通税务、公积金、不动产等数据字段。同时，对接市场机构，接入车辆、保险等数据字段，打造自助型商业数据服务超市。平台创新性地建立了标准化数据处理机制，对近百亿条法人及自然人信用信息进行指标化提炼，形成百余项通用核心数据指标，高效支持银行快速接入及动态建模。

在金融科技应用与标准化建设方面，上海平台深入贯彻落实国家试点要求，创新打造了全流程放贷共性支撑平台，并联合金融机构、数据源单位、第三方技术公司建立全流程放贷的上海标准，提供企业在线授权、银行快速建模、平台产品测试等工具箱，以支持各方自动批量打造全流程放贷产品。

在普惠金融服务与产业赋能方面，上海平台构建了政策、产业与金融协同的支持体系，推进"抗疫助企""助企纾困"等政策的落地见效，建立"3+6"重点产业库及科创企业白名单机制，精准服务产业链关键企业。同时，上海平台联合金融机构创新打造"创业者港湾"孵化模式，携手首家国家级技术转移机构——上海技术交易所，结合企业科创属性评价、技术合同认定信息，推出科技型企业专属金融产品——"上市技易贷"（最高授信 5 000 万元、5 年期）。此外，上海平台还开设了专精特新、乡村振兴、抗疫专区等特色场景，有效满足了企业多样化的融资需求。

在生态协同与价值共创方面，上海平台自成立以来，以"信用、公益、便捷、安全"为核心理念，通过政府引导、多方协同、技术创新和生态共建，逐步构建起覆盖金融机构、政府部门、科技企业、园区及区域子平台的多层合作网络。

在银企服务效能与市场影响力方面，上海平台在数据模型实验室建设支撑下，服务中小微企业融资取得积极成效，累计注册用户数超 914 万户，四十余家入驻金融机构基本覆盖大型国有银行、股份制商业银行，优选上线超 800 款信贷产品，累计授信金额超 14 000 亿元，累计产品查询超 3 500 万次，已成为全国、长三角区域融资服务网络关键节点，有力支撑了实体经济高质量发展。

（四）启示与挑战

上海平台敢于创新的实践为数字金融有力扶持产业发展提供了范例。其架构着眼于事业单位管理的模式确保了平台运营的可持续性，并有效构建跨部门、跨层级的协同机制；同时，牵头实现国家层面与长三角区域的数据互联互通，形成示范效应。此外，驱动上海平台前行的是技术创新动力，隐私计算、区块链等前沿技术被创造性地运用并融入数据模型实验室，有效兼顾了数据安全共享机制的建立和人工智能算法的应用，并基于数据模型实验室积极探索将 AI 算法融入企业多维信用评价体系的构建，深度挖掘了公共信用数据的潜在价值。上海平台还着力优化服务生态，充分整合公共数据与市场数据，面向细分场景支持银行进行差异化的金融产品创新，进而打造矩阵化产品体系，在此基础上叠加"并联审批＋智能匹配"模式的创新，进一步实现了与企业融资需求的精准对接。更值得关注的是，上海平台深化区域协同效应的牵头实践，以长三角数据模型实验室枢纽功能为依托，联动线上线下服务，数据显示，平台已累计促成授信逾 1.4 万亿元。上海平台通过数据、技术、服务、生态多位一体的平台型数字金融基础设施正在有效破解中小微企业融资难题，为区域内战略性新兴产业和重点产业的升级提供了坚实支撑。

上海市融资信用服务平台在推进数据融通与共享过程中也面临诸多挑战：一是数据治理跨部门协同尚显不足，不同部门与区域间数据标准和权限往往难以完全统一，因而时效性要求较高的企业经营等关键数据共享可能受限。二是技术应用与安全保障存在矛盾，隐私计算、区块链技术虽能加固数据防护，但多层流转难免损耗效率，存在跨域建模精准度不足的挑战。三是可持续运营机制尚待健全，各银行差异化的业务导致对平台模型信任度不一，运营适配性可能因此打折扣。四是普惠服务覆盖可能遭遇瓶颈期，部分企业对数据授权意愿不高，在此情形下，政策匹配功能推广或将难以充分，导致线下服务落地的"最后一公里"存在低效风险。上海平台未来如何在协同性、技术性、商业性与普惠性之间求得动态平衡，或为其未来深化发展的核心命题。

二、浙江省金融综合服务平台[①]

(一)案例背景

浙江省作为我国民营经济的沃土，其中小微企业却长期承受着融资难、融资贵的结构性压力。为响应国家数字金融的发展战略，浙江省于2019年11月建设上线浙江省金融综合服务平台，通过数据融通与科技赋能，有效打破银企信息壁垒，促进金融、科技、产业三者协同发展。浙江银保监局携手省发展改革委、省大数据局等多个部门共同规划平台建设，充分借鉴"最多跑一次"改革的数字化治理经验，打造了线上全流程融资信用服务新模式，这具有重要参考价值。

浙江平台的建设思路展现了与其他省市政府信用数据驱动模式不同的探索方向，其着眼点在于市场化机制同公共数据资源的深度融合。浙江省政府在2022年的政策部署明确了政府搭台引导、市场主体运作、数据要素赋能的核心原则，并鼓励吸纳第三方征信机构、金融科技公司、行业协会等多元角色共同参

---

① 案例来源：浙江省金融综合服务平台官网，国务院办公厅《统筹融资信用服务平台建设提升中小微企业融资便利水平实施方案》，杭州网《浙江银保监局：全方位、全过程、全领域撬动金融领域数字化改革》，市场导报《浙江试水知识产权质押登记"线上办"》，中关村知识产权促进中心《浙江省：开展知识产权保险创新试点改革，打造知识产权保险全链条服务》，浙江银保监局等《关于建设完善"双保"助力融资支持机制的通知》，央视网《信用贷款＋大数据 多种手段助力小微企业融资》，浙江省政府办公厅《浙江省深化"最多跑一次"改革推进政府数字化转型工作总体方案的通知》，浙江省大数据发展管理局《浙江省公共数据共享工作细则(修订版)的通知》，经济观察报《浙江银保监局包祖明：金融综合服务平台已覆盖199家银行交易量突破1.3万亿》等。

与,由此塑造了作为公共数据奠基石、为市场服务添活力的独特发展格局。这种在模式设计上的考量显著提升了平台的普惠金融服务效能,也凭借市场化手段有效激发了创新潜能,为我国在数字金融领域探索政府与市场协同之道积累了宝贵经验。

(二)实践模式

浙江平台的运营成效源于其数据链、服务链、生态链的协同设计。具体而言,数据链的目标在于达成整合,服务链着眼于优化流程,生态链则力图实现全面赋能。正是这几方面的互动协同,催生了该平台诸多核心创新点。

1. 数据链的深度整合致力于构建来源多样、形态各异的数据交融体系

浙江平台在依托全国信用信息共享平台、浙江省一体化智能化公共数据平台的基础上,进一步接入了监管大数据平台,促成政、监、银、企四方数据全面融合,整合了税务、海关、电力等领域的上百亿条信用数据,覆盖了银行机构近70%的数据需求。同时,浙江平台创新构建了数据专题库+共享应用场景+特色场景开发的"1+4+N"的应用建设架构,在2021年完成主体功能架构搭建的基础上,2022年重点深化功能迭代,进一步实现拓展再升级。例如,从数据使用向模型决策拓展实践,平台建成公共建模空间,支持金融机构深化联合建模、隐私计算、区块链等技术应用,支持金融机构以原始数据不出域、数据可用不可见的方式开展大数据分析,用算法模型替代人工经验判断。此外,平台建设的数据融通组件实现了一站式查看企业在工商、税务、法院等部门的数据,其在后台专门开发了一个金融专题库来开展专业化的数据治理,银行通过平台查询的政府信息已能满足70%的信贷调查需求。除了直接查询政府数据外,银行还可以在平台上主动部署模型规则,实现部分审查审批环节的自动化。

2. 服务链的优化,支持全周期、场景化的金融产品创新

浙江平台重点加强专项领域的银企对接,并深度强化助企产业服务、纾困稳经济、保民生服务等。例如,平台联合国家知识产权局等在全国率先开展知识产权线上办理试点,开发资产质押专区,实现T+1出证,银行和客户一次也不跑。截至2022年上半年,浙江省知识产权质押融资累放贷款金额和户数均居全国第一。此外,平台依托国家融担基金业务建立了双保助力融资支持专区,全流程打通电子保函开立、盖章、放款等环节,客户获得贷款的时间最短被压缩到3分钟左右,平台截至2022年已累计与十多个部门建立多跨协同场景二十余个,相较2021年同期实现翻番,普惠型小微企业贷款占比超90%,制造

业贷款占比超40%。同时,平台对金融服务从理念高度进行了升级,即从被动等申请向主动找客户、提前预判贷款需求转变,贷后管理效率提升了33%。平台积极创新,尝试从银企服务向银项服务拓展,与投资审批平台贯通,开发建设了贷项通特色场景,实现了全省项目信息实时推送、银行机构双向共享项目审批资金与信贷政策等。场景模块上线80天,经过系统的授信规模达315亿元,放贷规模达120亿元。

3. 生态链的赋能,构建平台、产业、区域协同网络

浙江平台建成了一生万千的行业数字化变革生态体系,统筹指导银行、保险机构深化平台运用和自身数字化建设,推动金融机构改革创新应用百余个,其中的典型应用包括基于生物识别技术的无接触服务(实现线上认证和移动服务)、基于区块链技术的供应链金融服务、基于遥感技术的农村金融服务、基于物联网技术的智能风控等,积极引导了全行业更深层次的变革。此外,对于部分贷款需抵押借款人去线下不动产中心办理抵押登记手续的场景,浙江平台与浙江省自然资源厅建立了业务协同,企业可以在全省数千个银行网点中的任意一个提交登记手续。同时,平台还在全国率先实现了"全省通办、异地可办",全省大约70%的抵押登记可通过平台子系统协同办理,平均办理时间不到5个小时。

(三)成效评估

在普惠覆盖规模方面,浙江平台借助数据互通、服务优化和生态赋能升级,打造了敢于放贷、乐于放贷、善于放贷的市场化普惠金融支持体系。目前,平台已入驻逾200家银行机构,覆盖银行网点1万余家,发布超过1 400款银行信贷产品,累计服务超1 700万次,累计交易量超10万亿元。细究其服务对象,小微企业的占比较高,这体现了平台的普惠重心,并且在浙江平台首次获得贷款的企业群体比例显著高于全国的平均水平。

在数据归集与共享方面,浙江平台有力破解了银企间长期存在的信息壁垒难题,信贷服务效率由此获得显著提升,成效突出。平台对接了国家与省级多部门,实现了关键业务数据的字段级精准调用,信息覆盖度超过信贷调查需求的七成以上,效能显著。其创新性突出表现在以下几点:构建金融主题数据库和专业数据质量体系,打造数据高速公路以实现政务与银行系统直连,并通过精细化权限管控使银行可定制获取企业授权数据,替代了过去烦琐的人工核验流程,在保障数据合规性的同时实现了效率跃升;更进一步,平台推动了数据流

与业务流的深度融合,不仅支持大中型企业线上线下协同办理贷款,而且助力小微企业实现纯信用线上融资,应用场景丰富。以泰隆银行为例,该平台将传统"三品三表"调查模式与政务数据一键调取创新结合,不仅有效破解了小微企业信息核实难题,而且实现了风险精准把控,为普惠金融提供了数字化解决方案。

在服务精准匹配促高效对接方面,浙江平台立足于浙里办 App 和政务服务网,掌上贷功能由此推出,使市场主体能够自主选择金融机构信贷产品或发布融资诉求经由系统智能匹配。系统运行多维度算法,考量地域、规则及风险等要素,进而实现信贷产品的精确推介,达到"笔笔申请有对接"的效果。以实际案例观之,杭州某电子科技企业经由此平台,顺利获得利率为 4.35% 的科创贷款;又如安吉某假日酒店,疫情期间经平台当日即获批 300 万元低息抗疫贷款,效率之高令人瞩目。需求智能推送,产品精准匹配,加上银行快速响应,三者形成服务闭环,既解决了企业融资难题,又助力银行精确获客。特别是在疫情冲击下,此举措为小微企业提供了高效金融支持,证明了数字平台对融资服务的提质增效作用。

在多部门协同构建共享金融生态方面,浙江平台汇聚经信、市场监管等各方资源,进一步运用大数据及云端技术,搭建跨系统业务协同框架。特别是与省自然资源厅合作打造的不动产抵押登记"总对总"线上模式,开创先河;过去线下办理需数天,如今瞬间完成,平均时长缩短至 5 个小时;疫情期间协同效应尤为显著,金华某企业通过平台快速办妥抵押,随即获得亿元抗疫贷款,有力保障了民生。数据流通替代企业奔波,平台价值在于消除数据壁垒,重塑业务流程。除提升融资效率外,更实现政府、金融机构及市场主体多方共赢,推动数字金融生态发展,浙江模式为优化营商环境提供了典范。

(四)启示与挑战

从浙江平台案例可得出以下启示:一是政府平台应以数据治理为先导,利用政府平台的优势汇聚政府公共数据资源,联动省级部门,通过构建金融主题数据库并应用隐私计算技术,在确保数据"可用不可见"的前提下显著提升服务效能;二是服务生态重塑可行性,重塑后通过建立智能匹配机制,绝大多数贷款可在三天内完成授信审批,疫情期间更设快速通道,最快两小时实现放款。知识产权质押线上办理属浙江首创,通过数据跑腿优化政务流程。

浙江平台成功经验的背后依然存在一些挑战:一是数据治理与共享深化仍

存瓶颈，数据呈现碎片化态势，亟待耗费资源进行清洗。隐私计算应用虽受重视，但标准尚不统一构成制约。二是跨部门协同制度面临困境，权责协调机制尚未完全理顺，且数据安全顾虑易重现信息孤岛现象。三是市场化运营的可持续性有待考量，市场参与主体活跃度不足，风险偏好趋于保守，对可持续发展模式的探索具有必要性与挑战性。四是技术迭代与风险防控构成另一重考验，创新应用伴随潜在风险，系统稳定性面临高要求，网络安全防线也需高度重视、持续加固。

三、江苏省融资信用服务平台[①]

（一）案例背景

江苏省作为东部经济发达省份，制造业基础雄厚，民营经济活跃，但中小微企业普遍面临融资难、融资贵问题。江苏省的融资服务探索可追溯至2017年的试点工作，全省范围的融资信用服务平台在2022年迎来了全面升级，其契机源于国务院〔2021〕52号文与苏政办发〔2022〕59号文的政策指引。省级平台的运作由江苏省发展和改革委员会（省信用办）领衔协调，省数据集团同省联合征信有限公司参与共建，三方合作构建覆盖全省的普惠金融服务体系。

江苏省融资信用服务平台的构建动因涉及几个层面：一是政策层面着力构建"1+N"征信服务新格局，意在通过广泛汇集包括工商、司法、企业经营及不动产等维度总计数十亿条标准信息并遵循《江苏省信用信息共享清单数据目录》中37类数据的归集促进信用信息的综合运用与价值挖掘。二是产业发展对消除银企信息鸿沟提出迫切要求，通过侧重于服务高端装备、生物医药、供应链等重点行业来有力支撑产业升级。三是为满足政府平台利用先进技术提升服务能级的需求，通过对云计算、区块链及人工智能等技术的运用来开发数据标签

[①] 案例来源：江苏省融资信用服务平台官网，国务院办公厅《统筹融资信用服务平台建设提升中小微企业融资便利水平实施方案》，江苏省人民政府办公厅《江苏省加强信用信息共享应用促进中小微企业融资若干措施》，江苏省财政厅《江苏省融资担保代偿补偿资金池管理办法》，江苏省联合征信《携手共铸信用之基 齐心赋能金融未来——江苏构建"1+2+N"省级融资信用服务体系的创新实践》，江苏省财政厅等《江苏省"苏农贷"工作方案（2025—2027年）》，江苏省综合金融服务平台《初心不改，驭潮而上 | 江苏省综合金融服务平台2023大事记回顾》，江苏省发展改革委网站《江苏省部署融资信用服务平台建设及与省级节点对接工作》，江苏省国资委《江苏省融资信用服务平台再创佳绩！连续两年获评全国示范平台》，江苏省融资信用服务平台《全国首个！江苏发布公共数据授权运营管理办法》，江苏省联合征信《拥抱金融科技变革 赋能融资信用发展——江苏省融资信用服务平台再获创新动力》等。

化服务、信用评分模型服务、专项金融产品服务等。

(二)实践模式

江苏平台作为省级层面的信易贷综合服务平台,自2017年试点运营以来逐渐塑造并确立了强化数据枢纽作用、推进数据科技赋能、承载融资惠企政策、提升融资服务质效等的多维创新发展范式。

1. 数据链的深度整合

江苏平台构建的"1+N"枢纽体系,意在贯通国家平台、省级节点乃至央行征信系统。整合公共信用、金融信用和市场信用三大领域数据,涵盖千余项指标及数十亿条记录。值得关注的是,该平台创新模式采用物理归集与接口调用相结合的方式,其全面对接国家查询接口,囊括信贷、纳税、不动产等核心数据维度。同时,平台创新构建数据核验、实时查询、联合建模三级服务体系,为市场主体精准画像提供支撑,夯实全省数字化融资服务基础。

2. 推进数据科技赋能

江苏平台依托江苏省数字金融工程研究中心的建设不断深化信用大数据及人工智能技术应用,并与银行机构协同,平台不仅推出多款创新智能产品,而且创新实现十余项网贷直连产品全线上运作。为提升服务效能、优化成本结构,江苏平台构建了数据、算法、场景三维科技赋能体系。借此体系,平台联合金融机构推出数百款纯信用贷款方案,融资响应时长大幅缩减,综合融资成本也显著降低,最终形成数据驱动智能匹配、智能匹配驱动快速放款的科技金融闭环。

3. 承载融资惠企政策

江苏平台的创新之处在于构建了政策导向、金融配合、企业直达的传输路径,此路径汇聚了包括环境保护、村镇兴盛、人才支持和创新创业等诸多领域的惠企政策。同时,为配合政策的落地与执行,该平台对接了由江苏财政设立的省级风险补偿基金池(最高承担银行80%的本金风险),银行进而推出"小微贷""苏农贷""苏福贷"等一系列产品,构成政策工具箱的组成部分,该金融服务工具箱的深度应用推动年度信用贷款投放规模突破数千亿元量级,且信用贷款占比逾九成,尤其值得一提的是疫情防控期间的纾困行动,平台创新性地研发出"抗疫贷""延期贷""无还本续贷"等专项金融产品,再搭配创业贷款的财政贴息、保费全免等组合式扶持手段,这些措施有效缓解了中小微企业的融资困境,截至2022年,仅创业贷款一项,年度投放额便已逾百亿元。

4. 提升融资服务质效

江苏平台通过线上线下融合的服务体系,金融机构已全面入驻,惠及百万家企业,平台月均浏览量突破百万。此外,通过数字化流程再造,融资对接时长大幅缩减,由约一天降至半日左右,首贷率超过三成,信用贷款占比也升至四成以上,效率提升显著。尤其在民生福祉层面,首创如"苏岗贷"等创新产品,就业带动效应显著,其普惠金融服务水平不断刷新高度。

(三)成效评估

江苏平台在实践中,信用、科技、运营相辅相成,逐步建立起一张遍布江苏全境的普惠金融服务网,平台的建设成效显著,其核心价值主要体现在以下几个方面:

1. 基础建设成效显著,信用枢纽作用凸显

江苏平台1+N枢纽生态体系目前已构建完成,公共信用、金融信用与市场信用也率先实现联动并汇聚人行信贷、税务、不动产、公共事业等海量数据,企业信用画像的能力跃升至全国前列水平。此外,与国家平台和省级节点全线贯通,创新尝试了物理归集与接口调用双轨并用,信用信息查询、核验、建模等服务流程也实现了全面数字化,相应地,金融机构也因此享有系统的实时在线服务。

2. 服务效能跨越式提升,普惠金融成效突出

江苏平台运营规模扩张引人注目,平台注册企业数量已逾200万家,金融产品发布超3 000项,累计发布融资需求超7万亿元,其中已解决的融资需求逾6万亿元。

3. 金融科技深度赋能,产品创新成果丰硕

江苏平台获准建设江苏省数字金融工程研究中心,旨在深研信用大数据及人工智能等前沿技术,并协同高校力量,致力于为企业融资构筑全方位解决策略。其成果之一便是纯信用贷款产品数量的扩充,数量突破百项。在此基础上,其"线上申请、自动审批、即时放款"的全流程也得以打通,融资效率同步跃升。更值得关注的是智能建模技术的实践应用,江苏平台与中国银行、紫金农商行等机构联合建模推出的"e贷"创新产品,借助人工智能算法使信用评估精确化,融资成本因此显著下降。

4. 政策协同效应凸显,风险缓释体系完善

江苏平台通过与省财政局和金融机构的协同创新(如设立了省级风险补偿

基金池,借助小微贷、苏农贷等信贷高占比的金融产品)实现了年投放数千亿元;同时,"政银担"风险分担机制也得到了实践应用,线上化运营模式使平台业务流程实现了全面覆盖。此外,智能化风控展现出显著成效,依托大数据实时监测技术,江苏平台在2022年的坏账率控制在1.02%的低位,远低于全国平均水平。

5. 民生服务创新突破,政策传导精准高效

江苏平台"苏岗贷"就业信用贷、普惠养老专项贷款等创新产品相继推出,年投放额逾百亿元,就业拉动效应处全国前列。在乡村振兴战略下,整合涉农信用数据并开发了专属惠农金融产品也是应有之义。此外,江苏平台创新设立抗疫纾困专项通道,精准对接"复工贷""无还本续贷"等产品,通过数字化手段来实现货币政策直达市场主体,已服务企业超10万家,政策落地时效显著提升。

(四)启示与挑战

江苏平台的建设实践为数字金融的普惠发展提供了宝贵的经验启示:一是其顶层设计与政策高效协同,江苏省委省政府打造的"普惠金融易网通工程"就是一例;此外,通过完善营商环境考核机制有效驱动了跨部门数据整合,直指信息壁垒,最终构建"1+N"信用服务枢纽体系的解决方案,可谓环环相扣、系统性十足。二是数据要素驱动与科技赋能的有效实践,江苏平台在海量数据汇聚的基础上,独辟蹊径地构建了物理归集与接口核验并行的双重机制,并通过建立江苏省数字金融工程研究中心有效促进了信用画像、智能化风控等前沿技术的革新,进而反哺了服务精准性的提升。三是政银企生态共建实为关键之举,其依托线上与线下融会贯通的立体化运作模式,借力金融机构的全方位产品覆盖,构建起高效率的供需对接网络,此举措已将融资对接时长大幅压缩,再辅以风险缓释基金池、财政贴息等多元化政策工具,进而达成风险共担及成本同步降低的双重目标。四是场景化创新与民生导向实为关键驱动力,创新性地提出如"苏岗贷""富民创业贷"等特色产品,其信用价值的重心向社保、养老等民生攸关领域的拓展也使其构建起了江苏特色的政策引导产品创新、产品创新实现精准滴灌的政策闭环,充分展现内在的服务脉络。

江苏平台在取得令人认可的成效的背景下,仍面临不少挑战:一是数据共享深度仍需结合产业融资需求不断优化,跨部门数据治理标准与动态更新机制需坚持长期运营,部分垂直领域的数据接入仍存在壁垒,客观上阻碍了平台数

据价值的充分释放。二是产品同质化问题不容忽视，为提升平台竞争力，亟须强化场景化建模能力，尤其是在科创、绿色产业等新兴产业领域，进一步思考如何提供更精准的服务是平台实现差异化发展的关键。三是风险缓释机制的可持续性面临现实考验，特别是财政补偿模式，随着平台服务规模的扩张，资金平衡的压力日益凸显，其可持续性面临挑战。四是县域下沉遭遇阻碍，服务触达"最后一公里"存在梗阻现象，究其原因，涉农主体信用画像维度较为单一，这无疑制约了平台在服务乡村振兴战略中的效能。五是数据安全与个人隐私保护的压力持续升级，人工智能技术的应用在提升平台智能化水平的同时带来全新的合规风险，平台运营面临多重安全挑战。

第三节 数字金融的区域协同生态构建：政府性平台的联动经验

数字金融与区域一体化协同发展已成为重要趋势，长三角、粤港澳大湾区立足自身优势，数字金融协同模式呈现差异化态势。政府性平台支持成为区域实践的共性特点，制度创新、技术赋能及产业协同是其关键驱动力，此种模式为破解跨区域资源配置难题提供借鉴。长三角区域立足于政策引导和技术驱动双轮，意在构筑金融基建互联、产业深度协同及制度机制创新的三位一体生态架构，基于《长江三角洲区域一体化发展规划纲要》的顶层设计，"长三角征信链"应运而生，此举借助区块链技术，实现八城信用信息的互通共享，覆盖市场主体逾千万。数字人民币试点则着眼于跨境支付及绿色产业链条的深度嵌合，聚焦产业协同，科创金融联合体逐渐形成股、贷、债、保联动之势。粤港澳大湾区在"一国两制"框架下运行，规则衔接与跨境场景拓展是重点。"跨境理财通"及河套跨境数据交易试点建立起信用互认、支付互通的体系，深圳离岸绿色债券发行实现了"广东发债、香港认证、澳门挂牌"的跨区域协作模式，横琴、前海等地成为制度创新的驱动平台。

两区域的实践证明，数字金融要实现协同发展，制度创新是根本保障，技术迭代是核心引擎，产业需求是发展导向，三者并举方能有效平衡效率与安全。观察长三角与粤港澳大湾区，前者侧重于标准体系构建，后者着力于跨境规则衔接，两种区域模式为构建全国一体化制度框架提供了实践参考。

第十章 数字金融支持产业发展的政府性平台案例分析

一、长三角联动[①]

(一)案例背景

长三角区域凭借其经济活力、开放水平和创新能力,在全国经济发展中占据重要地位,该区域承载着引领国家"双循环"战略方向、驱动数字经济发展的重要使命。国家层面的重视体现在2018年发布的《长江三角洲区域一体化发展规划纲要》,区域一体化自此进入国家战略视野,政策协同的深化、技术创新的突破被视为打破地方行政壁垒、优化资源配置格局的关键力量。区域产业结构呈现融合发展和协同升级趋势,发展进程中也暴露出若干短板,如其整体的国际竞争力仍有提升空间、跨境金融安排的制度性衔接尚显不足、数据共享的机制性建设滞后于发展需求。

在此背景下,政府主导建立了多层次数字金融协作平台。长三角生态绿色一体化发展示范区于2020年公布"示范区金融十六条",意在推动跨区域金融服务的"同城化"以及金融基础设施的相互连通。2021年,长三角征信链联盟颁行首个区域金融团体标准,此举意味着数据要素市场化配置取得实质性进展。此种政策领路、技术赋能、平台承载的协同范式给国内建设区域数字金融生态探索出了一条可行的路径。

(二)实践模式

长三角区域协同生态的构建主要从技术驱动的金融基础设施互通、面向产业协同的平台功能延伸、制度创新的协同治理框架三方面展开。

1. 技术驱动的金融基础设施互通

(1)区块链与数据共享平台构建。2020年12月,"长三角征信链"正式启动运营,初步实现了包括上海、南京、杭州、合肥、苏州、常州、宿迁、台州在内的首批8个城市共计11个节点的征信信息跨区域共享,为长三角地区征信一体化建设奠定了坚实的基础,截至2021年10月底,该征信链已在上述8个城市完

[①] 案例来源:中共中央、国务院《长江三角洲区域一体化发展规划纲要》,新华社《长三角一体化示范区出台金融16条 金融服务同城化启动》,三省一市金融学会联合发布《长三角征信链征信一体化服务规范》,第一财经《长三角首个金融团体标准发布,征信互联互通迈出重要一步》,科技部等《长三角G60科创走廊建设方案》,人民网《长三角生态绿色一体化发展示范区金融同城化服务创新发展联盟成立》,浙江省发展规划研究院《数字长三角发展报告(2024)》,浙江省人民政府《浙江省"415X"先进制造业集群建设行动方案(2023—2027年)》,中国银行研究院《区域经济金融展望报告(长三角)》(2024年第4期)等。

成了14个节点的部署与运行,接入企业数量达到1 682万户,同时有326家机构获得了查询权限。

(2)数据模型实验平台构建。长三角数据模型研究实验室于2022年9月在国家公共信用信息中心等部门领导见证下授牌开通,三省一市信用办于2022年12月完成"公共信用信息共享共用合作协议"签约并明确共同推进实验室建设,实验室立足于国家战略导向,以前沿技术如联合建模与隐私计算为支撑,建设目标为推动跨区域、跨部门、跨层级信用信息融合共享赋能长三角普惠金融服务一体化高质量发展。

(3)数字货币与支付结算创新。苏州作为中央银行数字货币的首发试验田之一,正在积极探索数字人民币应用于绿色光伏产业链条乃至跨境贸易结算等前沿领域的可行性,此举对提升各国间支付结算的运作效率具有积极意义。

2. 面向产业协同的平台功能延伸

(1)科创金融联合体形成。例如,长三角G60科创走廊内银行与创投机构协同构建包含股、贷、债、保的综合金融服务体系;沪上某农商行领衔构建科创金融专属运营机制,至2023年其服务触角已延伸至全市超三成"专精特新"厂商,放贷金额高达900亿元;江苏、浙江两省探索出"技术流"评价新模式,将知识产权价值、研发投入强度等软指标引入信贷评估体系,此举有效驱动了科技类贷款年增速的攀升。

(2)产业价值链跨域整合。例如,2021年11月在上海成立"长三角生态绿色一体化发展示范区金融同城化服务创新发展联盟",联盟秉持"同心同力同建设,共创共享共发展"的宗旨,力求充分利用示范区作为政策创新源头与项目汇聚地的优势,构建合作平台,创新金融产品,推进重点项目,从而显著提升跨区域、跨金融领域的专业服务能力;实践过程中,银行也改进了相应的工作机制,如采用"全额包销切分制""全流程一次贷审会""异地抵押业务协作机制"等一系列创新做法,有效提高了银行跨区域服务的工作效率。

3. 制度创新的协同治理框架

(1)需要统一标准的区域金融规则体系。例如,长三角三省一市协同构建统一标准的区域金融规则体系,涉及公共信用信息共享标准的联合创设、知识产权质押融资及绿色信贷等业务操作规程的确立。上海自贸区先行探索企业信用分级管理模式,将信用评价结果直接关联税收优惠及审批便捷度。

(2)需要完善风险共担的监管协作机制。例如,中国人民银行上海总部牵头构建的跨区域金融统计信息共享平台,该平台促进了反洗钱、绿色金融等关键领域数据的即时融通。

(三)成效评估

1. 长三角区域要素配置效率显著提升

据《数字长三角发展报告(2024)》,2023 年长三角数字经济总量突破 12 万亿元,此规模已占区域经济逾四成,占据全国数字经济增加值的 30%。值得关注的是,跨区域融资业务办理效率的跃升背后,区域数据共享平台建设功不可没。

2. 产业升级路径加速形成

数字技术与实体产业的深度融合正催生出多元化的新业态,长三角区域产业升级路径加速形成。例如,在浙江的"415X"先进制造业集群模式下,工业互联网平台的广泛部署促成了高比率的设备联网率,并伴随着产能利用效能的显著提升。2024 年度"415X"集群营收规模突破 9.19 万亿元,在规模以上工业中的占比上升至 78.3%,比 2023 年增加了 0.4 个百分点。

3. 区域金融系统韧性显著增强

通过跨区域风险联防联控机制的有效运作,不良贷款比率控制在稳定水平。基于对上市银行年报的样本银行分析数据,2020—2023 年长三角样本银行不良贷款率维持在 1.2% 以内,较全国平均水平低约 0.8 个百分点,也低于珠三角区域的不良率水平,这表明区域金融风险抵御能力增强。

(四)启示与挑战

长三角地区在数字金融生态协同机制方面的探索成果为区域经济整合提供了创新范式。首先,制度架构方面需构建政策、技术、平台战略导向型三维协同体系,以国家宏观政策为牵引建立跨区域制度协调机制,依托区块链分布式账本技术搭建多层级数据交换网络,通过隐私计算协议实现敏感信息的安全流转;技术创新层面聚焦基础设施标准化与跨境支付系统互操作性研究,重点推进长三角数据模型实验室的异构数据融合算法开发。其次,产业赋能体系应当形成梯度化服务矩阵,基于技术成熟度曲线构建企业全生命周期评估模型,运用知识图谱技术解析产业链上下游融资需求特征,整合长三角三省一市征信数据建立动态风险补偿基金池。再次,监管科技领域亟须构建智能化的风险监测中枢,在统一监管沙盒框架下设计差异化合规评估指标,利用联邦学习算法训练跨辖区异常交易识别模型,通过多方安全计算技术来实现敏感数据的合规共享与联合风控。此外,借鉴国际先进经验对跨境创新试验区建设至关重要,自贸区联动效应也值得关注,尤其是在数字人民币与SWIFT系统对接标准的研究中,跨境投融资"单一窗口"数字化转型是题中之义;更进一步,参与绿色金融及数据跨境流动等国际规则制定也应被置于优先地位。这些经验表明,区域协同发展,效率与安全并非矛盾对立,实则相辅相成,需要多元治理和规则创新。

然而,长三角区域构建数字金融协作体系仍面临不少结构性障碍。首先,数据治理维度呈现共享需求与隐私边界的深层博弈,现有"长三角征信链"平台虽实现跨区信息交互,但数据分级规范可能存在省际差异,区块链技术应用的权责界定框架有待明确。其次,金融监管协调机制暴露出规则碎片化特征,绿色信贷评价体系与动产抵押登记流程存在区域标准分歧,风险联防系统对跨境数字人民币结算等新型金融行为的监测不足,监管科技基础设施尚未形成统一迭代路径。再次,产融对接层面呈现服务供给与产业升级的错配现象,科创企业虽可获取股债结合的融资支持,但知识产权证券化渠道受阻于估值体系缺失,绿色金融工具过度锚定成熟产业,未能有效响应氢能等战略性新兴领域的技术孵化需求。最后,跨境结算改革遭遇国际规则兼容性困境,本币跨境流动面临外汇监测盲区与反洗钱标准错位双重制约,现有投融资便利化措施仍受限于自贸区政策边界,未能形成全域通用的标准化操作模块。这些障碍折射出区域经济一体化进程需要突破制度壁垒与技术约束的复合型解决方案。

二、粤港澳大湾区联动[①]

(一)案例背景

粤港澳大湾区作为国家重大发展战略的核心区域,其肩负着塑造国际科技

---

① 案例来源:国务院《粤港澳大湾区发展规划纲要》,广东省人民政府办公厅《"数字湾区"建设三年行动方案》,人民银行等《关于金融支持粤港澳大湾区建设的意见》,广东粤港澳大湾区研究院等《大湾区跨境金融发展报告(2024)》,人民银行广州分行等《粤港澳大湾区"跨境理财通"业务试点实施细则》,粤港澳大湾区(广东)财经数据中心《2021银行理财年度运作报告》,河套深港科技创新合作区《河套深港科技创新合作区跨境数据交易试点方案》,广东省市场监督管理局《广东省市场监督管理局关于十三届全国人大三次会议第6786号建议答复(代拟稿)的函》,深圳市标准化协会《粤港澳大湾区供应链领域标准规则衔接研究——以供应链物流为例》,广东省标准化研究院官网、广东省国资委《电子口岸公司:推动外贸保稳提质 助力湾区互联互通》,广东省推进粤港澳大湾区建设领导小组办公室《广东省推进粤港澳大湾区规则衔接机制对接典型案例》,央视新闻《广东省在澳门成功发行地方政府绿色债券》,21世纪经济报道《贴牌中欧〈可持续金融共同分类目录〉省级政府绿债发行入选大湾区规则机制对接典型案例》,前海金融城邮报《深圳拟在港发行离岸人民币地方政府债券》,财政部《关于支持深圳探索创新财政政策体系与管理体制的实施意见》,广东人大网《横琴粤澳深度合作区发展促进条例》等。

创新策源地、世界级城市群落以及关键金融枢纽的重要使命。此区域融合了香港、澳门的特殊地位及珠三角九市的蓬勃活力,三地法律体系的显著差异,金融监管模式的差异,乃至数据流通标准的异轨,均对产业高效协同与资源优化配置构成现实的制约。大数据和人工智能技术的发展正强力驱动产业数字化转型,传统金融服务模式于此背景下显现其局限性,构建一个跨越地域界限、凝聚多元主体的数字金融协同生态显得尤为迫切与关键。

2019年,国务院在此背景下发布的《粤港澳大湾区发展规划纲要》规划了区域金融市场互联互通和创新协同发展的路径,这为数字金融的区域协作奠定了高层指导方向。广东省随后推出的"数字湾区"建设三年行动方案具体指向"要素通、基座通、产业通、商事通、治理通"诸项目标,政府性平台被寄望在跨境数据流转应用于普惠金融、供应链优化等场景中扮演先行示范的角色。大湾区汇聚了规模庞大的金融资产和密集的金融机构,其体量与密度均居全国前列。如此坚实的市场基础和活跃的发展态势,无疑为数字金融探索供给了多元应用场景和坚实的产业土壤。

(二)实践模式与成效

在制度对接与规则协同的实践层面,粤港澳规则衔接的探索催生了政府平台主导的一套独特协同方案,该方案涵括三地规则调研、政策标准化管理及试点突破后的推广实践。具体而言,粤港澳跨境信用报告互认机制堪称先行示范,三地首创转化优先路径,通过制定企业信用评级标准和基于跨境活动的信用主体企业信用报告格式规范,在尊重法律差异的基础上建立信用要素对应表,既实现信用报告互认又保留区域特色,转化后应用在三地金融机构贷款审核中,解决了三地企业融资难问题。此外,在金融监管协同方面,"跨境理财通"机制的突破性在于联动反洗钱机制,数据共享平台支撑起三地监管机构的同步风险监控,跨境理财资金流动的合规成本或因此降低。同时,"湾区标准"体系建设具有系统性,粤港澳大湾区标准化研究中心与标准化战略咨询专家委员会的设立意在形成三地标准互通互认格局。在质量认证方面,"湾区认证"创新性地采用联盟制治理模式,体现治理思路的转变。广东粤港澳大湾区认证促进中心扮演统筹角色,三地专业技术委员会侧重于专业支撑和协同推进,首批项目接入"湾区认证"公共服务平台的数量已达15个。

在基础设施共建共享的实践层面,粤港澳大湾区数字金融协同深化,政府平台作用凸显,成为关键纽带。基础设施层面的建设亦步亦趋,跨境支付、数据流通、标准互通,这些要素构建起区域金融高效运转的技术底盘。金融互联是一个聚焦点,其中,基于中国(广东)国际贸易"单一窗口"建成的上线粤港澳大湾区跨界车辆信息管理综合服务平台,在数据安全与严格监管的条件下,跨部门数据共享创新模式探索成型,群众办事体验随之优化,纸质文件退出历史舞台,粤港澳车牌办理"一站式"服务上线。此外,在数据基础设施层面,河套在数据基建领域展开前沿实践,率先试点数据跨境交易,颁布《河套深港科技创新合作区跨境数据交易试点方案》,17条举措环环相扣旨在构建可信数据传输体系与跨境交易平台,策略聚焦于夯实跨境流通基础,培育数据跨境交易生态,并推动交易规则融合。试点期间成效显著,场内跨境数据交易总额从500万元猛增至超亿元。同时,在支付认证领域,搭建"湾事通"平台整合微信、支付宝等渠道,强化粤港澳跨境公共服务基础,覆盖近9 000万用户。不仅如此,债券发行也有创新,广东省政府选择澳门首次发行贴标中欧"可持续金融共同分类目录"绿色债券,形成"广东发债、香港认证、澳门挂牌、湾区应用"的跨区域投融资新模式。

在产业协同生态构建的实践层面,粤港澳大湾区也有不少创新做法。以深圳赴港发行离岸人民币地方政府债券为范例,其所形成的政策互认、资本融通、产业赋能联动模式值得深入探究,跨境金融合作是该模式的特色,通过推动深港两地政策协同,成功实现香港离岸市场规则与内地绿色金融标准的衔接,跨境债券发行中长期存在的税制适配、抵押品互认等制度性壁垒被有效化解,区域产业资本流动的新型软联通机制也得以构建。更进一步,在产业赋能层面,创新推出的绿色及蓝色债券品种,精准对接了大湾区新能源、海洋经济等战略产业的融资场景,国际资本以ESG投资为参照,积极参与大湾区的低碳转型进程。此外,离岸债券定价机制的市场化探索同样意义深远,它不仅吸引了国际金融机构深度融入大湾区建设,更推动本土企业主动接轨国际资本市场规则。可以说,政府信用背书、市场化运作、国际标准融合协同机制的形成,不但强化了深港双城在离岸金融、绿色经济等领域的产业链互补优势,而且在更广阔的层面为粤港澳大湾区乃至全国的跨境资本支持实体产业发展发挥了示范效应。

(三)启示与挑战

粤港澳大湾区数字金融协同生态的构建面临多重挑战:制度差异对三地合作造成阻碍,法律法规、金融规制、治理准则等的差异化容易导致信用互通、资金融通等实践创新难以全面铺开,数据跨境流动为合规风险所辖制。此外,基

第十章　数字金融支持产业发展的政府性平台案例分析

础设施的互联互通也非坦途,支付清算系统技术基准的不统一仍旧会影响资金运转效率。数据交易规范存在有待明确的细则,可信传递技术可能存在的不足会导致数据要素难以顺畅流通。此外,区域市场协同动能似有不足,金融机构受困于准入规范与执业章程的差异,业务范围难免受限;绿色金融产品需符合多方认证标准后才能通行,创新成本因此高企;地缘政治等因素加剧了跨境资本监管的复杂性,需动态平衡金融安全与开放的尺度。

粤港澳大湾区领先的创新实践也为我们带来了宝贵的经验启迪:差异化规则衔接机制的设立成为粤港澳大湾区数字金融协同实践的制度基石,"信用要素对应表"的模式被创造性地应用于跨境信用互认,以在应对法律框架差异的同时寻求标准统一;"跨境理财通"则通过构建跨境联合监管框架,为跨境金融风险协同防控奠定基础。在技术层面,河套数据跨境试点成为支撑,孕育出可信数据体系叠加交易平台的创新架构;区块链等前沿技术被引入,以保障数据安全流通与高效交换;"湾事通"的诞生有效整合了多元支付渠道,构筑服务近亿用户的跨境服务网络。在产业协同方面,创新金融工具与产业升级实现深度联动,深圳离岸绿色债券的三地联动模式成为范例,有效衔接了国际通行规则与内地标准,引导ESG资本精准对接新能源等战略性新兴产业;横琴、前海等四大合作平台在实践中探索出政策试验、场景验证、标准输出的递进路径,职业资格互认等民生工程的推行逐步增强大湾区居民的协同认同感。这一模式无疑为其他跨区域数字金融生态构建贡献了极具价值的制度创新样本,尤其在"一国两制"框架下,其对促进协同发展更具启发意义与示范效应。

第十一章

数字金融支持产业发展的瓶颈问题调研分析

数字金融在提供多样化融资渠道,提升生态组织效率及数据驱动合作创新方面的赋能作用,强调了其在促进战略性新兴产业技术革新和市场扩展中的关键角色。从现实情况来看,尽管数字金融促进产业创新的潜力巨大,但数据基础设施缺陷、数字化金融生态不完善、数字金融人才短缺和配套监管政策完善等问题仍是不容忽视的挑战。

本章在总结全国层面及地方层面在数字金融基础设施建设、金融科技监管和数字化金融生态建设等方面相关政策实施情况的基础上,分析金融机构在数字金融业务及参与数字金融相关支持政策实施中的问题与难点,系统性总结了数字金融支持产业发展所面临的瓶颈问题。

第一节 数字金融基础设施建设的主要瓶颈

一、政府平台数据要素流通与治理瓶颈

数字金融的底层逻辑是基于数据可信,不是担保和抵押,也不是核心企业信用,整个风控逻辑发生了重大变化。中小银行收集数据的能力不够,要借助第三方数据可信平台,数据的可得性、可用性将直接影响数字金融创新发展的水平。

政府部门所掌握的信用信息对数字金融创新起到非常重要的支撑作用。为确保数字金融能更有效地支持战略性新兴产业创新,进而为经济高质量增长赋能,应有序有效地向数字金融应用场景开放政府公共数据,通过跨平台数据

整合来实现产业端数据与银行需要的数据共享。2023年,《国务院关于推进普惠金融高质量发展的实施意见》明确强调,要健全普惠金融重点领域信用信息共享机制,更好发挥地方征信平台作用,优化普惠金融发展的数据支撑环境。同年,市场监管总局发布的《市场监管部门促进民营经济发展的若干举措》也明确强调,要完善信用信息归集共享,健全中小微企业信用评级和评价体系。

从笔者调研的情况来看,跨政府平台数据归集与整合面临瓶颈:一方面,数据归集与应用的运行机制仍存在不少堵点;另一方面,数据服务模式仍较为单一,难以匹配数字普惠金融的多元化需求。具体而言,主要面临"三大壁垒":一是数据共享交换存在"安全壁垒",数据共享质量有待提高;二是数据落地应用存在"场景壁垒",数据应用效能有待提高;三是数据协同联动存在"制度壁垒",跨部门数据协同效应尚未发挥。

(一)数据交换共享存在"安全壁垒"

从目前全国信用信息交换共享的实践情况来看,各省市信用信息共享的数量巨大,但存在两方面问题:一是数据归口部门间数据安全权责不明确,数据共享的跨部门激励机制不足,导致已归集数据质量不高,尤其是企业核心数据更新滞后、关键字段缺乏等问题依然突出。以企业税务和用电数据为例,虽然不少省市大数据中心已做归集,但数据更新之后,缺乏关键字段,导致金融机构无法有效使用。二是数据归集部门与数据使用部门的安全权责和共享脱敏机制缺位,导致数据跨部门应用受阻,以各省市大数据中心与各省市"信易贷"平台等跨部门互动为例,因部门间数据安全权责和共享脱敏机制尚未理顺,所以不少省市的"信易贷"平台与大数据中心的数据仍未完全建立畅通的交换共享机制。

(二)数据落地应用存在"场景壁垒"

从目前全国信用信息赋能数字普惠金融的服务形式来看,普遍存在数据在数字普惠金融业务中实质性应用的"最后一公里"难打通的问题,具体表现在:一是平台数据产品单一,以各省市大数据中心和"信易贷"平台的数字普惠金融应用服务为例,服务形式大多为标准化信用报告或标准数据接口,数据产品内容难以满足金融机构多样化、个性化的需求;二是平台数据脱敏应用模式缺乏规范,金融机构在数字金融产品研发、客户筛选分类等应用场景,需要对批量数据进行分析,但目前各类政府数据平台在数据开发过程中,对批量数据的脱敏应用模式缺乏统一标准,导致平台"数据不敢出门"的情况依然存在;三是数据平台与金融机构业务系统尚未打通,导致数据应用效率不高,虽然上海、江苏、浙江等地"信易贷"平台已与部分试点银行打通了业务系统,实现了纯线上"秒批秒贷"等功能,但服务面还有待进一步扩大。

(三)数据协同联动存在"制度壁垒"

信用信息面向数字金融服务链条的健全完整,一是依赖于相关参与部门明确分工并协调配合,二是依赖于相关扶持政策协同叠加并形成合力。目前,政府部门公共数据面向数字金融场景整合应用的跨部门合作机制尚未充分建立,具体表现在:一方面,各部门出具的惠企政策尚未与信用信息数据平台服务充分联动,在政策设计、推广宣传、应用网络搭建等方面依然存在"各自为阵"的局面,1+1>2的协同作用尚未有效发挥;另一方面,信用信息数据尚未充分应用于担保、补贴等支持政策,信用信息在协助相关部门精准筛选目标扶持企业、防范风险、提升相关扶持政策实施效率等方面的作用尚未充分发挥。

二、产业数据孤岛与互联互通瓶颈

(一)数据标准不统一

当前,产业端和金融端仍存在数据割裂现象,产业链上下游、不同机构间的数据标准不统一,导致数据难以有效整合。以钢铁行业为例,钢铁行业的企业流程多、链条长,由于各环节数据归集不同步,因此企业内部容易出现"数据孤岛"现象。以中国宝武为例,随着重组步伐不断加快,产能大幅增加,中国宝武成为全球最大钢铁企业。目前,中国宝武在全国多地有生产基地,为避免不同生产基地产生的数据成为一个个数据孤岛,宝武建立了统一的大数据中心,并实现了设计、规范、平台、工具、部署、架构、标准七个统一,进而实现了各流程工序产生的数据标准统一。当前,如何建立并推广统一数据标准、中间件技术,进而通过可信数据空间实现"逻辑统一",是破解产业数据孤岛问题的重要路径。

(二)数据获取仍有障碍

当前,金融机构获取科技企业的研发投入、供应链交易等动态数据仍有障碍,制约精准风险评估。一方面,科技企业的研发数据分散在各企业的内部系统中,如企业 ERP 系统数据、电商物流等第三方平台数据及政府数据库中,不同系统的数据结构、接口协议差异显著,易形成信息壁垒,增加了金融机构的数据获取成本和数据验证成本。例如,在钢铁企业采购铁矿石的跨境交易融资场景中,数据涉及矿山、船运等多方系统,纸质单据流转易造假,区块链技术尚未普及,导致金融机构对数据追溯存在障碍;又如,在医疗科技企业的融资场景中,企业研发数据存储于不同医院的信息系统中,因数据格式差异而无法整合,从而影响金融机构对医疗科技企业研发成果的评估效率。

第二节　数字化金融生态建设的主要瓶颈

在以产业赋能为核心的数字金融生态体系中,数据化、数字技术化、场景化,这三个要素决定了产业数字金融的根本;数据智能化、风控可视化、生态协同化是产业数字金融有别于传统金融的特征。为提升数字金融针对战略性新兴产业应用的行业渗透率,应解决三个核心问题:一是解决场景触达的问题,要有专业的产业数字化团队,研究客户在哪儿,知晓国家重大区域战略、战略性新兴产业的重点建设项目;二是解决数据可信风控逻辑的问题,因为产业数字金融的底层数据逻辑是基于数据可信,不是担保和抵押,也不是核心企业信用,亟须打通针对战略性新兴产业场景的数字金融风控逻辑识别标准;三是需要产业端、技术方和金融机构三方联动。没有实现产业数字化就做不了产业数字金融;没有物联网的技术支撑,没有区块链在公网上传输数据,没有加密工具,数据的安全性与完整性就无法保证。

从笔者调研的全国数字金融生态建设情况来看,国家发展改革委牵头成立的全国融资信用服务平台是最具代表性的国家级数字金融服务平台。其功能定位是跨部门归集信用信息,为企业融资活动提供信用数据服务的综合性平台,在破解银企信息不对称难题、降低企业融资成本、支持产业融资等方面发挥重要作用,但仍面临两方面难点。

一、数字金融平台与产业融资需求仍有鸿沟

从当前各省市的融资信用服务平台面向产业融资服务的情况来看,相关信用信息产品服务与产业融资需求仍有鸿沟:

一是与新型产业体系挂钩的特色信用信息数据归集仍不足。例如,与科创产业相关的企业科创能力评价信息、与绿色生态产业相关的企业碳排放与环评

信用信息、与高端制造业相关的企业经营生产活动及研发活动信息，在信用数据清单中均有待完善。

二是政府公共信用信息与产业链供应链数据的融合有待加强。产业链核心企业、供应链生产协同管理平台等产业数据，由于数据安全隐患、合作意愿不足等因素，尚未与政府公共信用信息形成叠加融合运用，产业数据孤岛现象普遍存在。

三是针对产业链供应链和产业集群生态的特色融资服务产品有待创新突破，面向科创产业、产业链供应链的特色金融产品创新力度仍需加大，对重点产业的特色服务仍需深耕。

二、数字金融平台与产业支持政策的联动不足

数字金融服务平台作为基础数据服务平台，其对新型产业体系的赋能作用不仅体现在自身服务功能上，更应体现在其对各类产融服务平台及相关产业政策的支撑功能和协同效应上。

一是各类特色产融服务平台、产业支持政策对数字金融服务平台的赋能作用尚未充分发挥，政策性融资担保、科技金融补贴等各类扶持政策尚未充分叠加至融资信用服务平台，各类特色产融服务平台的企业融资需求对接等服务功能也尚未有效叠加至数字金融服务平台，产业金融服务链条功能分散，协同效应尚未充分发挥。

二是数字金融服务平台对各类特色产融服务平台、产业支持政策的赋能作用还需进一步放大，数字金融平台在整合产业白名单、批量筛选企业等方面的功能尚未充分发挥，科技金融信息服务平台、绿色金融服务平台等特色产融服务平台协助政策性担保等扶持政策精准匹配目标企业、提升政策效率的作用尚未充分发挥。

第三节 数字金融科技创新的主要瓶颈

近年来，金融机构的金融科技已成为推动数字金融服务创新的关键力量。金融机构围绕数字金融做了不少探索，金融服务的覆盖面已经达到96％。但从实践情况来看，技术与业务的融合难题、技术基础与创新迭代难题、区域与机构

第十一章 数字金融支持产业发展的瓶颈问题调研分析

发展失衡等问题是当前制约数字金融科技创新的主要瓶颈。数字金融创新瓶颈的本质是技术、制度与生态的系统性矛盾,需通过多方协同来实现创新、安全、发展的平衡。

一、技术与业务融合瓶颈

数字技术与金融业务的深度融合是数字金融科技创新的内在要求,对于金融机构对数据的理解与运用能力,以及对产业融资场景的理解与运用能力提出了更高要求。金融机构对第三方数据的理解和运用能力决定了其基于数字化风控体系重构的效果,微众银行、网商银行等互联网银行在数字化金融产品上的成功实践正是以其对自身数据生态的深入挖掘和运用作为支撑。但从一些中小型商业银行的数字金融实践来看,对第三方数据的理解和运用能力不足是导致技术与业务不能有效融合的瓶颈之一。除此之外,数字金融科技的引入往往需要对银行的现有业务流程进行大规模改造,这涉及不同部门之间的协调与配合。但部门之间的壁垒和利益冲突导致技术与业务难以实现深度融合,银行数字化转型仅停留在技术表层而未重构业务模式。

二、技术基础与创新迭代瓶颈

当前,数字化技术更新换代快,金融机构面临高昂的技术投入和维护成本。为了保持在数字金融科技领域的竞争力,银行需要不断跟进最新技术,但这需要大量的资金和人力投入。数字金融科技人才短缺是制约银行发展的重要因素,但既懂金融业务又懂数字技术的复合型人才稀缺,导致数字金融在金融科技的研发和应用方面受到限制,也使得一些中小金融机构在技术创新方面面临较大困难,可能导致数字金融领域的马太效应加剧。

数字金融的发展还涉及金融、科技、通信等多个领域,需要不同行业之间的跨界合作和协同创新。然而,目前各行业之间的合作还存在一些障碍,如行业壁垒、利益分配问题等,导致资源无法得到有效整合,影响了数字金融创新的深度和广度。此外,随着金融科技的应用,银行收集和处理的数据量呈指数级增长,如何确保这些数据的安全存储、传输和使用,防止数据泄露和滥用,也是金融机构在数字金融创新迭代过程中亟待解决的难题。

三、区域与机构发展失衡瓶颈

数字金融的发展是数字技术进步的结果,经济基础和政策导向对数字金融发展的影响是非常深远的。既有研究表明,区域间的数字金融不平衡主要来源于经济发展水平的差距,城镇化水平和数字技术普及率的地区差异也在其中扮演了重要角色。发达地区和大型机构能够更快地获取和应用先进技术,欠发达地区则因为资源匮乏,难以跟上技术迭代的步伐。

从不同金融机构间的差异来看,大型金融机构在数字金融领域的资金投入和技术积累上占据绝对优势。这种资源差距直接导致了技术应用能力的悬殊:大型银行可以轻松推出复杂的数字化产品,而中小银行只能在有限的领域内"精细化"转型。这种差距不只是技术上的,更是市场结构上的。大型金融机构凭借规模效应和资源优势,不断扩大市场占有率,中小银行则可能被迫退守区域市场,甚至面临被边缘化的风险。此外,中小银行的数字化转型往往缺乏长期战略,更多是为了迎合监管要求,而非真正满足客户需求,这种"被动转型"可能导致中小银行在竞争中更加被动。

第四节 金融科技监管的主要瓶颈

随着数字金融的迅速发展,隐私保护与数据安全监管的挑战不断加大,数据的安全性和隐私保护成为关键问题。一方面,要防范信息泄露和滥用,确保用户数据的安全;另一方面,在数据的共享和应用过程中,需要解决数据隐私与数据流通之间的矛盾。在鼓励数字金融创新的同时,如何有效防范金融风险,确保数字金融活动合法合规,是监管面临的重大挑战。

一、现有监管框架下跨界协同监管难

传统监管模式难以适应数字金融的跨界性与创新性,不同监管部门之间的职责划分不够清晰,监管重叠与监管空白并存,监管穿透性有待提高,跨部门、跨区域数据共享与风险联防联控机制尚未成熟。例如,联合贷款业务涉及地方性商业银行与科技公司异地合作,地方监管机构与中央部门协调不足,可能形成监管套利空间。

二、与监管相关的法律法规滞后

一方面,数字金融创新速度快,许多新的业务模式和金融产品超出了现有

法律法规的范畴,导致监管依据不足,监管机构在应对新型风险时缺乏明确的法律依据。另一方面,部分数字金融领域尚未出台专门的法律法规,不同法律法规之间可能存在冲突或不一致,给监管工作带来困扰。

三、数字化监管技术不足或滞后

数字金融业务具有复杂性、隐蔽性和快速变化的特点,传统的监管手段和方法难以适应其监管需求。监管机构在应用大数据、人工智能、区块链等先进技术方面相对滞后,传统监管手段无法高效处理海量实时数据,在数据采集、分析和处理等环节存在短板,无法及时、全面地掌握数字金融市场的运行状况和风险状况,可能制约主动监管能力的提升。

第十二章
政府性数字金融服务平台发展建议

全国融资信用服务平台作为跨部门归集信用信息、为企业融资活动提供信用信息服务的综合性平台,在支撑产业融资、培育以产业赋能为核心的数字金融生态方面发挥了重要的基础性作用。笔者通过深入调研全国各地方子平台运行情况,发现平台面向产业融资的赋能服务依然存在短板,其对现代化产业体系,尤其是对战略性新兴产业重点场景的数字金融服务支撑能级有较大提升空间。为更好发挥全国融资信用服务平台在数据归集应用和金融生态培育方面的基础性功能,本章针对信用信息共享应用和促进产业融资的痛点难点,分别从强化数据融合应用、培育以产业赋能为核心的数字金融生态两方面提出提升政府性数字金融服务平台赋能效率,更有针对性地面向战略性新兴产业场景孵化数字金融生态的具体建议。

第一节 强化数据融合应用

一、强化数据网络、数据整合模式创新

从全国层面来看,基于信用信息共享应用和促进产业融资的痛点难点,建议从强化数据纵横连通网络、推动技术与模式创新双轮驱动、促进信用信息应用与多方扶持政策衔接三方面着力,既要夯实多元数据基础,又要鼓励数据应用的创新做法在全国范围复制推广,以支撑数字金融高质量发展,提升产业赋能效率。

(一)打通数据纵横连通网络

首先,在全国范围内强化数据归集的区域节点功能,打通数据纵横联通网

络。在国家"信易贷"平台省级数据节点网络体系基础上,激励省级数据节点功能升级,鼓励省级节点积极向下拓展市区县级纵向节点,并横向打通相关委办数据平台数据,充分发挥信用信息"上传下达"枢纽作用,以数据落地等方式推送至省级节点,并由省级节点按照国家提供的接口规范标准统一共享至国家平台。

其次,建立核心数据标准规范,突破关键性数据的归集。在国办发〔2024〕15号文中已明确的信用信息清单基础上,进一步建立金融机构所需的关键性数据清单,加快推进落实关键性数据清单的归集共享,鼓励地方政府加大协调督促力度,分解工作任务,纳入各相关部门信用工作考核指标,并给予一定激励。

最后,拓展第三方机构数据节点,创新数据共享模式,更大范围接入数字金融业务所需相关数据。比如,鼓励省级数据节点对接市场化机构,以模型运算、接口调用等多种灵活方式接入车辆、保险等多维度企业增信数据,打造自助型商业数据服务超市;鼓励省级数据节点对接园区,由园区上报其入驻企业的电费、租金等特色增信数据,以提供有益补充。

(二)推动技术与模式创新双轮驱动

首先,鼓励"信易贷"平台与信用服务机构等第三方合作,提升数据定制化服务能力,丰富数据服务产品形态,以满足数字金融产品的个性化数据需求。鉴于数字金融产品对信用数据普遍存在定制化需求,可鼓励地方子平台引入信用服务机构等第三方合作,加大对企业信用评价指标、贷后监控服务、定制化信用报告等特色化、场景化信用信息服务的开发力度,以切实满足合作银行各类数字化信贷产品的多元化需求。

其次,鼓励"信易贷"平台建立模型实验室模式,解决数据公开和共享过程中的"脱敏"问题,以支持小微信贷产品孵化创新。建议国家层面可参考上海的创新做法。上海率先建立"长三角数据模型实验室",依托数据加密技术建立样本库,支持银行使用加密数据快速开展模型训练,在确保原始数据因涉及敏感问题而不能出库的前提下,缩短金融机构对数据研究及应用的路径,并取得了显著成效。建议由国家相关部委制定相关技术标准和服务样例,在全国范围复制推广该做法,以推动合作银行"科创贷""农户贷"等数字金融贷款创新产品快速落地。

再次,鼓励隐私计算、区块链等技术运用于"信易贷"平台,并制定相关规范标准,支持金融机构以原始数据不出门、数据"可用不可见"的方式开展大数分析，以实现科学算法替代人工经验。可参考江苏、浙江等地的创新做法，在全国遴选2~3个技术实施范本案例，并制定相关规范标准，在全国范围复制推广。

最后，鼓励"信易贷"平台与金融机构双向努力，发挥金融机构积极性，试点突破全流程系统对接，以提升融资服务效率。目前，江、浙、沪、皖等地方子平台已与部分银行试点打通了业务系统，实现了纯线上秒批秒贷、智能贷后管理等功能，但服务面还较为有限。建议由国家发展改革委牵头，与合作金融机构就各类场景化贷款达成总对总合作框架，并鼓励地方子平台与对应金融机构的总行或分行实施落地，试点探索对应场景的信贷全流程系统对接，通过全流程覆盖的数据应用服务，支撑数字金融贷款产品业务线上化，从而全面发挥数据价值，以提升数字金融服务效率。

二、"理顺"数据整合应用的关键堵点

建议从"三个新"（"新"规范、"新"模式、"新"机制）发力，"理顺"信用信息融合应用和赋能数字金融工作关键环节中的堵点难点：一是出台"新"规范，以健全的规范标准来强化数据纵横连通网络；二是推广"新"模式，以技术驱动服务模式创新，并鼓励新做法在全国范围推广；三是建立"新"机制，促进信用信息应用的跨部门协同合作及多方扶持政策衔接，从而全面发挥数据价值，提升数字金融服务效率。

（一）完善数据跨部门归集与应用的相关标准

首先，进一步完善核心数据归集的质量标准规范，提升关键性数据的归集质量。针对已归集的公共数据因维度不全、更新不及时而不可用的问题：一是建议在国办发〔2021〕52号文和各类地方性公共信用信息数据清单基础上，进一步优化关键性数据清单的归集质量标准，尤其明确数字普惠金融应用所需的关键字段、更新时效等要求，并将该工作纳入各相关部门信用工作考核指标；二是在数据归集工作中落实相关数据的质量标准和时效性要求，并鼓励各相关部门加大协调督促力度，分解工作任务。

其次，加快出台公共数据跨部门共享应用的流程规范和安全标准。针对公共数据共享和脱敏应用过程中因缺乏统一安全标准规范而导致跨部门共享不畅的情况：一是建议加快制定公共数据跨部门共享应用的流程规范、安全标准和实施细则；二是建议出台基于隐私计算、区块链等技术的跨部门数据共享的

标准化实施方案,鼓励并支持相关部门、金融机构以原始数据不出门、数据"可用不可见"的方式开展批量数据分析,在全国范围复制推广。

最后,制定政府数据平台与第三方机构数据合作共享规范,鼓励第三方数据与政府公共数据融合应用。针对已归集的公共数据维度不全,难以完全满足数字普惠金融业务需求的问题,建议推动各类地方性大数据中心、地方"信易贷"平台与园区平台、市场化数据公司等第三方机构开展合作,更大范围地接入数字金融所需数据。建议制定政府数据平台与第三方机构合作的数据共享规范与安全标准,支持政府数据平台以模型运算、接口调用等多种灵活的共享方式接入租金、保险等多维度企业数据,拓展第三方数据来源。

(二)在全国范围推广"数据模型实验室"模式

首先,在全国范围复制推广"数据模型实验室"模式,支持数据批量脱敏应用,推动数字金融产品孵化创新。针对数据在数字金融场景应用中"批量数据脱敏应用难"的问题,上海"信易贷"平台试点建立了"长三角数据模型实验室",运用数据加密技术建立脱敏样本库,以支持银行使用批量数据快速实现业务落地。在该模式下,试点银行开展模型研发和产品创新的效率大幅提高,效果显著。在前期试点基础上,建议在国家层面制定"数据模型实验室"相关技术标准和流程样例,推动"数据模型实验室"模式成为全国层面支持数字金融产品孵化创新的重要载体。

其次,鼓励"信易贷"平台与金融机构双向努力,试点突破全流程系统对接,以提升融资服务效率。针对数据平台与金融机构业务系统尚未打通,导致数据应用效率不高的问题,建议相关政府部门与合作金融机构就各类场景化数字贷款达成总对总合作框架,鼓励国家与地方"信易贷"平台分别与对应金融机构的总行或分行全面实施落地,加快推进数字金融信贷全流程系统对接,通过贷前、贷中、贷后全流程覆盖的数据应用服务来支撑数字普惠贷款业务线上化,从而全面发挥数据价值,以提升数字金融服务效率。

最后,鼓励"信易贷"平台与信用服务机构等第三方合作,以提升数据定制化服务能力。针对平台数据产品单一,难以满足金融机构多样化需求的问题,建议鼓励"信易贷"平台引入信用服务机构等第三方合作,加大科技型企业与小微企业信用评价指标、场景化信用报告、定制化信用模型开发等特色数据产品服务的开发力度,以丰富数据服务产品形态,满足数字金融业务的多元化、个性化需求。

(三)强化"信易贷"平台与相关部门的协同配合机制

一是在全国层面建立围绕"信易贷"工作的跨部门统筹协调机制。针对当前信用信息面向数字普惠金融服务跨部门合作机制不畅的问题,建议借鉴江苏省的做法,在"信易贷"工作联席制度中明确发展改革委、大数据局、金融监管局、央行等多部门参与方的"信易贷"工作责任分工。例如:发展改革委负责优化"信易贷"服务产品和服务功能;大数据中心负责加强核心数据归集,强化"信易贷"工作的数据支撑;金融监管局负责推动银行机构对接信用信息平台并创新"信易贷"产品;人民银行负责加强指导,推动商业银行建立"信易贷"产品推广机制,以加大"信易贷"工作的跨部门统筹力度,提升相关政策配套保障,确保信用信息面向数字普惠金融服务链条的健全完整。

二是鼓励"信易贷"平台与担保政策形成合力,创新"担保优惠＋模型预警"协同机制。针对当前信用信息数据尚未充分应用于担保、补贴等数字普惠支持政策的问题,建议制定并落实双向合作机制:一方面,推动政策性融资担保机构与"信易贷"平台协同联动,为"信易贷"平台融资服务提供配套政策性担保服务;另一方面,将"信易贷"平台的信用信息广泛应用于政策性融资担保业务,通过大数据智能画像提升"担保白名单"精准性,并通过模型预警辅助风险核查,以提升担保政策扶持的精准性及服务效率。

第二节 培育以产业赋能为核心的数字金融生态

一、推动产业赋能模式创新

笔者通过深入调研全国各地方子平台运行情况,发现平台面向产业融资的赋能服务存在以下三方面的短板:

一是数据短板,与新型产业体系挂钩的数据归集和融合力度不足,与科创产业、重点产业的融资需求仍有鸿沟。从各地方子平台面向产业融资的数据归集应用情况来看,与新型产业体系挂钩的数据归集和融合力度不足:一方面,与新型产业体系挂钩的特色信用信息数据归集不足,如与科创产业相关的企业科创能力评价信息、与高端制造业相关的企业经营生产活动及研发活动信息在各地方信用数据归集清单中均为薄弱环节,有待补充完善;另一方面,政府公共信用信息与产业链供应链数据的融合有待加强，产业链核心企业、供应链生产协同管理平台等产业数据，因数据安全隐患、合作意愿不足等，尚未与政府公共信用信息形成叠加融合运用，产业数据孤岛现象普遍存在。

二是产品短板，针对重点产业链供应链和产业集群的特色产品创新不足，面向新型产业生态的服务模式亟须升级。从各地方子平台面向产业融资的服务情况来看，相关产品服务与产业融资需求仍有鸿沟：一方面，针对重点产业的特色服务产品仍需深耕，虽然上海、浙江等地方子平台已率先试点"数据模型实验室"模式以推动金融产品孵化，但目前多为普适性金融产品创新，面向科创产业、重点产业链供应链等特色金融产品的创新力度仍需加大；另一方面，针对产业场景的服务生态体系尚不完善，从浙江、上海、广东等地方子平台已率先试点的绿色低碳金融、科技金融等产品情况来看，在从试点到规模化推广的过程中，普遍面临产品找场景难、找企业难、起规模难等问题，创新服务在面向产业生态场景的推广落地环节仍有堵点。

三是服务网络短板，融资信用服务平台与各类产融服务平台、产业政策尚未充分衔接，联动效应尚未充分发挥。全国融资信用服务平台作为基础数据服务平台，其对产业的赋能作用不仅体现在自身服务功能上，而且体现在其对各类产融服务平台及相关产业政策的协同效应上。从各地方子平台运行情况来看，各类产融服务平台、产业扶持政策与融资信用服务平台的功能衔接尚未理顺。例如，科技金融补贴等各类产业专项扶持政策尚未充分与融资信用服务平台功能叠加，产融服务链条功能分散；融资信用服务平台运用数据批量筛选企业白名单等功能也尚未充分运用于各类产业专项扶持政策，其协助相关政策精准匹配目标企业、提升政策效率的作用尚未充分发挥。

针对以上短板，笔者在调研各地方子平台试点做法的基础上，建议平台以"深耕产业生态、优化协同机制"为突破口，在全国层面推动"三个模式创新"：一是推动政府数据与产业数据融合的"信用共同体"模式创新，二是推动面向重点产业场景的"数据＋产业＋生态"产品孵化模式创新，三是推动"信用数据＋"跨部门双向赋能模式创新。由此全面提升全国融资信用服务平台对现代化产业体系的支撑功能和赋能效率。

（一）数据融合模式创新

一是加大信用信息归集共享清单指导力度，在全国层面扩大与现代化产业体系相关的公共信息归集共享范围。在国办发〔2024〕15号文信用信息归集共享清单基础上,针对已明确的归集共享内容,鼓励地方子平台加大协调督促力度,加快落实水电煤、社保、纳税、进出口等关键性数据字段的归集共享;同时,强化对重点产业相关特色信息的归集指导,在清单中补充与科创产业相关的知识产权信息、技术交易信息等企业研发活动信息,与重点产业链供应链相关的产业链节点标签、链主企业标签、企业成长阶段标签等产业链属性信息,与产业竞争力相关的创新领军人才信息、骨干研发人员信息等产业人才信息。

二是鼓励平台与产业链核心企业、工业互联网平台等产业数据节点单位联合打造"信用共同体",构筑"公共数据＋产业数据"合作生态。参考上海等地的做法,在全国层面鼓励推广地方子平台与产业链核心企业、供应链生产协同管理平台等联合共建"模型实验室",在确保数据交互安全的前提下,通过隐私计算等技术,将公共信用数据与产业链交易数据结合,帮助供应链金融平台构建企业数字信用评价体系;同时,参考广东等地的做法,鼓励平台与重点产业链核心企业等单位开展联合研发,将公共数据与产业链数据融合并创新数据产品,依托平台宣传优势向金融机构推广应用。

(二)产品孵化模式创新

建议引导平台与重点产业链核心企业等第三方机构联合打造"供应链金融"服务模块,强化金融保链强链功能。针对传统供应链金融平台过度依赖核心企业信用而导致发展规模受限的弊端,广东、浙江、上海、北京等地方子平台已试点与核心企业等第三方机构合作,通过数据、科技与场景优势互补来推动供应链金融产品创新。例如,北京、深圳等子平台通过引入第三方区块链技术,试点推广区块链＋供应链金融模块;上海子平台与中国宝武供应链平台、海尔海运链平台等合作,联合开发供应链金融产品。在地方试点基础上,建议从全国层面推动平台加大与重点产业链核心企业、工业物联网平台等第三方机构的合作力度,运用区块链等安全技术,将公共信息与核心企业招投标、上下游供应链等数据结合,依托平台模型试验室等技术载体,与核心企业联合开发设计供应链金融产品,引导金融机构关注产业链条上企业自身信用,撬动将金融服务向产业链上下游延伸。

(三)数据赋能模式创新

一是建议从全国层面推动各类产融服务平台、产业扶持政策与全国融资信用服务平台衔接,延伸产业金融服务链条。推动各类政策性担保、专项补贴等扶持政策与融资信用服务平台协同联动，为平台上的融资企业提供配套惠企政策增值服务；推动科技金融信息服务平台等产融服务平台与融资信用服务平台协同联动，向融资信用服务平台推送融资企业需求，匹配金融产品，提高服务便捷性和效率。

二是建议建立全国融资信用服务平台面向各类产融服务平台、产业扶持政策的信用赋能服务机制。将融资信用服务平台的信用分析功能广泛应用于政策性融资担保等惠企政策，通过数据画像来协助精准施策，提升政策扶持目标精准性；将融资信用服务平台整合产业白名单、批量筛选企业等方面的功能广泛运用于科技金融服务平台、绿色金融服务平台等各类产融服务平台，以协助精准匹配企业需求，提升供需对接效率。

二、推动面向重点产业的特色服务创新

为进一步提升融资信用服务平台对战略性重点产业的支撑功能，建议推动政府数据与产业数据融合模式创新，以及面向重点产业和科创产业的特色产品创新。

(一)促进政府数据与产业数据融合模式创新

1. 建议加大与现代化产业体系相关的公共信息归集力度和共享范围

(1)在已归集的信用信息清单基础上，进一步完善水电煤、社保、纳税、进出口等企业生产经营活动信息的核心字段。

(2)补充与重点产业相关的特色信息，如与产业绿色化转型相关的企业碳排放与环评信用信息，与科创产业相关的企业科创能力信息、投融资活动信息及企业研发投入产出信息等。

(3)补充企业的产业属性标签，如企业所属产业归类标签、企业成长阶段标签、行业龙头企业标签、细分产业上下游标签及产业人才标签等。

2. 鼓励平台与产业链核心企业、工业互联网平台等产业数据节点单位联合研发数据产品，构筑"公共数据＋产业数据"合作生态

(1)鼓励与产业链链主型企业、供应链生产协同管理平台及生产性互联网服务平台联合共建"模型实验室"，在确保数据交互安全的前提下，打通数据交互通道，推动公共数据与产业数据融合。

(2)借鉴广东等地将公共数据与产业链数据融合并创新数据产品的做法，鼓励平台与重点产业链核心企业等单位联合研发针对产业场景的特色数据产

品,依托平台宣传优势向金融机构推广应用,以撬动金融机构面向产业场景深耕金融产品,提供定制化金融服务。

(二)深化"数据+产业+生态"产品孵化模式

1. 建议平台与重点产业园区"一对一"合作,推广面向园区产业集群的"园区整体授信"模式

例如,上海"信易贷"平台虹口子平台已试点与花园坊等产业园区"一对一"合作,面向入驻园区的所有企业定制整体授信方案,取得了显著成效。"园区整体授信"模式打破了银行逐个上门对接企业的传统模式,金融机构风控由原来的"一企一控"变为"一园一控",产品设计更贴近产业需求,服务园区企业的覆盖面更大。建议可在全国范围针对重点产业园区推广该模式,以提高普惠金融服务重点产业的对接效率,拓宽面向重点产业集群的金融惠及面。

2. 建议平台与重点产业链核心企业等第三方机构合作,运用区块链技术联合打造"供应链金融"服务模块

例如,上海"信易贷"平台已试点与京东科技合作,运用区块链技术开发了面向政府采购项目供应商的信用贷款产品。在前期试点基础上,建议国家平台及各地方子平台加大与重点产业链核心企业、工业物联网平台等第三方机构的合作力度,运用区块链等安全技术,将公共信息与核心企业招投标、核心企业供应链等数据结合,依托平台模型实验室等技术载体,与核心企业联合开发设计供应链金融产品,并面向平台金融机构推广落地。

3. 建议平台与市场化的供应链金融服务生态合作,联合打造"信用共同体",强化金融保链强链功能

针对传统供应链金融平台过度依赖核心企业信用而导致发展规模受限的弊端,建议平台与市场化的供应链金融平台联合打造"信用共同体",提供两方面的赋能:

(1)公共数据赋能,通过隐私计算等技术,将公共信用数据与供应链金融平台的产业链交易数据结合,以帮助构建供应链企业数字信用评价体系。

(2)产品研发赋能,在"信用+产业链"数据结合的基础上,针对产业场景联合设计定制化授信方案和专项信贷产品,撬动金融机构关注产业链上企业自身的信用,将金融服务向产业链上下游延伸,以强化金融保链强链功能。

参考文献

[1]巴曙松,李妮娜,张兢.数字金融与企业绿色创新:排斥还是融合?[J].财经问题研究,2022(12).

[2]钞小静,廉园梅,元茹静.创新价值链视角下数字金融能否改善企业创新效率?[J].求是学刊,2024,51(01).

[3]陈修德,陈雅静,马文聪,苏涛.数字金融发展影响企业创新的风险承担机制[J].系统管理学报,2023,32(04).

[4]陈艳霞,张鹏.人工智能产业政策的创新促进效应[J].现代经济探讨,2024(03).

[5]陈洋林,蒋旭航,王亮,张长全.数字金融对战略性新兴产业创新的影响研究[J].江苏海洋大学学报(人文社会科学版),2023(03).

[6]成琼文,申萍.数字金融对城市产业结构升级的影响研究[J].中南大学学报(社会科学版),2023,29(02)

[7]程雪军.金融强国目标下数字金融平台算法黑箱的系统治理机制[J].河海大学学报(哲学社会科学版),2024,26(02).

[8]程宇.数字金融发展对产业结构的影响效应与作用机制[J].东南学术,2022(05).

[9]崔耕瑞.数字金融与制造业韧性:基于技术创新与消费升级的视角[J].统计与决策,2024,40(24).

[10]杜金岷,韦施威,吴文洋.数字普惠金融促进了产业结构优化吗?[J].经济社会体制比较,2020(06).

[11]段永琴,何伦志,克甝.数字金融、技术密集型制造业与绿色发展[J].上海经济研究,2021(05).

[12]范建红,王冰,闫乐,瞿皎姣.数字普惠金融对高技术制造业创新韧性的影响——基于系统GMM与门槛效应的检验[J].科技进步与对策,2022(17).

[13]封思贤,郭仁静.数字金融、银行竞争与银行效率[J].改革,2019(11).

[14]冯兴元,孙同全,董翀,等.中国县域数字普惠金融发展:内涵、指数构建与测度结果分析[J].中国农村经济,2021(10).

[15]冯永琦,蔡嘉慧.数字普惠金融能促进创业水平吗?——基于省际数据和产业结构异质性的分析[J].当代经济科学,2021,43(01).

[16]傅秋子,黄益平.数字金融对农村金融需求的异质性影响——来自中国家庭金融调查与北京大学数字普惠金融指数的证据[J].金融研究,2018(11).

[17]干春晖,郑若谷,余典范.中国产业结构变迁对经济增长和波动的影响[J].经济研究,2011,46(05).

[18]耿伟,王筱依,李伟.数字金融是否提升了制造业企业出口产品质量——兼论金融脆弱度的调节效应[J].国际商务(对外经济贸易大学学报),2021(06).

[19]郭峰,孔涛,王靖一.互联网金融空间集聚效应分析——来自互联网金融发展指数的证据[J].国际金融研究,2017(08).

[20]郭峰,王靖一,王芳,孔涛,张勋,程志云.测度中国数字普惠金融发展:指数编制与空间特征[J].经济学(季刊),2020(04).

[21]郭峰,王瑶佩.传统金融基础、知识门限与数字金融下乡[J].财经研究,2020(01).

[22]郭峰,熊瑞祥.地方金融机构与地区经济增长——来自城商行设立的准自然实验[J].经济学(季刊),2018(01).

[23]郭峰,熊云军.中国数字普惠金融的测度及其影响研究:一个文献综述[J].金融评论,2021(06).

[24]郭峰.数字技术助力银行服务实体经济[J].新金融评论,2017(06).

[25]郭守亭,金志博.数字普惠金融对区域产业结构升级的空间溢出效应研究[J].经济经纬,2022,39(06).

[26]韩俊华,韩贺洋,周全.基于区块链技术的数字金融风险监管[J].科学管理研究,2024,42(02).

[27]韩雅清,林丽梅,李玉水.环境规制约束下数字金融对绿色发展效率的影响——基于2011—2020年省级面板数据的考察[J].湖南农业大学学报(社会科学版),2023,24(04).

[28]韩永辉,黄亮雄,王贤彬.产业政策推动地方产业结构升级了吗?——

基于发展型地方政府的理论解释与实证检验[J].经济研究,2017,52(08).

[29]何剑锋.数字金融监管的法律逻辑与创新路径[J].中国商论,2024(22).

[30]何婧,李庆海.数字金融使用与农户创业行为[J].中国农村经济,2019(01).

[31]侯世英,宋良荣.数字金融对企业研发成本黏性的影响研究[J].经济经纬,2023,40(04).

[32]胡冰,戚聿东.数字金融与企业技术创新:自媒体是"兴奋剂"还是"镇静剂"?[J].金融评论,2023,15(04).

[33]胡若痴,张宏磊.数字金融助力我国制造业企业出口的动态机制与对策研究[J].经济纵横,2022(11).

[34]黄倩,李政,熊德平.数字普惠金融的减贫效应及其传导机制[J].改革,2019(11).

[35]黄益平,黄卓.中国的数字金融发展:现在与未来[J].经济学(季刊),2018(04).

[36]黄益平,邱晗.大科技信贷:一个新的信用风险管理框架[J].管理世界,2021(02).

[37]黄益平,陶坤玉.中国的数字金融革命:发展、影响与监管启示[J].国际经济评论,2019(06).

[38]黄益平.关于中国数字金融创新与发展的几个观点[J].金融论坛,2021(11).

[39]黄益平.数字金融发展对金融监管的挑战[J].清华金融评论,2017(08).

[40]黄益平.数字普惠金融的机会与风险[J].新金融,2017(08).

[41]黄益平.中国数字金融能否持续领先?[J].清华金融评论,2018(11).

[42]黄卓,沈艳.数字金融创新促进高质量经济增长[J].新金融评论,2019(04).

[43]贾楠,张红丽.数字金融与制造业耦合关系影响产业结构升级了吗?[J].工程管理科技前沿,2023,42(06).

[44]江小涓,靳景.数字技术提升经济效率:服务分工、产业协同和数实孪生[J].管理世界,2022(12).

[45]金鑫,孙群力,金荣学.数字化转型、新质生产力与企业创新绩效[J].海南大学学报(人文社会科学版),2025(01).

[46]荆士琦.数字普惠金融对农业农村现代化的影响研究[J].市场周刊,2025(04).

[47]李朝阳,潘孟阳,李建标.数字金融、信贷可得性与企业创新——基于金融资源水平的调节效应[J].预测,2021,40(06).

[48]李春涛,闫续文,宋敏,等.金融科技与企业创新——新三板上市公司的证据[J].中国工业经济,2020(01).

[49]李海奇,张晶.金融科技对我国产业结构优化与产业升级的影响[J].统计研究,2022(10).

[50]李家辉,程雯欣,陆迁.数字金融与社会网络对农户精准农业技术采用的影响——以水肥一体化技术为例[J].自然资源学报,2024,39(12).

[51]李健,江金鸥,陈传明.包容性视角下数字普惠金融与企业创新的关系:基于中国A股上市企业的证据[J].管理科学,2020,33(06).

[52]李林汉,田卫民.数字金融发展、产业结构转型与地区经济增长——基于空间杜宾模型的实证分析[J].金融理论与实践,2021(02).

[53]李实,丁赛.中国城镇教育收益率的长期变动趋势[J].中国社会科学,2003(06).

[54]李万利,潘文东,袁凯彬.企业数字化转型与中国实体经济发展[J].数量经济技术经济研究,2022(09).

[55]李文艳,吴书胜.金融发展与产业结构升级——基于经济危机视角的实证研究[J].金融论坛,2016,21(03).

[56]李晓龙,江唐洋.数字金融发展对服务业转型升级的影响研究——基于空间溢出效应与衰减边界的视角[J].贵州财经大学学报,2024(03).

[57]李秀萍,付兵涛,郭进.数字金融、高管团队异质性与企业创新[J].统计与决策,2022,38(07).

[58]李杨,徐峰,谢光强,黄向龙.多智能体技术发展及其应用综述[J].计算机工程与应用,2018(12).

[59]李颖,周洋.供应链协调与"营改增"的盈利效应[J].财经研究,2020(10).

[60]李宇坤,任海云,祝丹枫.数字金融、股权质押与企业创新投入[J].科研管理,2021,42(08).

[61]梁榜,张建华.数字普惠金融发展能激励创新吗?——来自中国城市和中小企业的证据[J].当代经济科学,2019(05).

[62]林春,赵予宁.数字普惠金融对制造业韧性的影响研究[J].湖南科技大学学报(社会科学版),2024,27(04).

[63]刘锦怡,刘纯阳.数字普惠金融的农村减贫效应:效果与机制[J].财经论丛,2020(01).

[64]刘毛桃,方徐兵,何启志.数字普惠金融能促进中国城市产业结构的升级吗?[J].经济问题探索,2023(05).

[65]刘啟仁,赵灿.税收政策激励与企业人力资本升级[J].经济研究,2020,55(04).

[66]刘洋,李敬,雷俐.数字金融发展推动中国城市产业结构升级了吗?——来自地级及以上城市的经验证据[J].西南大学学报(社会科学版),2022,48(06).

[67]刘元雏,华桂宏,庞思璐.数字金融发展、资本跨区流动与产业结构高级化[J].西部论坛,2023,33(06).

[68]罗国良.数字金融对制造业全球价值链分工地位的影响研究[J].统计与决策,2024,40(05).

[69]孟茂源,张广胜.数字金融与企业盈余管理——来自制造业上市公司的证据[J].学习与实践,2022(08).

[70]潘为华.数字普惠金融与制造业升级:影响机制与经验证据[J].财经理论与实践,2022,43(06).

[71]潘艺,张金昌.数字金融、融资水平与企业全要素生产率——基于A股和新三板制造业上市企业的实证研究[J].华东经济管理,2023,37(11).

[72]潘越,汤旭东,宁博等.连锁股东与企业投资效率:治理协同还是竞争合谋[J].中国工业经济,2020(02).

[73]庞金波,吴迺霖.数字普惠金融对农村产业融合发展的影响效应与机制研究[J].湖北民族大学学报(哲学社会科学版),2023,41(02).

[74]钱海章,陶云清,曹松威,曹雨阳.中国数字金融发展与经济增长的理论与实证[J].数量经济技术经济研究,2020(06).

[75]钱雪松,徐建利,杜立.中国委托贷款弥补了正规信贷不足吗?[J].金融研究,2018(05).

[76]邱晗,黄益平,纪洋.金融科技对传统银行行为的影响——基于互联网理财的视角[J].金融研究,2018(11).

[77]申云,刘彦君,李京蓉.数字普惠金融赋能农业新质生产力提升的逻辑、障碍及路径[J].南京农业大学学报(社会科学版),2024,24(05).

[78]史小坤,陶燕燕.数字金融、金融摩擦与民营企业技术创新[J].科研管理,2024,45(01).

[79]舒欢,黄婷婷.数字金融对企业绿色技术创新的作用机制与影响效应[J].南京社会科学,2024(04).

[80]司增绰,曹露玉,张义.数字普惠金融助推产业结构升级的效果与机制研究[J].首都经济贸易大学学报,2024,26(02)

[81]宋华,黄千员,杨雨东.金融导向和供应链导向的供应链金融对企业绩效的影响[J].管理学报,2021(05).

[82]宋佳,张金昌,潘艺.ESG发展对企业新质生产力影响的研究——来自中国A股上市企业的经验证据[J].当代经济管理,2024(06).

[83]宋晓玲.数字普惠金融缩小城乡收入差距的实证检验[J].财经科学,2017(06)

[84]苏梽芳,王婷伟,白雨露,李嘉政.数字金融与制造业企业供应链韧性提升[J].经济评论,2025(01).

[85]唐松,赖晓冰,黄锐.金融科技创新如何影响全要素生产率:促进还是抑制？——理论分析框架与区域实践[J].中国软科学,2019(07).

[86]唐松,伍旭川,祝佳.数字金融与企业技术创新——结构特征、机制识别与金融监管下的效应差异[J].管理世界,2020(05).

[87]唐文进,李爽,陶云清.数字普惠金融发展与产业结构升级——来自283个城市的经验证据[J].广东财经大学学报,2019(06).

[88]田园,金涛.对香港地区数字金融监管框架的思考和展望[J].清华金融评论,2024(10).

[89]万佳彧,周勤,肖义.数字金融、融资约束与企业创新[J].经济评论,2020(01).

[90]万宇佳,国胜铁,刘栩君.数字金融会影响区域产业结构变迁吗？[J].山东社会科学,2023(07).

[91]王大中,高铭芮.数智时代日本数字金融发展的特征、机制与监管创新[J].现代日本经济,2024(06).

[92]王军,王杰,王叶薇.数字金融发展如何影响制造业碳强度？[J].中国人口·资源与环境,2022(07).

[93]王兰平,王昱,刘思钰,逯宇铎,杜小民.金融发展促进产业结构升级的

非线性影响[J].科学学研究,2020(02).

[94]王亮,昝琳.数字普惠金融对能源环境效率的影响机制与空间效应[J].统计与信息论坛,2024(06).

[95]王勋,黄益平,苟琴,邱晗.数字技术如何改变金融机构:中国经验与国际启示[J].国际经济评论,2022(01).

[96]王瑶佩,郭峰.区域数字金融发展与农户数字金融参与:渠道机制与异质性[J].金融经济学研究,2019(02).

[97]王玉泽,罗能生,刘文彬.什么样的杠杆率有利于企业创新[J].中国工业经济,2019(03).

[98]王智新,朱文卿,韩承斌.数字金融是否影响企业绿色技术创新——来自上市公司的经验证据[J].中国科技论坛,2022(03).

[99]卫彦琦.数字金融对产业链韧性的影响[J].中国流通经济,2023(01).

[100]温忠麟,叶宝娟.中介效应分析:方法和模型发展[J].心理科学进展,2014(05).

[101]吴非,胡慧芷,林慧妍,任晓怡.企业数字化转型与资本市场表现——来自股票流动性的经验证据[J].管理世界,2021(07).

[102]吴雨,李成顺,李晓,弋代春.数字金融发展对传统私人借贷市场的影响及机制研究[J].管理世界,2020(10).

[103]夏玲.数字金融、债务融资与企业创新——基于战略性新兴产业的实证分析[J].华北金融,2021(03).

[104]谢平,邹传伟.互联网金融模式研究[J].金融研究,2012(12).

[105]谢绚丽,沈艳,张皓星,郭峰.数字金融能促进创业吗?——来自中国的证据[J].经济学(季刊),2018(04).

[106]谢绚丽,王诗卉.中国商业银行数字化转型:测度、进程及影响[J].经济学(季刊),2022(06).

[107]徐德云.产业结构升级形态决定、测度的一个理论解释及验证[J].财政研究,2008(01).

[108]徐鹏,孙宁,敖雨.供应链金融与企业创新投入[J].外国经济与管理,2023,45(11).

[109]许钊,张营营,高煜.数字金融发展与制造业升级——效应识别和中国经验[J].山西财经大学学报,2022,44(10).

[110]姚洪心,陈慧敏.数字金融发展与企业风险承担——动态效应、机制识别与异质性特征[J].调研世界,2023(05).

[111]姚前,汤莹玮.关于央行法定数字货币的若干思考[J].金融研究,2017(07).

[112]叶永卫,陶云清,李鑫.数字基础设施建设与企业投融资期限错配改善[J].经济评论,2023(04).

[113]易行健,周利.数字普惠金融发展是否显著影响了居民消费——来自中国家庭的微观证据[J].金融研究,2018(11).

[114]易信,刘凤良.金融发展、技术创新与产业结构转型——多部门内生增长理论分析框架[J].管理世界,2015(10).

[115]尹飞霄.数字金融对区域绿色创新效率影响的空间计量分析[J].技术经济与管理研究,2020(11).

[116]尹志超,公雪,郭沛瑶.移动支付对创业的影响——来自中国家庭金融调查的微观证据[J].中国工业经济,2019(03).

[117]余芬,徐雨森,樊霞.数字金融、创新资源配置与企业创新产出[J].中国科技论坛,2024(08).

[118]余正颖,孙小哲,王天然,李胜会.数字金融能否提升制造业与生产性服务业协同集聚水平?——来自中国地级市的新证据[J].产业经济研究,2024(06).

[119]翟华云,刘易斯.数字金融发展、融资约束与企业绿色创新关系研究[J].科技进步与对策,2021(17).

[120]张贺,白钦先.数字普惠金融减小了城乡收入差距吗?——基于中国省级数据的面板门限回归分析[J].经济问题探索,2018(10).

[121]张红伟,林晨,陈小辉.金融科技能影响金融分权吗?——来自金融科技信贷的证据[J].经济与管理研究,2020,41(11).

[122]张虎,高子桓,韩爱华.企业数字化转型赋能产业链关联:理论与经验证据[J].数量经济技术经济研究,2023(05).

[123]张杰飞,尚建华,乔彬.数字普惠金融对绿色创新效率的影响研究——来自中国280个地级市的经验证据[J].经济问题,2022(11).

[124]张黎娜,苏雪莎,袁磊.供应链金融与企业数字化转型——异质性特征、渠道机制与非信任环境下的效应差异[J].金融经济学研究,2021(06).

[125]张文哲,左月华.存货周转与投资风险关系研究[J].东吴学术,2019(04).

[126]张勋,万广华,张佳佳,何宗樾.数字经济、普惠金融与包容性增长[J].经济研究,2019,54(08).

[127]张勋,杨桐,汪晨,万广华.数字金融发展与居民消费增长:理论与中国实践[J].管理世界,2020(11).

[128]张尧,姜元刚,王红梅,于丽洁.数字金融与企业创新:基于数字经济的微观证据[J].中国软科学,2024(08).

[129]张义凡.数字金融赋能乡村绿色产业发展[J].山西农经,2024(18).

[130]张颖,邹国昊,杨楚风.金融服务新质生产力发展的多维认知与创新路径[J].江苏社会科学,2024(04).

[131]张云,方霞,杨振宇.数字金融、企业风险承担与技术创新[J].系统工程理论与实践,2023,43(08).

[132]张泽南,尹一诺,贺志芳.数字金融能助力企业降低审计风险吗?——基于异常审计费用的分析[J].南京审计大学学报,2024,21(05).

[133]赵虎林,潘光曦.黄河流域数字金融与农业高质量发展的耦合协调研究[J].统计与决策,2024,40(12).

[134]赵淑芳,崔志新,梁文琦.数字金融对高耗能企业绿色创新发展的影响效应研究[J].科学管理研究,2023,41(06).

[135]赵晓鸽,钟世虎.郭晓欣.数字普惠金融发展、金融错配缓解与企业创新[J].科研管理,2021,42(04).

[136]钟廷勇,黄亦博,孙芳城.数字普惠金融与绿色技术创新:红利还是鸿沟[J].金融经济学研究,2022(05).

[137]周利,冯大威,易行健.数字普惠金融与城乡收入差距:"数字红利"还是"数字鸿沟"[J].经济学家,2020(05).

[138]周振江,郑雨晴,李剑培.数字金融如何助力企业创新——基于融资约束和信息约束的视角[J].产经评论,2021,12(04).

[139]朱东波,张相伟.数字金融通过技术创新促进产业结构升级了吗?[J].科研管理,2023,44(07).

[140]朱平芳,徐伟民.政府的科技激励政策对大中型工业企业R&D投入及其专利产出的影响——上海市的实证研究[J].经济研究,2003(06).

[141]Afjal Mohd. Bridging the financial divide: a bibliometric analysis on the role of digital financial services within FinTech in enhancing financial in-

clusion and economic development[J]. Humanities and Social Sciences Communications,2023(01).

[142]Ahmed Al Dmour,Rand Al Dmour,Nafissa Rababeh. The impact of knowledge management practice on digital financial innovation: the role of bank managers[J]. VINE Journal of Information and Knowledge Management Systems,2020(01).

[143]Alexandru Răzvan Căciulescu,Răzvan Rughinis,Dinu Turcanu,Alexandru Radovici. Mapping cyber-financial risk profiles:implications for European cybersecurity and financial literacy[J]. Risks,2024(12).

[144]Ali Jabir,Ghildiyal Archana Kumari. Socio-economic characteristics,mobile phone ownership and banking behaviour of individuals as determinants of digital financial inclusion in India[J]. International Journal of Social Economics,2023(10).

[145]Al-Dmour Hani,Saad Nour,Amin, Eatedal Basheer,Al-Dmour Rand,Al-Dmour Ahmed. The influence of the practices of big data analytics applications on bank performance: filed study[J]. Vine Journal of Information and Knowlage Managment Systems,2023(01).

[146]Bassens David,Lindo Duncan. Stuck in 2012: the hesitant geographies of European financial integration since the Eurozone crisis[J]. European Urban & Regional Studies,2024(03).

[147]Bi Jiayin,Qi Ying. The convergence of digital finance and green investments: opportunities, risks, energy transitions and regulatory considerations[J]. Economic Change and Restructuring,2024(03).

[148]Bongomin George Okello Candiya,Balunywa Waswa,Mwebaza Basalirwa Edith,Ngoma Muhammed,Mpeera Ntayi Joseph. Contactless digital financial innovation and global contagious COVID-19 pandemic in low income countries:evidence from Uganda[J]. Cogent Economics & Finance,2023(01).

[149]Chakuu S., Masi D., Godsell J.. Exploring the relationship between mechanisms, actors,and instruments in supply chain finance:a systematic literature review[J]. International Journal of Production Economics, 2019(06).

[150]Chen Yan. Study on the Impact of Digital Finance on the Upgrading

of China's Industrial Structure[R]. SHS Web of Conferences,2022.

[151]Chengyan Li,Yehui Lin. Digital finance,enterprise innovation and equity financing constraints of small and medium-sized enterprises[J]. Academic Journal of Business & Management,2023(19).

[152]Chi Chuan Lee,Mingyue Li,Xinghao Li,Hepeng Song. More green digital finance with less energy poverty? The key role of climate risk[J]. Energy Economics,2025(141).

[153]Christopher P., Buttigieg,Beatriz Brunelli Zimmermann. The digital operational resilience act: challenges and some reflections on the adequacy of Europe's architecture for financial supervision[J]. ERA Forum, 2024(01).

[154]Chunhua Xin, Shuangshuang Fan, Zihao Guo. Can digital finance promote inclusive growth to meet sustainable development in China? A machine learning approach[J]. Environment, Development and Sustainability, 2023(10).

[155]Dahlman C. J.. The problem of externality[J]. Journal of Law and Economics, 1979(01).

[156]Daud Siti Nurazira Mohd,Ahmad Abd Halim. Financial inclusion,economic growth and the role of digital technology[J]. Finance Research Letters,2023(53).

[157]Dermertzis M.,Merler S.,Wolff G. B.. Capital markets union and the fintech opportunity[J]. Journal of Financial Regulation,2018(01).

[158]Dewu Li,Zhusheng Wu,Qianjin Wu. How does digital finance affect sports enterprise innovation? Evidence from Chinese sports listed enterprises [J]. Sustainability,2024(14).

[159]Dimitris Assimakopoulos,Elias G. Carayannis,Chelsea Zeng. Digital financial inclusion through mobile finance innovation in rural China: cases from a multi-level study at the base of the pyramid[J]. Journal of the Knowledge Economy,2025(02).

[160]Dong Hai,Du Meng,Zhou Xiangjun. Spatial-temporal differentiation and dynamic evolution of digital finance inclusive development in the Yangtze River delta economic cluster of China[J]. Mobile Information Systems,2022(01).

[161]Duvendack Maren, Sonne Lina, Garikipati Supriya. Gender inclusivity of India's digital financial revolution for attainment of SDGs: macro achievements and the micro experiences of targeted initiatives. [J]. The European Journal of Development Research, 2023(06).

[162]Fan Shuangshuang, Huang Hongyun, Mbanyele William, Zhao Xin. A step toward inclusive green growth: can digital finance be the main engine? [J]. Environmental Science and Pollution Research International, 2023(42).

[163]Fu Hao, Liu Yue, Cheng Pengfei, Cheng Sijie. Evolutionary game analysis on innovation behavior of digital financial enterprises under the dynamic reward and punishment mechanism of government[J]. Sustainability, 2022(19).

[164]Gawer Annabelle, Cusumano Michael A.. Platform Leadership: How Intel, Microsoft, and Cisco Drive Industry Innovation[M]. Boston: Harvard Business School Press, 2002.

[165]Gelsomino L. M., Mangiaracina R., Perego A.. Supply chain finance: a literature review[J]. International Journal of Physical Distribution & Logistics Management, 2016(04).

[166]Greenacre Jonathan. The roadmap approach to regulating digital financial services[J]. Journal of Financial Regulation, 2015(02).

[167]Guo Xiaohong, Tu Yongqian. How digital finance affects carbon intensity— the moderating role of financial supervision[J]. Finance Research Letters, 2023(PA).

[168]Guo Zhongkun, Peng Yulian, Chen Yajing. How Digital Finance Affects the Continuous Technological Innovation of Chinese Energy Companies? [R]. Frontiers in Energy Research, 2022.

[169]Hasan Rashedul, Ashfaq Muhammad, Parveen Tamiza, Gunardi Ardi. Financial inclusion—does digital financial literacy matter for women entrepreneurs? [J]. International Journal of Social Economics, 2023(08).

[170]Herrendorf, B., Herrington, C., Valentinyi, A.. Sectoral technology and structural transformation[J]. American Economic Journal-Macroeconomics, 2015(04).

[171]Hongshan Shen,Mengyao Qin,Tianyi Li,Xuan Zhang,Yang Zhao. Digital finance and industrial structure upgrading:evidence from Chinese counties[J]. International Review of Financial Analysis,2024(PB).

[172]Huang Chaorui, Chan Felix T. S. , Chung S. H.. The impact of payment term extensions on the working capital management of an automotive supply chain[J]. International Journal of Production Research, 2022(24).

[173]Hui Peng,Zhao Hui,Liu Desheng,Li Ye. How does digital finance affect regional innovation capacity? A spatial econometric analysis[J]. Economic Modelling,2023(SC).

[174]Hussain Matloub,Papastathopoulos Avraam. Organizational readiness for digital financial innovation and financial resilience[J]. International Journal of Production Economics,2022(SC).

[175]Jiandong Zheng,Feng Guo. Digital financial supervision and inefficient investment of enterprises:evidence from China's internet financial industry[J]. Pacific-Basin Finance Journal,2024(83).

[176]Jianmin Zhu,Wei Yan,Junliang He,Muhammad Hafeez,Sidra Sohail. Exploring the convergence of ICT,digital financial inclusion,environmental pressures,and free trade and their significance in driving sustainable green investment initiatives under carbon neutrality targets[J]. Heliyon,2024(10).

[177]Jiasen Sun,Tong Liu,Ruizeng Zhao. Effect of digital finance on inclusive green growth:evidence from China's urban agglomerations[J]. Managerial and Decision Economics,2024(07).

[178]Jonathan Greenacre. Regulating the shadow payment system: bitcoin, mobile money, and beyond[J]. Regulating Blockchain: Techno-Social and Legal Challenges,2019(01).

[179]Kamble Pawan Ashok,Mehta Atul,Rani Neelam. Financial inclusion and digital financial literacy:do they matter for financial well-being? [J]. Social Indicators Research,2023(03).

[180]Kaplan, S. N. and Zingales, L.. Do investment-cash flow sensitivities provide useful measures of financing constraints? [J]. Quarterly Journal of Economics,1997(112).

[181]Karl Polanyi. The Great Transformation: The Political and Economic Origins of Our Time[M]. Boston: Beacon Press, 2001.

[182]Khera Purva, Ng Stephanie, Ogawa Sumiko, Sahay Ratna. Measuring digital financial inclusion in emerging market and developing economies: a new index[J]. Asian Economic Policy Review, 2022(02).

[183]Kouladoum Jean-Claude, Wirajing Muhamadu Awal Kindzeka, Nchofoung Tii N.. Digital technologies and financial inclusion in Sub-Saharan Africa[J]. Telecommunications Policy, 2022(09).

[184]Li Gang, Elahi Ehsan, Zhao Liangliang. Fintech, bank risk-taking, and risk-warning for commercial banks in the era of digital technology[J]. Frontiers in Psychology, 2022(13).

[185]Minu Gupta, Ravi Kiran. Sectoral comparison of sustainable digital financial inclusion of women workforce with the mediation of digital banking adoption intention: an empirical analysis[J]. SAGE Open, 2024(02).

[186]Misati Roseline, Osoro Jared, Odongo Maureen, Abdul Farida. Does digital financial innovation enhance financial deepening and growth in Kenya?[J]. International Journal of Emerging Markets, 2024(03).

[187]Mugume Regean, Bulime Enock W. N.. Post-COVID-19 recovery for African economies: lessons for digital financial inclusion from Kenya and Uganda[J]. African Development Review, 2022(S1).

[188]Muhammad Tayyab Sohail. Evaluating policy-driven capital for renewable energy investments in the presence of cross-sectional dependence: perspectives from financial institutions and markets[J]. Environmental Science and Pollution Research International, 2023(45).

[189]Pan A., Xu L., Li B., et al.. The impact of supply chain finance on firm cash holdings: evidence from China[J]. Pacific-Basin Finance Journal, 2020(63).

[190]Parker Geoffrey G., Van Alstyne Marshall W., Choudary Sangeet Paul. Platform Revolution: How Networked Markets are Transforming the Economy and How to Make Them Work for You[M]. New York: W. W. Norton & Company, 2016.

[191]Päivi Hutukka. Fintech law in the European Union, the United States and China: regulation of financial technology in comparative context[J]. Maastricht Journal of European and Comparative Law, 2024(05).

[192]Qiutong Xue, Sixian Feng, Muchen Li. The impact of digital finance on industrial structure: evidence from China[J]. SAGE Open, 2024(02).

[193]Regean Mugume, Enock W. N. Bulime. Delivering double wins: how can Africa's finance deliver economic growth and renewable energy transition? [J]. Renewable Energy, 2024(124).

[194]Ren Xiaohang, Zeng Gudian, Gozgor Giray. How does digital finance affect industrial structure upgrading? Evidence from Chinese prefecture-level cities[J]. Journal of Environmental Management, 2023(51).

[195]Sabyasachi Tripathi, Meenakshi Rajeev. Gender-inclusive development through fintech: studying gender-based digital financial inclusion in a cross-country setting[J]. Sustainability, 2023(13).

[196]Santiago Carbó Valverde, Raquel Martín Ríos, Francisco Rodríguez Fernández. Exploring neuroanatomy and neuropsychology in digital financial decision-making: betrayal aversion and risk behavior[J]. Brain Imaging and Behavior, 2025(prepublish).

[197]Setiawan Budi, Phan Thich Dai, Medina Jennifer, Wieriks Martijn, Nathan Robert Jeyakumar, Fekete Farkas Maria. Quest for financial inclusion via digital financial services (FinTech) during COVID-19 pandemic: case study of women in Indonesia[J]. Journal of Financial Services Marketing, 2023(02).

[198]Shubham Chavriya, Gagan Deep Sharma, Mandeep Mahendru. Financial inclusion as a tool for sustainable macroeconomic growth: an integrative analysis[J]. Annals of Public and Cooperative Economics, 2023(02).

[199]Sohail Muhammad Tayyab, Din Norashidah Md. How do digital inclusion and energy security risks affect mineral resources trade? Evidence from world-leading mineral trading countries[J]. Resources Policy, 2024(89).

[200]Tang Decai, Zhao Ziqian, Shen Wenwen, Zhang Jianqun, Kong Yuehong, Boamah Valentina. Research on the impact of digital finance on the industrial structure upgrading of the Yangtze River economic belt from the per-

spective of R&D innovation[J]. Sustainability,2022(01).

[201]Wang Q.,Yang J.,Yung-Ho Chiu,et al.. The impact of digital finance on financial efficiency[J]. Managerial and Decision Economics,2020(07).

[202]Wang Q.. Fixed-effect panel threshold model using stata[J]. The Stata Journal,2015(01).

[203]Wei Zhao,ZhengShan Luo,Qilei Liu. Does supply chain matter for environmental firm performance: mediating role of financial development in China[J]. Economic Change and Restructuring,2023(06).

[204]Williamson,O. E.. Markets and Hierarchies:Analysis and Antitrust Implications[M]. New York:Free Press,1975.

[205]Xue Li,Qiaozhi Chu. Digital finance and corporate risk-taking:evidence from China[J]. Eurasian Economic Review,2025(prepublish).

[206]Yakubi Yusef Ali Yusef,Basuki Basuki,Purwono Rudi,Usman Indrianawati. The impact of digital technology and business regulations on financial inclusion and socio-economic development in low-income countries[J]. SAGE Open,2022(03).

[207]Yanhong Mou. The impact of digital finance on technological innovation across enterprise life cycles in China[J]. Heliyon,2024(14).

[208]Yao Lianying,Yang Xiaoli. Can digital finance boost SME innovation by easing financing constraints? Evidence from Chinese GEM-listed companies.[J]. PloS one,2022(03).

[209]Yi Shuai Ren,Chaoqun Ma,Yiran Wang. A new financial regulatory framework for digital finance:inspired by CBDC[J]. Global Finance Journal,2024(62).

[210]Yuhui Dai,Zhang Lu. Regional digital finance and corporate financial risk:based on Chinese listed companies[J]. Emerging Markets Finance and Trade,2023(02).

[211]Zhang Wei,Bakhsh Satar,Ali Kishwar,Anas Muhammad. Fostering environmental sustainability:an analysis of green investment and digital financial inclusion in China using quantile-on-quantile regression and wavelet coherence approach[J]. Gondwana Research,2024(128).

[212]Zhiyang Shen,Tianyang Hong,Stéphane Blancard,Kaixuan Bai. Digital financial inclusion and green growth: analysis of Chinese agriculture [J]. Applied Economics,2024(46).

[213]Zhonggang Yue,Chong Wang,Hui Hong. Inclusive development of digital finance,family entrepreneurship and poverty reduction effect[J]. International Entrepreneurship and Management Journal,2024(01).

2